近代教育思想の源流

スピリチュアリティと教育

菱刈晃夫 著

The Origins of Modern Educational Thought

Spirituality and Education

成文堂

目　　次

序章｜スピリチュアリティの位置づけ……1
1節｜〈わたし〉の心の位置
　　　――ポパーの3世界論を手がかりに――……4
2節｜《世界3》のリアリティからスピリチュアリティへ……8
3節｜スピリチュアリティのクオリア……12

1章｜基礎づけ主義の教育思想再考(1)……19
1節｜プラトン……21
2節｜プロティノス……27
3節｜オリゲネス……31

2章｜基礎づけ主義の教育思想再考(2)……43
1節｜ニュッサのグレゴリオス……43
2節｜アウグスティヌス……48
3節｜アルクイヌスとサン・ヴィクトルのフーゴー……55

3章｜エックハルトにおける「観想の生」と「活動の生」……62
1節｜『教導講話』における「観想の生」と「活動の生」……64
2節｜「行為」に対する「存在」の優位……66
3節｜「離脱」――コンテムプラーチオーが目指すもの――……68

4章｜タウラーにおける「底」への還帰……73
1節｜「底」への還帰……75
2節｜業においてはたされる責任……83

3節｜「高貴な人間」の陶冶 87

5章｜タウラーにおける「聖なる狩り」 95

1節｜「イエスは出て行き…」における「狩り」 95
2節｜「喉が渇く者は…」における「狩り」 99
3節｜「私の肉を食べ…」における「狩り」 103

6章｜ルターにおける苦悩と人間生成 107

1節｜臨床教育学の本質 108
2節｜苦悩への応答者としてのルター 111
3節｜カテキズムの原型 118

7章｜ルターにおける生成としての教育 126

1節｜ルターにおけるキリスト者の生成 127
2節｜生成を引き起こす教師としての神
　　　──キルケゴールの場合── 132
3節｜カテキズムによる教育 135

8章｜メランヒトンの教育活動 142

1節｜「発達としての教育」と「生成としての教育」 143
2節｜教育計画 147
3節｜教科書編著者としてのメランヒトン 149

9章｜メランヒトンの学習計画 152

1節｜子どもの教育の位置 152
2節｜学校の位置と理念 155
3節｜『ポーランドのアンドレアにあてた学習計画』 159

10章 | メランヒトンのカテキズム ……………………… *165*

  1節 | 義認と聖化
      ―キリスト教的人間の「再生」― ……………………… *167*
  2節 | カテキズムの構成・内容・方法 ……………………… *170*
  3節 | 律法の第3用法（教育的用法） ……………………… *176*

11章 | メランヒトンのアニマ論 ……………………… *185*

  1節 | 『魂についての書』の内容 ……………………… *186*
  2節 | 意志について ……………………… *193*
  3節 | 「心（臓）」の機能について ……………………… *196*

12章 | メランヒトンにおけるスピリトゥス ……………………… *201*

  1節 | スピリトゥスとは ……………………… *202*
  2節 | スピリトゥスと聖霊 ……………………… *206*
  3節 | 聖霊による再生 ……………………… *209*

13章 | メランヒトンにおける神と自然と教育 ……………………… *213*

  1節 | 神と自然 ……………………… *213*
  2節 | 自然学―占星学を中心に― ……………………… *218*
  3節 | キリスト教信仰と自然探究 ……………………… *221*

14章 | 17世紀教育思想の地下水脈 ……………………… *227*

  1節 | 汽水域としての17世紀 ……………………… *227*
  2節 | アナロジーが根ざす自然観 ……………………… *229*
  3節 | パラケルススにおける「種子」 ……………………… *233*

15章 | ベーメにおける神と悪の意義 ……………………… *240*

  1節 | ベーメにおける神 ……………………… *242*

2節｜悪の意義 ……………………………………………… *248*
　　3節｜フレーベルとのかかわり ……………………………… *254*

16章｜フランケにおける心の養育 ………………………… *258*
　　1節｜「再生」と「更新」の人間論 …………………………… *260*
　　2節｜カテキズム―祈りへの教導― ………………………… *264*
　　3節｜「心」の養育の可能性と限界 …………………………… *270*

終章｜スピリチュアリティと教育 ………………………… *275*

補遺1｜教育と悪に関する一考察 ………………………… *281*
　　1節｜悪の可能性 …………………………………………… *284*
　　2節｜ルターの場合 ………………………………………… *290*
　　3節｜悪の自覚の現代的意義 ……………………………… *292*

補遺2｜教育における機心について
　　　　　―鈴木大拙を手がかりに― ……………………… *299*
　　1節｜機心ということ ……………………………………… *301*
　　2節｜教育的機心の背後にある教育万能主義 ……………… *305*
　　3節｜霊性の自覚 …………………………………………… *309*

　　後　　記 ………………………………………………………… *317*
　　初出一覧 ………………………………………………………… *320*
　　人名索引 ………………………………………………………… *323*
　　事項索引 ………………………………………………………… *325*
　　Abstract ………………………………………………………… *331*
　　Contents ………………………………………………………… *332*

序章｜スピリチュアリティの位置づけ

不思議なものは数あるうちに，
人間以上の不思議はない．

そ・も・そ・も・，教育とは何か．

否，さらにそもそも，教育を問題とするわたしたち人間が，いまここに生きているとはどういうことなのか．生まれてきて，死ぬとは何なのか．つまり，わたしたちは，いったいどこから来て，いましばらくここに生きて，このあとどこに往くのか．

古今東西，わたしたち人間自身の由来・現実・未来について，多くの宗教や哲学や科学が語りつづけている．

しかし，いまここにいるだれも，その真実を知らない[1]．

要するに，わたしたち人間はみな，〈わたし〉とは何者なのか，肝心の自分自身の正体も知らずして教育―おもに他者(ひとさま)にかかわること―を云々しているのだ．この傾向は，近代や現代ほど著しい．存在論を傍らに置いた，科学的技術論，ノウハウとしての実用的教育術である[2]．

1） まさしく古代ギリシアの悲劇詩人ソポクレス（Sophokles, B. C. 496-B. C. 406）が『アンティゴネ』で語るように，「不思議なものは数あるうちに，人間以上の不思議はない」．『ギリシア悲劇Ⅱ ソポクレス』（ちくま文庫，1986年），167頁．「ただひとつ，求め得ないのは，死を遁れる道，難病を癒やす手段は工夫したが」（168-169頁）．事情は，いつの時代も変わらない．

2） こうした「教育（学）」（pedagogy, education）に関しては，拙著『教育にできないこと，できること―教育の基礎・歴史・実践・研究―』（成文堂，2004年），21-34頁を参照．さらに，補遺2も参照されたい．むろん，こうした科学的（実用的）教育技術の探究も有意義であり大切な場合も数多い．ただし，「近代科学のやり方には，どこか根本的な欠陥がある」（茂木健一郎『脳と仮想』新潮社，2004年，209頁）ことに，現代の教育学もすでに気づいているのではないか．「この「恐ろしい事実」に，脳科学者や，哲学や，認知科学にたずさわり，意識の問題を真剣に考えている

〈わたし〉の存在そのものが、じつは謎であること．いくら、この〈わたし〉を産んだ親の系列を、いまのわたしの思考方法を用いてたどったとしても、その発端は不明であること．このことだけは、確かだ．

つまり、わたしたちは、〈わたし〉の起原を知らないまま、教育について語っている．しかも、わたしたちと同様に、〈わたし〉の起原がわからないままの同じような人間存在の教育を．

もう一段、「そもそも」を進めたい．

いまここで、このような文字を書いている〈わたし〉は謎である．そして、いまここでこれを読んでいる人の存在もまた、謎である．しかし、このような文字を読むとき、〈わたし〉の心には、ある何か（X）が呼び覚まされる．

たとえば、リンゴという文字を見れば、わたしたちはほかならぬ〈わたし〉自身の心のなかに、あのリンゴを想起するであろう．そのリアリティだけは疑いようがない（リンゴを見たことも食べたことも、またこの言葉をまったく理解できない者には通じない話であるが）．

ただし、そのリンゴは、あくまでもそれぞれの〈わたし〉の心のなかに、あの豊かな質感として呼び起こされる〈わたし〉だけのリンゴ（a）であって、それが隣の人と同じである保証はまったくない．むしろ、リンゴといえば、各人各様だけのリンゴの質感（a_1, a_2…）が、おのおのの心のなかに存在するというわけである[3]．

人々は、もうとうの昔に気がついている．王様は裸だと判っている．判っていても、やめられない．客観的な物質のふるまいを予言する上では、近代科学のやり方ほど、役に立つ方法はないからである．コンピュータやジェット機を組み立てる上で、これほど有効な方法はないからである」（同前）．詳しくは、同前書を参照されたい．これに気づいた上での教育におけるサイエンスやテクノロジーの探求と、そうでない場合とでは、畢竟、わたしたち1人ひとりの最終的な幸福にとって、大きな違いとなってあらわれることは確かであろう．要するに、人間は単なるコンピュータでもジェット機でもないのだから．

3）世に〈わたし〉とまったく同じリンゴを見る（認識する）他者は1人もいない．わたしの頭（心）のなかに呼び起こされたリンゴは、〈わたし〉だけのものである．しかし、わたしの頭を切り開いて見たところで、そこには物体としての灰色の脳があるだけで、リンゴはどこにもない．わたしの心に思い浮かんだリンゴは、〈わた

では，このようにある文字を読んで（まさに本書を読んで），あるXをいきいきと心のなかに生起させるいまの〈わたし〉とは何なのか．逆に，〈わたし〉の心は，どのような仕組みによって，このようなイメージをアクチュアルに生成させるのか．さしあたり，「心を生み出す臓器」[4]としての脳の謎である．

　すなわち，〈わたし〉の存在の謎とは，このようにいまここで思考しているわたしの〈心〉の謎であり，こうした（ある人々にとっては暇人だけがとりつかれるとされる）些事に思いめぐらす脳の謎へと，ある程度のところ還元できるであろう．いずれも，〈わたし〉の心が，そして脳が思考していることなのだから．この点を，はじめに確認しておきたい．

　すると，〈わたし〉自身の存在の謎へとそもそも還って，ここから教育について考え直し，その知見を基礎に構築を試みようとする教育論―こういういい方がもし可能だとすれば，勝義の「そもそも論」としての教育基礎論―は，このように思考し，それを意識するブラックボックス（モニター）としての〈わたし〉の心と脳を，まずはいまここにどう位置づけるかという問題から出発しなければならないであろう．

し〉の頭のなかに，抽象的な形でしか存在しないのである．絶対的に「正しい」リンゴ（A）など，あるとすれば，プラトンのいうイデア界にしか存在しない．文字や数にすれば事情はさらに厳しい．この世に「1」や「2」という物体は存在しない．「あ」とか「い」とか，「C」とか「D」とかいう物体も存在しないように．しかし，これらは〈わたし〉の心のなかで，「あ」と「い」が結び合えば「あい」＝愛として，ある種の質感を喚起するであろう．そう，あの愛である．が，この世に「愛」という物体は存在していない．にもかかわらず，「愛」は，〈わたし〉の心のなかに確かにあるのである．こうした抽象的な（とりわけ言葉の）文化的世界―〈わたし〉の心という内面世界―をモニターしつつ，これと豊かにかかわりつつ生きるのは，いうまでもなく人間にしかできない在り方である．

4）養老孟司・茂木健一郎『スルメを見てイカがわかるか！』（角川書店，2003年），162頁．ほかにも茂木の一連の著作を参照されたい．茂木健一郎『心を生みだす脳のシステム―「私」というミステリー―』（NHKブックス，2001年），『意識とはなにか―〈私〉を生成する脳―』（ちくま新書，2003年），『脳内現象―〈私〉はいかに創られるか―』（NHKブックス，2004年），前掲『脳と仮想』など．

1節｜〈わたし〉の心の位置
　　　―ポパーの3世界論を手がかりに―

ポパー（Karl R. Popper, 1902-1994）によれば，わたしたち人間にとってのすべての実在は，3つの世界に分かれるという．それを彼は，《世界1》(World 1)，《世界2》(World 2)，《世界3》(World 3) と名づけている．

> 第一に，物理的世界―物理的存在の宇宙―がある．（中略）私はこれを《世界1》(World 1) と呼ぼう．第二に，意識状態，心的性向，無意識状態を含んだ心的状態の世界がある．これを《世界2》(World 2) と呼ぼう．だが，さらに第三の世界がある．それは思考内容の世界であり，実際，人間の心の所産からなる世界である．これを《世界3》(World 3) と呼ぼう[5]．

さしあたり〈わたし〉は，肉体を具えて，いまここに具体的に存在している．〈わたし〉という自我意識を生成させているのは，わたしの心であり，それはわたしの脳という，肉体（臓器）に位置している．〈わたし〉は，わたしの脳（肉体あるいは身体）を離れて生きるとは，ここではひとまず考えられない．〈わたし〉という自我や意識を生成させる心は，わたしの脳という身体を必要不可欠とする．ポパーにしたがえば，《世界2》は，必ずや《世界1》のなかにあるということ．〈わたし〉の心は，あくまでも身体という物理的世界に属している．茂木健一郎がいうように，「どんなに広大な空間をさまよっても，どこに移動しても，「私」は，決して，この狭い頭蓋骨の中の脳内現象であることから解放されることはない」[6]．

5） K. R. ポパー・J. C. エックルス『自我と脳（上）』（西脇与作訳，思索社，1986年），66頁．
6） 茂木前掲『心を生みだす脳のシステム』，21頁．

しかし，この人間の心は，じつにさまざまな思考内容の世界を表現する．それが，《世界3》．すなわち，哲学，神学，科学，歴史，文学，芸術…といった，人間ならではの文化の世界である．

ただし，これら《世界3》もまた，あくまでも《世界1》に，インクでもって紙に記されたり（書物），チップとしての記憶媒体（コンピュータ）に収められた文字や音符や数式という「情報」として，物理的世界のなかに属している[7]．《世界3》は，おもに文字や音符や数式といった，総じて「言葉（言語：logos）」によって固定された世界である．

問題は，わたしたち人間が，各人各様の《世界2》を《世界1》（物理的身体）のなかに保持しつつ，同じく《世界1》のなかに言葉（情報）として記録された《世界3》とかかわりながら生きているという現実である．つまり，人間とは，《世界3》（文化の世界）とかかわりあうことを通じて，《世界2》（〈わたし〉の心の世界）を豊かに拡大する存在であり，逆に《世界3》もまた，《世界2》のみを通じて，より豊かに発展していく．ポパーとともに筆を執ったエックルス（John C. Eccles, 1903-1997）によれば，「各個人の心を成す意識（世界II）は，その心が認識する文化（世界III）とかかわり合いながら，共に拡大し，高次化していく」[8]．

こうして私たちは人格形成の階段を昇り続けていく．それは人生の全行路にわたって続く自己創造の過程であり，そこでは，各個人に影響し，また各個人が認識できる世界IIIの内容にしたがって，その個人の人格をになう世界IIは，豊かにもなれば，貧しくもなる．人は，今までどんな世界IIIに浸ってきたか，そして脳という道具をどれだけ有意義に使ってきたかによって，現在の自分が決まるのである[9]．

---

[7] ポパー・エックルス前掲書，66頁参照．
[8] J. C. エックルス・D. N. ロビンソン『心は脳を超える―人間存在の不思議―』（大村裕ほか訳，紀伊國屋書店，1989年），61頁．ここの図表も参照されたい．
[9] 同前書，62頁．養老・茂木前掲書，162頁以降「心をたがやす方法」も参照されよ．

要するに，人間とは，あくまでも《世界1》のなかに位置する《世界2》を，絶えず《世界3》との相互作用のなかで形成しつつ，同時に《世界3》をもまた形成しつつ，再び《世界1》のなかへと記録する存在である．いわば《世界1》のなかに記録された《世界3》(たとえば文字・音符・数式など)は，つねに《世界2》というプレーヤー(心をもった生きた人間)によって再生されなければ，単なるモノでしかない．文字を知らない人間以外の動物に，いまここで読んでいるペーパーを見せても，それは少なくとも食べ物ではないモノとして，見向きもされないであろう(猫に小判，豚に真珠)．演奏されることのない楽譜(音符)では意味がない．《世界3》は，いつもこれを再生させるプレーヤーとしての《世界2》を必要とし，《世界2》もまた，その心を豊かにする栄養として，つねに《世界3》を必要としているのである．以下，エックルスにならって図式化してみよう[10]．

世界3 (文化の諸相…社会に還元されて客観的に存在する知識)
哲学，神学，科学，歴史，文学，芸術，各種技術などを含む文化の伝統 科学上の諸問題やその他の学問的な課題に関する理論体系など

↓心の栄養　　↑文化の拡充

世界2 (各個人の心を成す意識)
主観的な知識
知覚，思考，感情，性向に起因する意図，記憶，夢，創造的な想像などの意識

↑身体の栄養　　↓文化の記録

世界1 (物質の諸相)
1．無機相…宇宙を構成する物質とエネルギー
2．生物相…あらゆる生物体の構造と働き(人間の脳を含む)
3．人工物…道具，機械，建造物，あるいは思想文学，芸術などが表現されている物体など
(世界3)

すべては，《世界1》のなかで生起している(塗りつぶした部分)．が，わたしたち人間の心(自我・意識)という《世界2》が存在していなければ，《世界3》もありえず，そもそも《世界1》そのものさえ認識されえない．すなわち，〈わたし〉という《世界2》が，もしこの世に生まれてこなければ，こ

---

10) エックルス・ロビンソン前掲書，59頁の図表をもとに作成した．

のいまの〈わたし〉が見ている《世界1》も存在していない[11]。

　さて、そこで〈わたし〉という《世界2》は、つねに《世界1》から、身体の栄養（物質的食物）をえながら動物的生命を維持している。と同時に、つねに《世界3》からも、心の栄養（超物質的食物）をえながら精神的生命を維持しているとはいえまいか（ここに教育の世界が広がる[12]）。世界は、ひとまず、あくまでもわたしたち人間の《世界2》を中心に、変転をつづけている。《世界2》が絶えず進行形で変化するのにともない、《世界3》も、また《世界2》を含み込む《世界1》も当然、進行形で変化しつづけるのである。

　以上、〈わたし〉の心（《世界2》）の位置は、あくまでもこの身体のなかの脳という臓器《世界1》にあることを確認した。

　〈私〉が感じる全ての世界は、脳内現象として、1リットルの空間〔《世界1》〕の中に閉じ込められている[13]。

とともに、〈わたし〉の心が位置するこの《世界1》には《世界3》も記録されていて、《世界2》は、それを再生するプレーヤーであると同時に、またそれを再創造して豊かに発展・拡充させるクリエイターであることも。人間とは、《世界3》のプレーヤー兼クリエイターなのである。

　ここでは、《世界2》が、あくまでも世界の中心に位置している。というのも、すべてを、このいまの〈わたし〉の心である《世界2》を始点（視点）とするよりほかに、わたしたちには実在を認識する方法は、通常ないのだから[14]。

---

11) かといって〈わたし〉が存在しなくなればこの世も消滅するかといえば、そうともいえないであろう。茂木前掲『脳内現象』、9-18頁参照。いずれにしても、「存在」しているとは、摩訶不思議なことであるには違いない。M. ハイデガー『形而上学入門』（川原栄峰訳、理想社、1960年）、7頁以降を参照されたい。

12) エックルスは、こう述べている。「教育とは、第三の世界を把握し、理解する第二の世界の意識的自我に、能力を与える修練と考えられる」。『脳と実在』（鈴木二郎ほか訳、紀伊国屋書店、1981年）、290頁。

13) 茂木前掲『脳内現象』、12頁。

14) むろん、これから中心的な問題となるスピリチュアリティは、《世界2》にありながら、これを超えた実在認識の道を啓こうとする。

それでは,《世界1》と《世界2》が接触して,いつもここにはじめて再生される《世界3》。ある言葉（もちろん音楽なども含まれる）を見聞して,まさにいま《世界2》のなかで—「脳内現象」として—再生している《世界3》の,このいきいきとした質的リアリティとは,いったい何なのであろうか.

2節｜《世界3》のリアリティから スピリチュアリティへ

ポパーは《世界3》の実在性(リアリティ)について,こう述べている.

(1) 世界3の対象は抽象的である（物理的な力よりもいっそう抽象的である）が,それにもかかわらず実在的である.なぜなら,それらは世界1を変革する強力な手段なのである.（私はこのことが世界3の対象を実在的と呼ぶ唯一の理由であるとも,またそれらは手段以外の何物でもないとは思わない.)

(2) 世界3の対象は人間がそれらの製作者として介在することを通してのみ世界1に影響を及ぼす.とりわけ,世界3の対象が把握されるということを通して世界1に影響を及ぼす.そして,把握とは,世界2の過程,または心的過程であり,より正確には世界2と世界3が相互作用する過程である.

(3) したがって,われわれは世界3の対象と世界2の過程がともに実在的であることを認めねばならない—たとえ唯物論の偉大な伝統への尊敬から,これを認めることを好まなくともである[15].

〈わたし〉の《世界2》と《世界3》とは,確かに相互作用しながら,わ

---

15) ポパー・エックルス前掲書,79頁.

たしを実践へと原理的に駆り立てる．まさしく，《世界1》を変革する強力な手段である．たとえば，「信仰」という《世界3》とリアリティをもってかかわった《世界2》，（6章以下で取り上げる）ルター（Martin Luther, 1483-1546）が，宗教改革運動として，当時の《世界1》（カトリック教界）を変革したように．《世界3》は，《世界2》のなかに，抽象的な（脳内）情報として，しかしわたしたちを行動へと駆動させるパワフルな原理として，まぎれもなく実在している．

すると，これに《世界4》を付け加える者も現われてきた．稲垣久和は，こう語る．

> 人間には究極的意味（永遠や神への思い）や万物のアルケー（始源）をも求める傾向がある．このような開かれた心が，宗教の基本であり，人類の初期の頃からやはりリアルなものとして存在してきた．この世界を世界4（スピリチュアルな世界）と呼ぶことにしよう[16]．

永遠とか神とか始原とか．とにかく，こうした究極的な「真の」何かの世界．それが，ここでは《世界4》と名づけられている．（後述するように，わたしには，こうした「究極的なるもの」＝《世界4》を希求しつつ生きる態度こそが，あくまでも《世界2》として《世界1》のなかにしか存在しえない人間のリアリティであり，《世界2》に生来そなわっている霊性＝スピリチュアリティの機能であると思われる．）つづけて稲垣は，先のポパーをふまえ，《世界4》の実在性について述べている．

① 世界4の対象は抽象的（目に見えないもの）であるが，それにもかかわらず実在的である．なぜなら，それらは世界1を変革する強力な手段なのであるから．
② 世界4の対象は人間がそれらと交流することを通して世界1に影響を

---

[16] 稲垣久和『宗教と公共哲学―生活世界のスピリチュアリティ―』（東京大学出版会，2004年），60頁．

及ぼす．とりわけ，世界3の対象（聖典，教理など）が把握されるということを通して世界1に影響を及ぼす．そして，把握とは，世界2の過程，または心的過程であり，より正確には世界2と世界3および世界4が相互作用する過程である．

③　したがって，われわれは世界4の対象と世界2，3の過程がともに実在的であることを認めなければならない[17]．

このように稲垣によれば，ルターの「信仰」は，《世界4》に属することになろう．そこで，稲垣はいう．「このときに世界4は世界3に還元できないし，世界4は世界2に還元できないという認識が大切だ」[18]と．稲垣はここで，従来の3世界論を修正4世界論（創発的解釈学）に拡張することを提起している[19]．

ところで，わたしは，信仰の世界に属することがらについては，これについて語ることそのものが，もはや不可能であると考える．なぜなら，これはすでに「語りえない」世界，いわば死後―もしくは〈わたし〉が存在する以前―の世界のことなのだから．この点では，ポパーとまったく同感である．

私は世界3の対象の存在を強調するが，本質が存在するとは考えない．つまり，私は概念や観念の対象や指示物に何の地位も与えない．善や正義の真の本性とか真の定義についての考察は，私の考えでは言葉上の屁理屈になるのが落ちであり，避けるべきである．私は私が《本質主義》と呼んでいるものには反対である．それゆえ，私の考えではプラトンのイデア的本

---

17)　同前書，61頁．
18)　同前書，77頁．
19)　同前書，72頁以降参照．稲垣の唱える公共哲学には，賛同するところが大きい．たとえば，「公共哲学は，世界3が実在的であるだけでなく，世界4（スピリチュアルな世界）も実在的であるような階層構造をもった四世界論哲学である」（17-18頁）や，「スピリチュアルな態度とは新しく神（超越者）をデッチあげることではなく，単に過去の伝統をなぞるだけでもなく，自覚的に今のこのときを感受性豊かに，他者と共存・共鳴して生きようとする態度である」（19頁）など．こうした公共哲学と教育に関する本格的研究は，今後の課題としたい．

質は世界3で何の重要な役割ももたないのである．（つまり，プラトンの世界3はある意味で明らかに私の世界3の先取りではあるが，私には誤った構成であると思われる．）[20]

先述したように，〈わたし〉という《世界2》にとっては，《世界4》という「語りえないもの」を究極的に希求しながらも，あくまでも《世界3》を探究しつつ，このなかに生きるという態度こそが重要である．比するに，そうではなくて，《世界4》の本質的独自の実在性を認めてしまえば，《世界3》を介することのない，たとえば聖書を介さない神との直接交渉や交流—霊的コミュニケーション—を唱える，あやしげで過激な主張や行動が，ルターの時代のみならず現代でも，必ずやあらわれてくるであろう．とても危険である．

ポパーもいうように，「私は世界3の対象の存在を強調するが，本質が存在するとは考えない」という点は，いくら強調してもしすぎることはあるまい[21]．《世界3》の対象としての《世界4》は存在するであろう．しかし，《世界4》の本質が自足的に，つまり《世界3》にも《世界2》にも還元できないものとして存在するというのでは，単なる信仰告白をしたことにしかならない．あくまでも《世界1》に属する《世界2》に，心的過程として生起してくる《世界3》と《世界4》について，わたしたちは考える必要があろう．これだけが，屁理屈に陥ったり，互いに相手の信仰を攻撃したりするような，現在でも世界的規模で繰り広げられている，無意味で不毛な原理主

---

20) ポパー・エックルス前掲書，73-74頁．
21) 重要な点だがポパーは，こうも語っている．「私は世界3を本質的に人間精神の産物だとみなす．世界3の諸対象を創造するのはわれわれである．これらの諸対象がそれ自身の固有なまたは自律的な法則をもっていて，われわれの意図せぬ，また予期しなかったもろもろの結果を生みだすということは，より一般的な通則—われわれのすべての行為はそのような結果を生みだすという通則—の一例（きわめて興味のある例だが）にすぎない．こうして私は，世界3を人間活動の産物とみなすと同時に，われわれの物理的環境と同じくらい，あるいはそれ以上に，反作用を及ぼす産物であるとみなす．すべての人間活動には一種のフィードバックがある．行為しながら，間接的に，われわれは常にわれわれ自身に働きかけているのである」．K. R. ポパー『果てしなき探究（下）』（森博訳，岩波現代文庫，2004年），163頁．

義的「神」学論争から，わたしたちを救うことができるのではないか．

　《世界4》は，《世界1》に生きる《世界2》にとっては永遠の謎であり，各自の信仰の世界だけに，静かに謙虚に属することがらである．よって，この自足的本質が存在するという信仰を，他者に対して押しつけることは，絶対にしてはなるまい[22]．

　すると，先に触れた，「《世界2》に生来そなわっている霊性＝スピリチュアリティの機能」とは何か．これが生来的かどうかも含めて，次に問題となろう．

3節 | スピリチュアリティのクオリア

それにしても《世界1》に生きる《世界2》にとっては，現在でも，大きな謎が残されている．それは，ほかならぬ〈わたし〉と「意識する心」(the conscious mind) の存在であり，これが生成してくる仕組みである．チャーマーズ (David J. Chalmers) は，こう語る．

　　意識体験はこの世でもっともわれわれに親しい存在であると同時に，もっとも神秘的なものである．意識ほどわれわれがじかに知っているものはないのに，それをわれわれが知っている他のあらゆるものと同じように知るにはどうすればいいかは，まるではっきりしない．意識はなぜ存在するのか？意識は何をするのか？灰色のしまりのない物質から意識が生じるというようなことが，どうして起こりうるのか？われわれは世界の他の何もの

---

[22] しかるに，《世界4》へと粘り強く導こうとする—ときに強制したり押しつける—のが，近代までの教育思想の特質である．《世界4》は，可能なかぎり自然な形で，各自の《世界2》に感得されるものとして教育されることが望ましいが，難問である．なぜなら，強制をともなわない教育はありえないから．すでに自覚された教育とは，つねに他者に対する〈わたし〉の意図的働きかけであるから．この微妙な辺りの苦悩が，16章で取り上げるフランケにも，すでに読み取ることができる．補遺2も参照されたい．

にもまして意識を親しく知っているにもかかわらず，意識以外のことのほうをはるかによく理解している[23]．

「灰色のしまりのない物質」．つまり，脳という物体が，どのようにして〈わたし〉と「意識する心」を生み出してくるのか．このプロセスは，ほとんど不明のままである[24]．1000億の神経細胞の活動から，いかにして〈わたし〉が生成してくるのか．脳というシステムの謎への探究が進められている．

ところで，茂木らによれば，人が何かを意識しているとは，〈あるもの〉が〈あるもの〉として，〈わたし〉の心のなかに，確かな質感（感覚質・クオリア：qualia）として満ちているということである[25]．

私たちが知覚するこの世界について，もっとも著しい特徴は，それがさまざまな質感（クオリア）に満ちているということである．

　朝の森の中を歩くと，多種多様なクオリアが私の心の中に感じられる．草の緑色．草の上の朝露のつやつやとした感覚．足の裏から，しっかりと私を支えてくれる大地の感覚．しっとりと冷たく私を包む空気の気配．木漏れ日が地面につくる斑(まだら)の明るい模様．鳥のさえずり．そして，その中を歩く私自身の体の感覚．「私」がここにいて，世界を感じているという意識．これら全てのクオリアが，それぞれユニークな感じられ方で心の中に

---

[23] D. J. チャーマーズ『意識する心―脳と精神の根本理論を求めて―』（林一訳，白揚社，2001年），23頁．傍点引用者．
[24] チャーマーズはいう．「意識が脳のような物理的システムから生じると信じることには，十分りっぱな理由があるが，それがどのようにして生じるのか，あるいは，そもそもなぜそれが存在するのかについては，さっぱりわかっていない」．同前書，11頁．
[25] クオリアとは，もともと「質」や「状態」を表わすラテン語．チャーマーズは述べる．「心的状態が意識的であるのは，それが質的な感じ―体験に結びついた質―をもつ場合である．そうした質的な感じは現象的な質(フェノメナル・クオリティ)，略してクオリア（質感）とも呼ばれている．この現象的な質を説明するという問題が，まさしく意識を説明するという問題であり，実にここが，心身問題の難しい部分である」．同前書，24-25頁．

立ち上がってくる.
　目覚めている限り,私たちの心の中には,クオリアが溢れている.「私」とは,「私」の心の中に生まれては消えるクオリアの塊のことであると言ってもいいくらいである[26].

同じ森のなかを歩いていても,〈わたし〉にしか感じられない,〈わたし〉だけの《世界2》に,ユニークに生起してくるクオリア.このクオリアは,〈わたし〉だけのものである.先に,リンゴという言葉を見聞して,〈わたし〉の心のなかに想起されるリンゴが,わたしの《世界2》だけにユニークに思い浮かべられるリンゴであって,このクオリアと,他人のクオリアとを,数値化したりして比較することはできないのと同じ.まさしく〈わたし〉とは各自独自のクオリアの塊である[27].
　すると,クオリアの塊が,すなわち心である.しかし,心が脳という物質から生成してくる複雑な仕組みは,いまだ解明されていない.そこで,最終的にエックルスは,脳の物理的生理的システムに還元できない心を魂と呼び,これに「神学的」説明を加えるようになる.

　私たちひとりひとりの人格に独自性を与えるのは,自我の唯一性に他ならない.そして,自我とはすなわち魂のことであり,それは,自然神学的な意味での神の摂理によって,胎生期のいつかに私たちの肉体に宿るのだと筆者は信じる.自身の心の奥底に,自分を真に自分たらしめている何かの存在を確信するとき,神の手になる魂の存在を,人はもはや疑いえなくなるのである.
　私たちの脳は,驚くべき生物進化のプロセスが創り出した,素晴らしいコンピュータであり,私たちの心はそれをあやつるプログラマーである.

---

[26]　茂木前掲『心を生みだす脳のシステム』,39頁.傍点引用者.
[27]　わたしたちが寝ているときに見る夢など,その最たるものであろう.クオリアについては,信原幸弘『意識の哲学―クオリア序説―』(岩波書店,2002年)なども参照されたい.

私たちはこのコンピュータを生涯の道連れとして，この世を生きていく．それは私たちの自我が，あるいは魂が，共にこの物質世界に身を置いて交わり合い，成長していく道程である．そしてその道程に，私たちは限りない神秘を見出すのである[28]．

このようにエックルスは，〈わたし〉を支える最終の本質(サブスタンス)を，やはり西洋に伝統的な魂に求め，この世の生の究極の意味を，たとえば1章1節で見るプラトンと同じように，魂の成長（教育・修行）に見出している[29]．が，いま大切なのは，このことの真偽ではない．あくまでも，こうした魂の存在や神を想定しようとする〈わたし〉の心の，ありのままの様子を，現象学的にとらえることが先決である．それは，心にそなわる霊性の機能の見直しともいえるだろう．

　すべてが〈わたし〉の心のクオリア（《世界2》）として現象していること．そして，ここでは，神といった「聖なるもの」（宗教的価値）[30]もまた，確かなクオリアとして現象している[31]．つまり，わたしたちは「聖なるもの」を，リアリティとして感得する機能，すなわち霊性＝スピリチュアリティを，この心のなかにもっているといえるのではないか[32]．金子晴勇は，

---

28) エックルス・ロビンソン前掲書，80-81頁．ほかにもJ.C.エックルス『脳の進化』（伊藤正男訳，東京大学出版会，1990年），『自己はどのように脳をコントロールするか』（大野忠雄ほか訳，シュプリンガー・フェアラーク東京，1998年）などを参照されよ．
29) エックルス・ロビンソン前掲書，251頁以降参照．
30) 金子晴勇『聖なるものの現象学—宗教現象学入門—』（世界思想社，1994年），3-29頁参照．
31) 「それでは，神は単なる概念であり，空想や夢以上の絶対的な実質など持っていないのだろうか？脳の知覚を心が解釈する方法についての現在の理解によれば，答えはノーだ」(A. ニューバーグ・E. ダギリ・V. ローズ『脳はいかにして〈神〉を見るか—宗教体験のブレイン・サイエンス—』茂木健一郎監訳，PHP研究所，2003年，211頁)．「われわれはまだ，高次の神秘的なリアリティーの概念を否定する根拠を，科学や理性の中に見出すには至っていないのだ」（同前書，248頁）．現代における科学と宗教との興味深い関係については，以下を参照されたい．A.E.マクグラス『科学と宗教』（稲垣久和ほか訳，教文館，2003年），I.G.バーバー『科学が宗教と出会うとき—四つのモデル—』（藤井清久訳，教文館，2004年）など．
32) 次の茂木の指摘は重要である．「宗教的体験を，日常的体験とはかけ離れた特別な

「あるものが現象するかぎり,それと相関して意識の内に認識の機能がなければならない.聖なるものの体験が人間に与えられている以上,その対象と意識の志向体験との間には本質的な連関がなければならない」[33]とし,これがシェーラー(Max Scheler, 1874-1828)による現象学の基本的な前提であると述べる[34].

私たちの考察している聖なるものは宗教的価値であり,それは「感得する意識」に現象しているのである[35].

どうやら〈わたし〉の心(《世界2》)には,「聖なるもの」を感得する機能もまた生来的にそなわっているようである.これを,ひとまずここで「霊性(スピリチュアリティ)」と呼ぶことにしよう[36].金子は,ルターやキルケゴール(Sören A. Kierkegaard, 1813-1855)の人間学を引き合いに出しつつ,わたしたち人間における霊性,理性,感性の存在について,詳しく説明している[37].図式化

領域に囲い込んでしまっては,本質を見誤る.重要なのは,日常生活における主観的体験の何気ない不思議な性質の中に,かつては「宗教」という名の下に探求されてきた私たちの存在のミステリーを読みとる感受性なのである.神は,舌に載せたチョコレートのほろ苦さの中にも宿っているのだ」(茂木監訳前掲書,258頁).これぞ金子のいう「霊性の草の根」であり,「超越のしるし」を感じ取る感受性であろう(金子晴勇『近代人の宿命とキリスト教―世俗化の人間学的考察―』聖学院大学出版会,2001年,243以降参照).
33) 同前書,142頁.
34) 詳しくは,金子晴勇『マックス・シェーラーの人間学』(創文社,1995年)参照.
35) 金子前掲『聖なるものの現象学』,143頁.
36) スピリチュアリティと一言でいってもさまざまである.まず整理のためには,西平直「スピリチュアリティの位相―「教育におけるスピリチュアリティ問題」のために―」(皇紀夫編著『臨床教育学の生成』玉川大学出版部,2003年所収)を参照されたい.ほかにも前掲拙著,174-181頁や,金子前掲『近代人の宿命とキリスト教』,274頁以降,湯浅泰雄監修『スピリチュアリティの現在―宗教・倫理・心理の観点―』(人文書院,2003年)などを参照されよ.
37) 金子前掲『聖なるものの現象学』,144頁以降参照.ただし,わたしたちはここで,霊性・理性・感性の3つの機能が,ともに大切にされている点を,看過してはならない.本書では,とくに霊性に注目はしているものの,実際の教育において,どれか1つだけが突出しては,人間としてのトータルなバランスが一挙に崩れ去ることも,忘れてはなるまい.こうなっては,やはり危険である.3つの働きは,次章1節で見るように,いつもつながりあい調和しているのが理想である.

すれば，こうだ[38]．

人間という家	機　能	対象	神殿の比喩
霊（Geist）	霊性の作用	不可視的永遠の事物，神の言葉	至聖所
魂（Seele）	理性の作用	存在の理解できる法則	聖所
身体（Leib）	感性の作用	可視的対象	前庭

わたしたちは，これまで述べてきたことがらにしたがって，すべては《世界1》に属する《世界2》のなかで，つまり身体において現象しているととらえる．が，しかし，そのなかで，やはり心や魂や霊といったものの働き（スピリチュアリティ），すなわち「聖なるもの」を「感得する意識」のリアリティを，確かな手ごたえあるクオリアとして所有しているのも事実である．キルケゴールは，次のようにいう．

　人間はだれでも，精神たるべき素質をもって創られた心身の総合である．これが人間という家の構造なのである．しかるに，とかく人間は地下室に住むことを，すなわち，感性の規定のうちに住むことを，好むのである[39]．

「精神」とは，ルターによれば「霊」（Geist）であり，わたしたちによれば《世界2》における霊性の働きである．

　ここから，キルケゴールもまた，ルターやエックルスと同様に，身体に収められた心（脳）を超えた，魂や霊の至高的存在を確信していたことが，明らかである．

　少なくともわたしたちは，このように「聖なるもの」のクオリアを，豊かなリアリティとして確信する《世界2》（スピリチュアリティ）が存在し，この超越的認識機能をいまだ熱心に説きつづけている者たちがいる事実を，確認しておきたい．

　以下，こうしたスピリチュアリティに根ざした教育を思考し，かつ実践し

---

38)　同前書，145頁の図表に手直しした．
39)　同前書，145頁．

た先人の軌跡を，まずはできるだけ丁寧にたどってみよう．

　すると彼らは，たとえそうした表現は用いていないにせよ，本質的な姿勢として，先の「そもそも論」としての教育基礎論―存在論に基づく教育論―の構築に挑んだ人々と，現代では換言してもよいくらいに感じられてくる．ここに，近代教育思想の源流があると思われる[40]．

---

[40]　ひとまず「近代教育を発生的に見れば，西洋において，（中略）すでに近代革命前の宗教改革及び絶対主義体制の成立によって教育に対する社会的要求が急速に高まる16世紀あたりを始期とすることができる」（教育思想史学会編『教育思想事典』勁草書房，2000年，220頁）といった通説にしたがい，本書でも近代教育思想のはじまりを，ルターの時代ととらえている．拙著は，スピリチュアリティをキーワードとして，そのさらに源流をたずねようとするものである．結果として，その流れを汲む，（学としての近代教育学が成立し始める）18世紀までの一部の思想家を取り扱うことにはなったが．

1章 │ 基礎づけ主義の教育思想再考(1)

「聖なる台座に鎮座まします節制」を観るまでは,
君の「彫像作り」をやめてはならない.

　西洋においては古来,魂や霊,さらには神やイデアといった超越的実在,すなわち先の《世界4》の現在を前提とした教育が考えられてきた.「それは,一言でいうならば,基礎付け主義（foundationalism）である」[1].加藤守通は,こう述べる.

　　基礎付け主義とは,ある絶対的な基点を設け,それとの関連のなかで人間存在をとらえ,それへ導くものとして倫理や教育を理解する思考形態である.この思考形態は,西洋においてはプラトニズムに,東洋においては儒教,とりわけ朱子学に,典型的なかたちで現われている[2].

　それは,わたしたちのこれまでの考察にしたがえば,〈わたし〉の心に宿るスピリチュアリティに根ざして倫理や教育を理解する思考形態といい換えられよう.むろん,すでにポパーに同意したように,現代のわたしたちは,《世界4》の自足的実在を認める段階にはなく,これを思考しているのは,あくまでも《世界1》に属する《世界2》であることを忘れてはなるまい.ただし,《世界3》や,あるいは直接の体験を通じて「感得」される《世界4》の実在可能性は否定されえず,このリアリティを確かなクオリアとして「感得する意識」,すなわち心（のスピリチュアリティ）の存在は,宗教現象

---

1) 沼田裕之・加藤守通編著『文化史としての教育思想史』（福村出版,2000年）,240頁.
2) 同前.

学の見地からも，大いに肯定されなければならない．ここで重要なのは，「心で感じる」リアリティがあるという，まさにこの事実であり，このように感じる〈わたし〉の心の確かな存在感である．

ところが，基礎づけ主義は，神やイデアという「ある絶対的基点」を，《世界1・2・3》を超越する実在として，ともすれば自分がその代理者であるかのように，設定しようとする場合がある．ときに《世界4》の現在を，神になり代わって説きたがるのである．

が，わたしたちは，そうしたものを絶えず希求しつつ生きる態度こそが大切であり，これしか《世界1》に貼り付けられた《世界2》たる生身の人間にはできないことを，確認したのであった．

こうした観点から，これまでの基礎づけ主義の教育思想を再考することが，いま必要とされているのではないか．つまり，《世界4》のあくなき探究を試みた《世界2》の思想史的軌跡を，《世界3》のなかに忠実にトレースしようとする作業である[3]．すべてを，先に《世界4》ありきの前提から開始するのではなく，存在の根源を突き詰めようとした結果として，最終的に《世界4》の実在へと行き着かざるをえないことを，せいぜい示唆する試みしか，わたしたちにはできないのではないか．

よって，わたしたちには，少なくとも近代に至るまでの教育思想を，《世界4》の実在を教示するスピリチュアリティの痕跡として，浮き彫りにすることができるのみである．そして，このことを通じてはじめて，西洋古来の存在論に基づく「基礎づけ主義」の教育思想の新たな意味が，再び現代によみがえると思われる．

要するに，「究極的なるもの」を冀いつつ生きた人間の物語(ドラマ)．ここに，近代教育思想の源流があるのではないか．この様子を，虚心坦懐に跡づけよう．このとき，悪しき基礎づけ主義に陥らない，つねに真理の探究者—みな

---

3) もちろん完全なる「忠実」はありえない．トレースしようとするのもほかならぬ特定の〈わたし〉という《世界2》なのだから．ただ，ヴェーバー (Max Weber, 1864-1920) がいうように，事実にできるだけ即しようとする即物的(ザッハリッヒ)な態度が，つねに重要である．

《世界4》へと至る途上者—としての先人の知恵が，いまにいきいきと甦生すると考えられる．

その1例として，基礎づけ主義の典型とされるプラトン（Platon, B.C. 427-347）と，次にネオプラトニズムの鼻祖プロティノス（Plotinos, 205-270），さらにこれらをキリスト教と結び合わせたオリゲネス（Origenes, 184/5-253/4）の教育思想について，見てみるとしよう．

1節｜プラトン

古代ギリシアの教育思想の源泉は，通常ホメロスあたりに求められるが[4]，以降なかでもソフィストとの対決をへて，ただ生きるのではなく善く生きることが大切だ—魂への配慮—と述べ，そのための最初のきっかけ—無知の自覚—を説き回った，覚醒型教師としてのソクラテス（Sokrates, ca. B.C. 470-399）や[5]，その思想を引き継ぎ高めたプラトンは重要である[6]．

プラトンは，絶対的普遍的真理としてのイデアの実在を唱え，それを各自が知性（ヌース）という心眼（魂の理知的部分）を用いて認識する＝観ること（観想：theoria）の必要性を説いた．究極的には，〈普遍を観想できるがゆえに非物質的である魂〉が[7]，イデアそのものとひとつとなるような見方，つまり，見るものと見られるものとがひとつとなったような世界（イデア・叡智界）に往くことを主張したのである[8]．

4） 詳しくは，H. I. マルー『古代教育文化史』（横尾壮英ほか訳，岩波書店，1985年）を参照されよ．
5） 拙著『教育にできないこと，できること—教育の基礎・歴史・実践・研究—』（成文堂，2004年），203-206頁参照．
6） 詳しくは，廣川洋一『プラトンの学園アカデメイア』（岩波書店，1980年），『ギリシア人の教育—教養とはなにか—』（岩波新書，1990年），さらに『イソクラテスの修辞学校—西欧的教養の源泉—』（岩波書店，1984年）を参照されたい．
7） R. ローティ『哲学と自然の鏡』（伊藤春樹ほか訳，産業図書，1993年），30頁．基礎づけ主義と，このような「普遍を把握する心」との関連については，これを参照されよ．
8） いうまでもなく「死の準備」が哲学．

周知のように，プラトンによれば魂(プシュケー)は不滅であり，もともとはイデア界にあったものが，いまは肉体の牢獄に閉じ込められていると見られている．『パイドロス』には，こう記されている．

> さて，魂の不死については，これでじゅうぶんに語られた．こんどは，魂の本来の相(すがた)について，つぎのように語らなければならない．(中略)
> 　そこで，魂の似すがたを，翼を持った一組の馬と，その手綱をとる翼を持った馭者とが，一体になってはたらく力であるというふうに，思いうかべよう．─神々の場合は，その馬と馭者とは，それ自身の性質も，またその血すじからいっても，すべて善きものばかりであるが，神以外のものにおいては，善いものと悪いものとがまじり合っている．そして，われわれ人間の場合，まず第一に，馭者が手綱をとるのは二頭の馬であること，しかもつぎに，彼の一頭の馬のほうは，資質も血すじも，美しく善い馬であるけれども，もう一頭のほうは，資質も血すじも，これと正反対の性格であること，これらの理由によって，われわれ人間にあっては，馭者の仕事はどうしても困難となり，厄介なものとならざるをえないのである[9]．

いわゆる魂の「三部分説」．『国家』の4・9巻では，「魂がそれによって理(ことわり)を知るところのもの」＝ものを学ぶことを司る「理知的部分」，「魂がそれによって恋し，飢え，渇き，その他もろもろの欲望を感じて興奮するところのもの」＝食欲や性欲のような「欲望的部分」，「われわれがそれによって憤慨するところのもの」＝怒りや覇気のような激情にかかわる「気概の部分」と呼ばれる3部分が，それぞれ馭者(知性・理性)，血筋の悪い馬(欲望)，血筋の善い馬(気概・意志)にたとえられている[10]．注目すべきは，手綱をとる馭者も，2頭の馬も，ともに「翼」をもっているという点である．魂の3つの部分は，それぞれ翼をもっている．その役割とは何か．

9）『プラトン全集5』(岩波書店，1986年)，179-180頁．
10）同前書，179頁，注3参照．

そもそも，翼というものが本来もっている機能は，重きものを，はるかなる高み，神々の種族の棲まうかたへと，翔け上らせ，連れて行くことにあり，肉体にまつわる数々のものの中でも，翼こそは最も，神にゆかりある性質を分けもっている．神にゆかりある性質——それは，美しきもの，知なるもの，善なるもの，そしてすべてこれに類するものである．したがって，魂の翼は，特にこれらのものによって，はぐくまれ，成長し，逆に，醜きもの，悪しきもの，そしていま言ったのと反対の性質をもったもろもろのものは，魂の翼を衰退させ，滅亡させる[11]．

これでプラトンにおける教育のおおまかなところが察せられたであろう．まずは，魂の「理知的部分」＝知性による魂全体のバランスのとれたコントロール．次に，それぞれの善きところ＝翼（いわば arete：卓越性）をよりよく育み成長させて，神々の世界へ，すなわちイデア（叡智）界へと飛翔(テイクオフ)させること．一言で「魂の向け変え」の技術(テクネー)としての教育である．

魂が，決してその「欲望的部分」に引きずり回されて墜落することのないように，まずは魂の状態(コンディション)を調和(ハーモニー)のとれたものに調律する（準備教育(ファンデーション)としての倫理的段階）．次にいよいよイデア界に接近できて，最終的にはここに到達できるよう魂の翼(アレテー)をより強力なものにすること（本格的教育としての知性的段階）．大きくこの２つの段階をへて，イデア界へと飛び立つ「魂の向け変え」＝転向の技術としての教育は達成されると考えられる[12]．

同様のことは，『国家』7巻の，有名な洞窟の比喩によっても示されている．

教育と無教育ということに関連して，われわれ人間の本性を，次のような状態に似ているものと考えてくれたまえ．——地下にある洞窟状の住いのなかにいる人間たちを思い描いてもらおう[13]．

---

11) 同前書，181頁．
12) A. ラウス『キリスト教神秘思想の源流——プラトンからディオニシオスまで——』（水落健治訳，教文館，1988年），19-45頁参照．
13) 『プラトン全集11』（岩波書店，1987年），492頁．

洞窟のなかで長年，入口からさしてくる光の影だけを見させられてきた囚人（無教育な人間）は，実在の影を実在だと思い込んでいる（ドクサ）．しかし，囚人はやがて，教育によって，その眼（知性・魂の理知的部分）を実在そのもの（光源・太陽）に向け変えることを学び，最後には，これと一体となるべく訓練されなければならない（教育ある人間）．ここに，プラトンのいう教育（paideia）の本質がある．

> 教育とは，まさにその器官〔眼〕を転向させることがどうすればいちばんやさしく，いちばん効果的に達成されるかを考える，向け変えの技術にほかならないということになるだろう．それは，その器官のなかに視力を外から植えつける技術ではなくて，視力ははじめからもっているけれども，ただその向きが正しくなくて，見なければならぬ方向を見ていないから，その点を直すように工夫する技術なのだ[14]．

加藤がいうように，「比喩的な言い方を取り除くならば，パイデイアとは，常に変転する現象世界から出発し，私たちの認識とすべてのものの存在との根拠である究極の原理，すなわち善のイデアへと向かう移行のなかに存在しているのである．さて，太陽によって象徴された善のイデアへの道は，一挙に登りきることができるものではなく，段階的に目（精神）を慣らしていくことが必要である．ここにカリキュラムの必要性が生じる．『国家』第7巻には西洋教育史で最初のカリキュラム論が含まれている」[15]．

すでに触れたように，このカリキュラムは，大きく2つのステップに区別できよう．まず魂の下地づくり（基礎的調律）のためには，音楽・文芸と体育が有効であるとプラトンはいう．

> こうして，どうやらこれら二つのもののために，ある神が二つの技術を人間に与えたもうたのだと，ぼくとしては主張したい．すなわち，気概的な

---

14) 同前書，501-502頁．
15) 沼田・加藤前掲書，240-241頁．

要素と知を愛する要素のために，音楽・文芸と，体育とをね．これらはけっして，魂と身体のために—副次的な効果は別として—与えられたのではなく，いま言った二つの要素のために，それらが適切な程度まで締められたり弛められたりすることによって，互いに調和し合うようにと与えられたものなのだ．(中略) してみると，音楽・文芸と体育とをうまく混ぜ合わせて，最も適宜な仕方でこれを魂に差し向ける人，そのような人をこそわれわれは，琴の絃相互の調子を合わせる人などよりもはるかにすぐれて，最も完全な意味で音楽的教養のある人，よき調和を達成した人であると主張すれば，いちばん正しいことになるだろう．(中略) われわれの国家においても，監督者として何かそのような人をつねに必要とするだろうね—その国制が維持されるべきならば[16]．

魂の「気概の部分」＝意志と「理知的部分」＝知性とを，緩急をまじえてうまくトレーニングし，魂全体の調律をはかるために，音楽・文芸と体育によるカリキュラムが提唱されている[17]．

音楽・文芸と体育とは，相まって，それらの部分を互いに協調させることになるのではないだろうか？— 一方〔理知的部分〕を美しい言葉と学習によって引き締め育くみ，他方〔気概の部分〕を調和とリズムをもって穏和にし，宥めながら弛めることによってね[18]．

こうして魂の2つの部分が上手に育まれれば，あとは「各人の内なる魂がもつ最多数者であり，その本性によって飽くことなく金銭を渇望する部分」である「欲望的部分」＝欲望を，きちんと制御するだけだとプラトンは語る．このとき，気概ゆえに「勇気ある人」，知性ゆえに「知恵ある人」，魂全体の調和がとれているがゆえに「節制ある人」，総じて「正しい人」（正義の

---

16) 前掲『プラトン全集11』，243-244頁．
17) 『国家』3巻参照．
18) 前掲『プラトン全集11』，320頁．

人）といった，いわゆる4元徳をそなえた教育・教養ある人間（善美なる人 カロカガティア）が誕生することになる．

　ただし，これですべてが終わったわけではない．つづいて，魂全体がイデア界に向けて力強く飛び立つためには，とくにヌースを鍛えるための，次の本格的な教育カリキュラムが必要とされる．その中心に，哲学がある．

　思うに，このことは，陶片の〔昼夜の〕転向とはわけが違うだろう．これは魂を，何か夜を混じえたような昼から転向させて，真実の昼へと向け変えることなのであって，それがつまり，真実在への上昇ということであり，これこそまさにわれわれが，まことの哲学であると主張するであろうところのものなのだ[19]．

　プラトンによれば，算術・幾何学・天文学・音楽理論といった学科（マテーマ），そして哲学の中核（最高の学問）としての哲学的問答法（ディアレクティケー）をマスターした者のみが，真の哲学者（教育ある者・支配者）の名にふさわしいとされる[20]．

　このように，少年時代より段階的にカリキュラムを修了して，一歩ずつわたしたちは，イデア（真理）へと接近していく．

　算数や幾何をはじめとして，哲学的問答法を学ぶために必ず前もって履修されなければならないところの，すべての予備教育に属する事柄は，彼らの少年時代にこれを課するようにしなければならない．ただし，それらを教えるにあたっては，けっして学習を強制するようなやり方をしてはいけないけれども[21]．

　しかも，「むしろ自由に遊ばせるかたち」[22] をとりながら．「無理に強いられ

---

19) 同前書，508-509頁．
20) 同前書，543頁以降参照．
21) 同前書，547頁．
22) 同前書，548頁．

た学習というものは,何ひとつ魂のなかに残りはしない」[23]というのがプラトンの持論であった.強制は奴隷のものであって,自由人たる教育・教養ある者にはふさわしくないとされた.

以上,加藤がいうように,「人間とは単なる既成事実ではなく,陶冶への可能性」ととらえられるプラトンにおいて,「このような教育・人間論は,新プラトン主義の媒介を経て,キリスト教に導入された.その際,究極の原理が善のイデアから神に移行するなど大きな変更が生じたが,教育・人間論の基礎付け主義的形態は踏襲されることになったのである」[24].次に,新プラトン主義の代表者・プロティノスの教育思想を,見ておこう.

2節｜プロティノス

ラウス(A. Louth)が指摘するように,「プロティノスは,プラトンから教父に至る議論の流れの中では,単なる挿話(エピソード)以上の存在である.われわれは彼の内に,「神秘哲学」と呼ばれるものの根源的要素をきわめて典型的な形で見出す.彼は,人間に内在する「天に戻りたい.もっとも純粋な場所に,聖なる場所に戻りたい」との願望をことばに表わしている」[25].このようなプロティノスの思想は,後代にも大きな影響を及ぼしている[26].

彼の思想の中心は,一者(ト・ヘン)からの知性,そして魂の発出(プロオドス)と帰還(エピストロペー)の教説にある.ラウスによれば,「発出が〈一者〉の単純性の自己展開であったのに対して,帰還は〈善〉による万物の吸収である.つまり,帰還とは,万物が〈善〉を希求し〈善〉に戻ろうとする,という事態にほかならない」[27].すべての実在は,一者と呼ばれるひとつの根源にさかのぼる.すべてはここを起原として展開し,現在に至り,そしてやがてはまた最初の一者へと戻ってい

---

[23] 同前.
[24] 沼田・加藤前掲書,241頁.
[25] ラウス前掲書,73頁.
[26] 同前参照.
[27] 同前書,76頁.

く．そうした宇宙と人間の魂の壮大なストーリーを，プロティノスは語る．

しかも，魂は，自らの起原，すなわち懐かしい故郷を目指して，一者へと帰還しようとする欲求（エロース）を生来的に内在しているという．一者から知性が，知性から魂が発出してきたように，今度は逆に，魂は知性へと，そして一者へと帰還しようと欲求運動を開始するというのである．それは一者に向かっての魂の上昇であるが，プロティノスにおいては，自己のより深い内奥へと，心眼（知性）によって沈潜していくことであった．『エネアデス』のなかで彼は，『饗宴』でのプラトンさながら，目の前の肉体の美（肉眼で見える美の影像・痕跡・陰）から，美の本体（イデア）へと向かうべきことを説き勧めた後に，こう述べる．

> それゆえ，或る人（アガメムノン）が，「いざ，なつかしきふるさとへ逃れ行かん」と勧めたのも，まことに，ゆえなきことではないのである．
>
> では，その逃避行とは何か．して，どのようにして逃れるのか．
>
> オデュッセウスは，目をたのしませる多くのものにかこまれ，感覚美にめぐまれたくらしをしていたにもかかわらず，そこに留まることに満足せず，魔女キルケやカリプソの手から逃れたと——どうもわたしには，彼の行為にはかくされた意味があるように思えるのだが——詩人が述べている．われわれも，これに習って逃れるようにしなければならない．むろん，わがふるさととは，われわれが昔いたところ，わが父君もおわすところ（知性界）のことである．
>
> では，その旅，その逃避行の方法は？
>
> この旅をなしとげるのに必要なのは，われわれの足ではない．足は，この地上の世界なら，あちらこちらとどこへでもわれわれを運んでくれるにすぎないからである．しかし君は，馬車や船を準備する必要もない．そんなものはすべてかえりみず，肉眼を閉じて，そのかわりに，万人がもちながら，わずかな人しか用いない別の眼（心眼）をめざめさすべきである[28]．

---

28) 『プロティノス ポルピュリオス プロクロス（世界の名著15）』（中央公論社，1980年），250-251頁．

わたしたちは肉眼を閉じ，心眼を覚醒させ，ひたすら自己の根源へと下っていかなければならない．プロティノスは，こうつづける．

　では，その心眼は，何を見るのだろうか．
　めざめたばかりの心眼は，自分の前に輝いているものを少しも見ることはできない．そこで，魂自体が，まず，いろいろな美しい営みを見ることに慣れねばならぬ．そして次に，技術の作品ではなく，〈すぐれた善き人〉と呼ばれている者たちの美しい作品を眺め，さらに，この美しい作品を手がけた者たちの魂に目を向けていかねばならぬ．
　では，善き魂のもつ美しさがどのようなものかを，君はどうやって知ればよいのか．(いまから，この話をすることにしたい．) まず，君自身に戻り，君自身を見なければならぬ．だが，それでも君自身の美しさを見ることができなければ，彫刻家のようにふるまうがよい．彫刻家のつとめは美しい彫像を作りあげることで，そのために，彼は，いろいろな部分を切りとったりみがいたり，なめらかにしたりきれいにしたりし，これをねばり強くつづけることによって彫像に美しい容姿をあたえるのだが，同じように君も，君の余分なところを切りとり，曲がったところをまっすぐにし，漠然と暗くかすんでいるところをきれいにして輝きをあたえ，これをねばり強くつづけながら，徳のもつ神のような栄光が君のうえに輝きわたるまでは，つまり，「聖なる台座に鎮座まします節制」を観るまでは，君の「彫像作り」をやめてはならない[29]．

だれもが自分の魂を見られるわけではない．観るのは自分．そして，観られるのも自分．こうした「神秘的」境地に至るまで，自己の魂を，より美しいものに彫刻していこうとするプロティノス思想の本質とは，まさに魂の陶冶（教育）論にあるといっても過言ではなかろう．
　自己の魂の彫刻家としての自分自身．それは「つまり，眼は太陽のように

---

[29] 同前書，251頁．傍点引用者．

ならなければ，太陽を見ることはできないのであるし，（同様に）魂も美しくならなければ，美を見ることはできない」[30]がゆえに，こうした神や美を観る—何ものをも介在させることなく直知する—ためには，避けて通れない修行ともいえよう．

　悪にただれた不浄な目をしている者や，弱々しく臆病のゆえにすばらしい輝きを見ることのできない者が，その〈観もの〉へ向かうばあいには，たとえほかの人が，すぐそばに見ることのできるものがあると指摘してくれても，何も見はしないだろう．人が何かを見ようとする時には，その前に，見るもの（眼）を見られるものと同族のもの・類似するものとする必要があるからである．（中略）
　だから神や美を観ようとする者は，まず自らが完全に神のような者となり，きわめて美しい者とならなければならぬ．そのようになれば，彼は，（感性界から）上の世界にやってきて，まず知性（ヌース）の領域に至るだろう．そしてそこで，どの形（エイドス）も美しいことを知り，美とはこれ，このイデア（形）（エイドス）なのだと確信するだろう．というのも，すべては，イデアゆえに美しいからである．（中略）いずれにせよ，美はあの知性界にあるのである[31]．

よって，プロティノスにおいて魂の陶冶は，魂の浄化（カタルシス）とも換言できるだろう．ラウスによれば，プロティノスのいう魂の浄化には，倫理的なものと，知性にかかわるものとの2つの段階があるという．

まずは，この地上の生の行為にかかわる市民的徳を追求する倫理的段階がある．が，「倫理性なるものは，魂の可感的実在領域に関わるがゆえに，魂をこの領域に一層強く縛りつけてしまう」[32]おそれがあるため，この点に対して，プロティノスは大いに注意を呼びかけている．

次に，知性にかかわる段階は，弁証法と知性の訓練による観想の備え．つ

---

30) 同前書，252頁．
31) 同前．
32) ラウス前掲書，84頁．

まり，いよいよ自己の奥底へと深く還って，魂そのものを美しくする段階である．

したがって，浄化とは，魂をほかならぬ自己自身へと戻し，その自己のうちに〈実相〉の領域，〈知性〉の領域を実現せしめることにほかならない．魂はこの領域の中で，推論による知を超えて直接的・直観的知にまで至る．精神は，ここに至って「実在を思惟する」．知る者と知られるものとの合一がここで生ずる[33]．

もはやこれ以降は，プロティノスも生涯に4回ほど体験したという[34]，言葉を超越した神秘的領域でのことがら（エクスタシー）である．

3節｜オリゲネス

周知のとおり，4世紀末，テオドシウス1世（Theodosius I, 346-395）によってキリスト教が，ローマ国教となる．そこで，すでに見たプラトンらに代表されるギリシア的パイデイアや，プロティノスに見られる新プラトン主義が，キリスト教のなかに，徐々に受容されていくことになる[35]．

むろん，ギリシアのパイデイアがローマ文化のなかに，キケロー（Marcus Tullius Cicero, B.C.106-43）のいうフマニタス（humanitas）として，すでに摂取されてきたことも忘れてはならない[36]．

---

33) 同前書，87頁．
34) 同前書，91頁以降参照．
35) 詳しくは，W. イェーガー『初期キリスト教とパイデイア』（野町啓訳，筑摩書房，1964年）や，ラウス前掲書などを参照されたい．
36) いわゆる「グレコ・ローマン」（ギリシアのローマ化，ローマのギリシア化）である．詳しくは，A. グウィン『古典ヒューマニズムの形成―キケロからクィンティリアヌスまでのローマの教育―』（小林雅夫訳，創文社，1974年）参照．「われわれは，われわれの徳をローマから，教養をギリシアから採り入れなければならない」（97頁）．ほかにも，マルー前掲書などを参照されたい．また関連して，拙著『ルターと

しかし，ここでは，あくまでもキリスト教とギリシア文化（パイデイア）が総合される過程に照準を合わせたい．その代表者として，オリゲネスを取り上げよう．

オリゲネスは，アレクサンドリアのキリスト教教理学校の校長であったクレメンス（Clemens, ca. 150-ca. 215）の弟子であったとされる[37]．師クレメンスは，「キリスト教とその歴史を哲学的に解明し，信仰と知識を合一せしめようと努力した．彼は又ギリシャの文化をば「キリスト教へと人類を導く教育者」であるとし，古代の哲学者中プラトンを特に推奨した」[38]ことで知られている．このクレメンスのもとで学んだオリゲネスもまた，「多くの教父中アウグスティヌスを除けば最も博識で，自然科学にも通じ，哲学ではプラトンの影響が目立つ．彼はキリスト教のドグマを哲学的に秩序づけ，解明した最初の組織者たるの名誉を負う」[39]．アウグスティヌス（Aurelius Augustinus, 354-430）については，2章2節で取り上げるとしよう．

ラウスがいうように，「オリゲネスとともに，固有な意味でのキリスト教神秘神学の議論がはじまることになる」[40]．オリゲネスは，魂が神（故郷）に向かって上昇する道程の見取り図を示した．第1に，魂が「エジプトの地から出て，紅海を渡る」こと．つまり，回心と洗礼．第2に，魂は，（後で詳しく見るように）砂漠や荒野での激しい闘い―誘惑や試練―をたどる．第3に，結果として魂は，生活のすべての段階で喜びに満たされ，讃美の歌を歌う[41]．ラウスは，こう述べる．

　　メランヒトンの教育思想研究序説』（渓水社，2001年），186頁以降，同じく前掲拙著『教育にできないこと，できること』，77頁以降も参照されよ．
37) 篠原助市『欧州教育思想史（上）』（玉川大学出版部，1972年），5頁．これには，異論もある．小高毅『オリゲネス』（清水書院，1992年），28-29頁参照．なお，わが国でのオリゲネス研究でもっともすぐれたものとしては，有賀鐵太郎『オリゲネス研究』（創文社，1981年）を参照されたい．
38) 篠原前掲書，5頁．
39) 同前．ラウス前掲書，101頁以降も参照されよ．
40) ラウス前掲書，101頁．
41) 同前書，106-107頁参照．さまざまな試練によって鍛えられる様子は，いわゆる「砂漠の師父」も同様である．谷隆一郎ほか訳『砂漠の師父の言葉』（知泉書館，2004年），409-411頁参照．

喜びこそがオリゲネスの霊性の特徴である．ここでは，他の人々の神秘思想に見出されるようなかげりの雲や暗い夜は見出されない．オリゲネスの神秘思想は，光の神秘思想である．それは，恩恵の必要に関する深い認識に裏打ちされてはいるが，楽観的なものである[42]．

よい意味で楽観的な「光の神秘思想」[43]をベースとする魂のカリキュラムは，具体的には，哲学から始まる．これは，倫理学，自然学，観想学の3部門にわけられる．オリゲネスは，こう語る．

倫理学（エティケー）とは品行方正に生きるための紀律を取り扱い，有徳の士とする規範を提起する学問です．自然学（ピュシケー）は個々の事物の本性について考察します．それは，この生の場で，本性に反する取り扱いをせず，個々の事物を，造り主が意図されたように用いるためです．観想学（エノプティケー）は，見える事象を越えて，神に属する事柄，天の事柄に思いを馳せます．この対象は肉体上の目を凌駕するものですから，ただ精神をもってのみ，眺められるものです[44]．

彼は，この3部門をソロモンの作とされる3つの正典書，『箴言』，『伝道の書』，『雅歌』に対応させている．魂が順次たどる3つの段階として，ラウスにならい，まとめてみよう[45]．

① 倫理学＝徳の学習＝『箴言』→「浄化の道」

---

42) ラウス前掲書，107頁．
43) これは東方神学の特徴でもある．詳しくは，V. ロースキィ『キリスト教東方の神秘思想』（宮本久雄訳，勁草書房，1986年）や，大森正樹『エネルゲイアと光の神学―グレゴリオ・パラマス研究―』（創文社，2000年）などを参照されたい．「光の神学」は，ウェスレー（John Wesley, 1703-1791）らにも大きな影響を及ぼしている．清水光雄『ウェスレーの救済論―西方と東方キリスト教思想の統合―』（教文館，2002年）参照．
44) ラウス前掲書，108頁．ちなみにオリゲネスは，18歳でアレクサンドリアの教理学校長になった．
45) 同前書，108頁以降参照．

② 自然学＝正しい行為を自然事物へと適合させる＝『伝道の書』→「照明の道」
③ 観想学＝神の観想へと上昇＝『雅歌』→「合一の道」

のちに「神秘の生における3つの道」(「浄化の道」「照明の道」「合一の道」)と呼ばれるところのこれらのプロセスは，あくまでも順序を追って段階的であることが強調されている．

　倫理的振舞いを改め，掟を遵守して，『箴言』に示されている第一の課題を完全に果たし，それに続いて，この世のむなしさに気づき，移ろいやすい事物のはかなさを悟り，世から身を引き，この世にあるすべてのものを捨てる境地に達したなら，その人は，目に見えない，永遠の事物を観想し，それを憧れ求める境地にまで達します．しかし，この境地に達することができるには，神のいつくしみを必要とします[46]．

①と②の段階についてオリゲネスは，「多分にプラトン的な仕方で理解した」[47]．

　これら二つの道が目指すのは，肉体を魂に従わせ，そのことによって魂を肉体から解放しようとすることである．魂は，こうして肉体から解放されてはじめて，観想学(エノプティケー)の道すなわち神ご自身を観想する道へと入ることができる[48]．

このように，最終的にはエノプティケーに至って，神との「合一の道」を目指すことが求められているわけであるが，「この境地に達することができるには，神のいつくしみを必要」とすることに，注目しておかなければなら

---

46) 同前書，109頁．傍点引用者．
47) 同前書，111頁．
48) 同前．

ない．ここへ来るまでには，じつに多くの闘いがある．が，オリゲネスによれば，それは「教育者としての神」による恵みととらえられている．

①や②の段階においても，わたしたち人間は，数々の試練，誘惑，そして苦しみにさらされるが，それらはすべて「被造物の教育と改善を望む神の教育的摂理の英知深い働きの結果にほかならない」[49]．『諸原理について』では，こう語られる．

> 競技を司る者は試合に参加せんと申し出る者を手当り次第に組み合わせるのではなく，身体つきとか年齢とかに応じて，公正に照らし合わせて，この人をこの人と，あの人とあの人と組み合わせ，例えば子供は子供と，大人は大人という具合に，互いに年齢や体力の近い者同士が試合をするよう組み合わせる．丁度これと同じように，神の摂理も，この人生の競技に下ったすべての人を，人々の心を見抜く唯一のかたの知っておられる各自の力に応じて，いとも公正に配置されると考えるべきである[50]．

わたしたちはみな例外なく，否応なしに「人生の競技」に，すでに参加してしまっているのだが，それは「神の摂理」に包摂されている．

> つまり，ある者はある種の肉に対して戦うべく，またある者は別の肉に対して，またある者はある期間，ある者は別の期間，そしてある者はあれこれのことで肉にあおられ，ある者は別のことであおられ，更にある者はあれこれの敵対する霊に抵抗しなければならず，ある者は同時に二つないし三つの敵対する霊に対し，ある者は，ある時にはある霊に，別の時には別の霊に立ち向かわなければならず，またある人がどのわざを成し遂げてから，どのような霊どもと戦わねばならず，また他の何らかのわざを成し遂げてから，他のどの霊どもと戦わねばならないかということを，神の摂理

---

[49] P.ネメシュギ「オリゲネス」（上智大学中世思想研究所編『古代キリスト教の教育思想（教育思想史2）』東洋館出版社，1984年所収），196頁．
[50] オリゲネス『諸原理について』（小高毅訳，創文社，1978年），235-236頁．

が定めるのである[51]．

　というわけで，オリゲネスによれば，すべての人間が「人生の競技」という神から定められた教育課程(カリキュラム)に，あらかじめ組み込まれているということになる．ここに，「神と人間との関係を，人間の幸福と改善を望む神の教育的意図によって説明するオリゲネスの思想」[52]の核心があるといえよう．つまり，彼の思想の本質とは，人間の「神による教育」にある．
　この点に関してネメシュギは，「生涯いろいろの形で教育の仕事にたずさわったオリゲネスが，神をもいわば教育者として考えたのは，いかにも自然なことであった」[53]と指摘している．ここで教育の概念は，3つの要素からなるという．

(1)　人間は完成された状態で生まれる存在者でも，必然的に一定の形に成長する存在者でもなく，自由な決断と選択によって，自分自身を形成していく者である．
(2)　人間のこの自己形成はその人の自由意志の決断によるものであるが，その自由をどのように用いてもかまわないというのではない．人間はすなわち自分自身の本性に適合した方向で，その本性にのっとって自らを形成すべきである．
(3)　したがって理想的人間は，悪を選ぶことができるにもかかわらず常に自由に善を選ぶ人間である．
　　教育という活動は，以上のような存在者である人間のこの理想像の実現を助ける活動である[54]．

ルターとは大いに異なり，人間存在にそなわる「自由意志」(liberum

---

51)　同前書，236頁．
52)　ネメシュギ前掲論文，197頁．
53)　同前論文，193頁．
54)　同前．

arbitrium）の主張など[55]，オリゲネスの楽観主義者としての明るい性格が，このような教育観にもにじみ出ているといえよう．

　彼にとってすべての人間の存在は，神の存在と善性への参与であり，人間の最高の使命は，自らすすんで自由に神たる善に心を合わせるということである[56]．

　たとえば，神は，この世のなかに罪や悪があらわれることを防ぐこともできたのであるが，なぜかそれを防がなかったのは，オリゲネスによれば，「罪とそこから生ずる苦しみを体験する被造物が，自分の真の立場を真実に体験し理解する機会を持つようにするためであった」[57]．つまり，神から離反することが，いかに苦しいことであるかを経験することによって，わたしたちは再び神の恵みへとすがるようになる．そのように，人間が善を回復するのを，神はあらゆる方法を用いて助けるとされる[58]．

　オリゲネスによれば，神が物質的宇宙万物を造ったのは，まさにもとの善を失った理性的存在者たちが，教育されて，自由に愛と善と幸福をとりもどすようにするためである．「神はわれわれが豊かな者となり，進歩するように望んでいるのである」[59]．

なので，神による叱責も，すべてが人間の教育にとって善とみなされる．

　物質的な体に結ばれ，様々の苦しみを体験することは，オリゲネスによれば，神から与えられた罰である．しかしその罰はことごとく教育を目的に

---

55) 有賀前掲書，260頁以降などを参照されたい．ルターについては，前掲拙著『ルターとメランヒトンの教育思想研究序説』参照．
56) ネメシュギ前掲論文，194頁．
57) 同前．
58) 同前参照．
59) 同前．

するこらしめである[60]。

70人訳ギリシア語聖書が、罰を一般に意味するヘブライ語 yasar（ヤサル）を、paideia（パイデイア）と訳していることも、オリゲネスにとっては好都合であった[61]。

わが子よ、主の諭しを拒むな。
主の懲らしめを避けるな。
かわいい息子を懲らしめる父のように
主は愛する者を懲らしめられる[62]。

以上、神によるすべてのわざは、たとえどんなに苦しいものであれ、わたしたちの教育、あるいは治療のため、各自にもっとも適切な仕方で、あたかも魂のカリキュラムのごとく精緻に秩序づけられている。神は、父であり、教師であり、医師である[63]。その罰とは徹頭徹尾、教育的な罰にほかならない。人間は、この神による教育課程を一段ずつ修了していくことを通じて、イエス・キリストにしたがい、ますます「神の像」（imago Dei）となり、そして完成へと近づいていく。オリゲネスがこう信じていたことは、明らかである[64]。

* * *

基礎づけ主義の典型とされたプラトンやプロティノス。振り返るに、彼らは、イデア界や一者など、本来「語りえない」ものを言葉（ロゴス）によって語ろうとしたのであった。〈わたし〉が生成してくるまだ以前の、言葉によってわけ

---

[60] 同前。
[61] 同前論文、197頁参照。
[62] 『箴言』3章11-12節。
[63] ネメシュギ前掲論文、195頁参照。
[64] 同前論文、199頁参照。

られる前の「何か」を．

　言葉は，つねに「何か」(X) の後を追いかけ，その跡をたどる．逆に，言葉によって「何か」(X) が，〈わたし〉にとってリアルなクオリアとなる．Xと〈わたし〉とは，物心ついたころから，言葉を介してかかわりあうようになった．

　言葉は，〈わたし〉の《世界2》に切れ目なくわきおこる無秩序な出来「事」に，秩序という筋目を入れて整理する理性的道具．理性もしくは知性の働きとは，第一に，ロゴスによる世界の分割であり，分析である．言葉によって記された《世界3》は，雄大なる「事」の「端」(こと・ば) にしかすぎない．その背後には，言葉によってはとらえ尽くすことのできない，永遠に創造され生成してきて止まない「何か」が存在している．このことだけは，確かだ．その「何か」が《世界4》．

　このことに気づいたプラトンらの言葉は，ついにその「何か」自体を指し示し始めた．しかも，これと〈わたし〉とが，最初にあったように，再び言葉を媒体とせずにひとつとなって「真に」知ることを．ここでは，「何か」と〈わたし〉とが，もはや言葉を介在させずに交わりあうしかない．故郷において再び〈わたし〉と「何か」がひとつになる．まさしく，神秘的合一 (unio mystica) であり，再・結合 (re-ligere) としての宗教 (religion) である．

　基礎づけ主義とされる思想家は，こうした「何か」の世界と神秘的な仕方でひとつとなるといった体験を，みな有していた．それがリアリティをもったクオリアとして，彼らの《世界2》を覆い尽くしていた．《世界4》の実在は，彼らにとっては確実なものであった．

　ただし，プラトンの哲学的問答法など，これには言葉を用いて自他ともにある程度のところまでは接近できるものの，その核心部分では，もはや言語を絶した方法しか残されていなかったのである．言葉の壁(バリア)を超えること．プラトンは，こう記している．

　そもそもそれは，ほかの学問のようには，言葉で語りえないものであっ

て，むしろ，〔教える者と学ぶ者とが〕生活を共にしながら，その問題の事柄を直接に取り上げて，数多く話し合いを重ねてゆくうちに，そこから，突如として，いわば飛び火によって点ぜられた燈火のように，〔学ぶ者の〕魂のうちに生じ，以後は，生じたそれ自身がそれ自体を養い育ててゆくという，そういう性質のものなのです[65]．

「それ」としかいいようのない真実在(イデア)の世界．「それ」は「知の飛び火」によって，「真実在を完全に知っている知そのもの」の一片鱗で[66]，〈わたし〉が直接に触れるよりほかには知りえない確かなクオリアである．そのための手引き（援助）を教師は言葉を用いてすることができるだけであって，「それ」そのものに生徒を直接に触れさせることはできない．触れるのは，あくまでも生徒自身である[67]．

〈至高の存在〉，〈一者〉ないし〈善〉は，実際の所，いわく名状しがたいものである．たしかに人は観想(テオーリア)によってそれに触れ，それに結び合わされることはできる．しかしそれを定義することは不可能である．それは外延においては一個の実在以上のものではないであろう．しかしこれはすべての実在を超えている．これは，もろもろの実在を実在として限定し，すべてを存在せしめる根拠だからである．だから教師のなし得る仕事は，手をとって導いて行くことのみである．彼は弟子を導いて行くことはでき

---

65) 『プラトン全集14』（岩波書店，1987年），147-148頁．
66) 同前書，147頁，注5，207-209頁，補注2を参照されたい．
67) 関連して，教師と生徒との文化を介した学びの理想的構図（三角形の関係）も，これと同じような形態をとると思われる．佐伯胖『「わかる」ということの意味［新版］』（岩波書店，1995年），111-115頁を参照されたい．「「先生」というのは，まず本人自身が，文化的活動として，知識を再発見し，鑑賞する活動に従事する者でなければなりません．「先生」というのは，「どう教えるか」のみに関心のある人ではなく，「いったい，ものごとはどうなんだろう」という好奇心と探究心をもって，文化に参加している人でなければならないのです．（先生自身が，教えるべきことのおもしろさ，重要さ，便利さ，などを味わい，より深く探求している人であるべきなのです．）」（112-113頁）子どもは，先生の援助のもとに，こうした探究と発見とを行う．目指すは知識であり真理そのものである．

る．彼はみずからの流儀と意図にしたがって，弟子に観想の備えをさせることはできる．しかし教師は，みずからの力で観想を産み出すことはできないし，また観想の結果を伝えることもできない．観想は，ひとりひとりがみずからの身をもって生きるべきものである[68]．

結論として，教師は「究極的なるもの」を何も教えることはできない．ただ言葉を用いて，《世界4》（たとえばイデア界）の痕跡を《世界3》（たとえばプラトンのテキスト）のなかに，生徒と一緒になってトレースすることができるのみである．

このとき，教師がいくら《世界4》の実在について信仰告白しても，生徒の《世界2》にとっては，まったく意味がない．プラトンやプロティノスやオリゲネスなど，この世を超越した世界から出て，再びこの世に帰還し，「究極的なるもの」を語ることのできる究極の教師は，ほかにはイエス・キリストやブッダなど，それほど多くはないはずである[69]．

そこで，教師が教育において「できないこと」とは，「真理そのものを教えること」．ここに「教育の壁」がある．

教師が教育において「できること」とは，「真理そのものを目指して生徒ともに歩むこと」．ここに「教育の壁」を乗り超える希望がある．

教師と生徒とは，ともに〈わたし〉の存在の謎に挑み，たがいに真理へと向かいつつある探究者であり，「それ」《世界4》（死において最終的に明かされる真理）への途上者である．そして最期は，みな独りである．

畢竟するに，プラトン以来の存在論に根ざす基礎づけ主義の教育思想（近代教育思想の源流）は，〈わたし〉の存在の謎を解明する手立てとして，つねに新たな《世界2》によって読み継がれることを通じて，いつの時代においても，《世界4》からの「知の飛び火」を放ちつづける貴重な《世界3》である[70]．有意義な基礎づけ主義とは，結局いまここにいる〈わたし〉の存在

[68) ラウス前掲書，39-40頁．
[69) 前掲拙著『教育にできないこと，できること』，47頁参照．
[70) この点に関して中村清は，こう表現している．「教育は，新しい世代に世界3を教

を，不断の内的探究運動のなかで，絶えず基礎づけ直そうと希求する謙虚な心の姿勢や態度のあらわれだと思われる[71]．

えることをとおして，彼らを普遍的な価値の世界4に導く営みなのである」．『改訂公教育の原理―多文化社会の公教育―』（東洋館出版社，2004年），262頁．

71) 蛇足ながら，この点でプラトンをはじめ先人たちの言葉はすべて，こうした「不断の内的探究運動」＝実践を嚮導する，徹底的にプラグマティックな言説資源として，もっと気軽に活発に取り上げられ，利用されてもよいのではと思われる．聖書の言葉でさえ，それを「ありがたい」イデオロギーとして信じ込む必要などまったくないのだ．むしろ，そうはじめから信じ込んでしまっては，「不断の」内的探究運動という実践は，すでにストップしてしまう．こうした，まず信（credo）ありきの悪しき基礎づけ主義や，これに基づく教育では，やはり「砂上の楼閣」となってしまうだろう．むろん，最終的には，たとえイデオロギーではあっても，これが「不断の内的探究運動」＝実践を嚮導するのならば，広田照幸もいうように，ここにイデオロギーのもつ大きな意味も存するのは事実である（『教育』岩波書店，2004年，1頁以降参照．とくに4頁）．拙著でいう有意義な基礎づけ主義や近代教育思想の源流とは，こうした絶えざる実践を嚮導し喚起するものにほかならない．すべての古典とは，徹頭徹尾いわば，この実践のためのすぐれた「教材」，もしくは「道具」としてみなされ，活用されるべきであって，決して「聖典」としてあがめられるべきではないと考えられる．すでに述べたように，わたしたちはみな，つねに「探究者」であり「途上者」なのだから（2章1節で見るエペクタシスにこの姿勢が端的に表現されている）．たとえプラトンであれプロティノスであれ，そしてルターであれ，事情はわたしたちとあくまでも同じである．そうした姿勢で先人たちの古典的テキストと真摯に取り組むことが，いまあらためて求められているのではなかろうか．序章で見たように，《世界3》は，いつでもいまここに甦るのを待っているのである．プレーヤー兼クリエイターとしての，わたしたち多くの《世界2》によって．

2章 | 基礎づけ主義の教育思想再考 (2)

> *エペクタシス*
> *人間的本性にとっての完全性とは,*
> *善(美)により多く与ることを絶えず意志し志向することに存する.*

　前章では,有意義な基礎づけ主義が,結局いまここにいる〈わたし〉の存在を,不断の内的探究運動のなかで,絶えず基礎づけ直そうと希求する謙虚な心の姿勢や態度のあらわれであるとの結論がえられた.
　本章では,ひきつづきニュッサのグレゴリオス以降の,そうした基礎づけ主義の教育思想を,見ていきたい.

1節 | ニュッサのグレゴリオス

　キリスト教とパイデイアとの総合は,次にカッパドキアの教父たち,とりわけニュッサのグレゴリオス(Gregorios, Nyssa, ca. 330-384)において,十全に展開されることになる[1].
　とくにイェーガー(Werner W. Jaeger, 1888-1961)は,グレゴリオスを,ギリシアのパイデイア,すなわち人間形成(モルフォーシス)にキリスト教を見事に融合させた人物として,高く評価している[2].それは,人間が徐々に段階をふんで,神に同化する過程,つまり完成へと向かって人間が神化(デイフィカチオー)するプロセスととらえられる[3].これは,神の恵みと人間の努力─神と人間との協働(シュンエルゲイ)─によ

---

1) W.イェーガー『初期キリスト教とパイデイア』(野町啓訳,筑摩書房,1964年)を参照されたい.
2) 同前書,103頁以降参照.
3) 「神化」について詳しくは,V.ロースキィ『キリスト教東方の神秘思想』(宮本久

って成し遂げられるという．

　グレゴリオスにとって，キリスト教は，教義の単なる体系を意味しなかった．ギリシアの哲学者の全生涯が，哲学的禁欲によるパイデイアの一過程であったように，彼にとっても，キリスト教は，神について観想(テオーリア)をめぐらし，さらには，神との完全なる一体化にもとづく完全な生を意味した．キリスト教とは，神化（デエイフィカチオ）であり，したがって，パイデイアは，神に至る「道程」（アナバシス）であった[4]．

　ただし，イェーガーに代表される，こうした「古典ギリシア人の，完成・理想への努力の所産・成果としての「古典ギリシア文化」の「教養」が，ヘレニズムを経て，キリスト教世界へと継承され，「教育」され，クレメンス，オリゲネス，カッパドキアの三人の神学者に結実し，「キリスト教」という新たな「教養」が確立されてくる（中略）．いわば，「パイデイア」は，「古典ギリシア文化」の「教養」・「教育」であり，また，キリスト教の「教養」・「教育」なのである．そして，特に，「古典ギリシア文化」の「教養」は，キリスト教の発展をうながし，また，古典ギリシアとキリスト教を結ぶ重要な契機」[5]とする見方に対しては，ある種の普遍性を追求しようとする，きわめて特殊ドイツ的なものとする批判もある[6]．

雄訳，勁草書房，1986年）や，大森正樹『エネルゲイアと光の神学―グレゴリオ・パラマス研究―』（創文社，2000年）などを参照されたい．このなかで大森は，東方神学の特質を「神化」（theosis）に見出している．こう大森は述べる．「西方に比べ，東方は「人間の神化」を強く説く．それはキリストの受肉という現実をその極限まで肯定的にとって，キリストが人間になったのは，人間が神に成ることであるという最大の人間讃歌（換言すれば，神への讃歌）を唱うことである．人間に信頼できるのは，神に信を置いているからである．その楽天的人間観は，先に述べた変容が人間から世界・宇宙にまで及んでいくとも考えられており，「変容の光」は神認識と宇宙万物の創造の完成という二つの局面を含んだものとなっている」（98頁）．神の「光」による人間の「変容」，すなわち「神化」である．

4）　イェーガー前掲書，108頁．
5）　同前書，186頁．
6）　山村敬「ニュッサのグレゴリオス」（上智大学中世思想研究所編『古代キリスト教の教育思想（教育思想史2）』東洋館出版社，1984年所収）を参照されよ．

が，ここでは，グレゴリオスが繰り返し唱えた，魂は絶えず神を慕い求めながら，つねに神の知を目指して「前に身をのり出す」（エペクタシス）とする，魅力的な教説に焦点を合わせてみたい．エ̇ペ̇ク̇タ̇シ̇ス̇とは，「ep-ekteinomai：何かをとらえようとして手や体を前に伸ばす」という語に由来するという[7]．

グレゴリオスは，オリゲネスと同様に，人間の霊的成長（魂の成長）の過程を，幼児期（箴言）・青年期（伝道の書）・成熟期（雅歌）の順に考えてはいるが，オリゲネスほど厳密に段階的にはとらえていない[8]．というのも，グレゴリオスにとっては，つねに「人間の自然・本性の完成そのものが極めて動的なかたちを有するものとして捉えられる」[9]から．結論からいえば，エペクタシスとは，そうした魂の生成運動の動態をあらわしている．土井健司は，こうまとめている．

エペクタシスとは格言風に言い換えるならば，「絶えずより善きものへ」ということになる．ここで「絶えず」は徹底されていた．それは「運動」を表し，またそれ自体が完全である．しかしこうした運動自体が完全であるとしても，それは単なる「動き」ではない．それは「より善きものへ」の運動である．ここで「より善きものへ」という比較級も徹底されていた．更に被造物の被造物としての在り方から見れば，正にそのような「動き」自体が被造性であり，その完全さを表す．そしてこの運動の終点は考えられていない．目標たる神自身は無限である．従って神に近付いても，その分だけ神は離れている．

それ故人間の魂を自身を分有するように引き寄せる際にも，神は分有する魂がより善きものへと秀でたのと常に同じだけ超越している[10]．

---

[7]　A.ラウス『キリスト教神秘思想の源流—プラトンからディオニシオスまで—』（水落健治訳，教文館，1988年），166頁（注12）参照．
[8]　同前書，143頁参照．
[9]　谷隆一郎『東方教父における超越と自己—ニュッサのグレゴリオスを中心として—』（創文社，2000年），128頁．
[10]　土井健司『神認識とエペクタシス—ニュッサのグレゴリオスによるキリスト教的神認識論の形成—』（創文社，1998年），288-289頁．

神には絶対に到達できない．にもかかわらず，魂は神を渇望せざるをえない．それが，わたしたち人間の本性（魂）であり，その本質的性格が，エペクタシスなのである[11]．『モーセの生涯』でグレゴリオスは，こう記している．

> 魂の衝動・志向を妨げるものが何も存在しなければ（と言うのは，美の本性は，自分に眼差しを上げる者を自分の方へ惹きつけるものなのだから），魂は天上的な欲求によって，前に在るものに向かって自己を伸展・超出させ，つねに自己よりもより高いものに成ってゆくのである．それは使徒の言う通りであって（ピリ3-13），そうした魂は絶えずより高い方へとその飛躍を増大させるのだ．
>
> その際魂は，既に把握されたものを保ちつつも，さらに超越的な高みを見捨てることがない．すなわち，上方へ向かう欲求が止むことはなく，既に達成されたものを通してさらなる飛躍へと緊張・志向をつねに新たにさせるのである．なぜなら，アレテーに即した活動のみが労苦によって力を養うからである．それはつまり，働きの結果を生み出すことによってその緊張を弛ませず，それをかえって増大させるからである．
>
> それゆえ，偉大なモーセも絶えずより大いなるものに成りゆくのであって，決して上昇を停止させず，上方への動きに自ら何ら限界を設けることもないと言えよう．モーセは，ヤコブの言うごとく神の立てかけたはしごにひとたび足をかけるや（創28-12），つねにより高い段階へと登ってゆき，決して登攀を止めることがない．それは，既に到達したものよりも，上昇においてより超越的な段階をつねに発見してゆくからであった[12]．

神を求めて，「つねに」「絶えず」「より」「前へ」「上方へ」という魂の「天上的な欲求（エピロース）」は，止まるところを知らない．

---

11) ラウス前掲書，153頁以降参照．
12) 『キリスト教神秘主義著作集1』（教文館，1992年），108頁．傍点引用者．

> すべて善への欲求は，かの登攀へと魂を惹きつけるものであるが，そうした欲求は善へと向かうその道行きにおいて絶えず超出せしめられるのだ．
>   このような意味合いによれば，真に神を見るとは，その欲求の決し満たされぬということを見出すことにほかならない．しかし，人は自分に可能な限りを見ることによって，さらにより多くを見んとする欲求を燃えたたせなければならない．このように，神への登攀における増大は如何なる限界によっても妨げられることがないのである．なぜなら，善には何の限界も見出されぬし，善への欲求という道行きには，何らかの満足によって前進が妨げられるということなどありえないからである[13]．

なんと力強い言葉であろう．とくに，「真に神を見るとは，その欲求の決して満たされぬということを見出すことにほかならない」とは，絶えず善を追究してやまない探究者（愛知者）の魂（心）の姿勢や運動のあり方そのものを，ものの見事に表現しているといえよう．そして，ここにこそ，人間の生の完全性があると，グレゴリウスは語る．

> すなわち，完全なる生とは，完全性の或る限定されたかたちがさらなる前進を決して妨げないような生なのである．そして，より善きものへと生がつねに増大していくことこそが，魂にとって完全性への道なのであった．
>   なぜなら，こうした登攀によって自らの生を地上的ないかなるものよりも高めてゆく人は，必ずやつねに自己自身よりもより高きものに成りゆくからである．思うに，丁度鷹のごとく，彼の生はあらゆることに関して雲よりも高いところに見られ，知的な上昇の空の中を高く旋回するのである[14]．

完全性は，つねに完全になろうと努力する者の内的運動を，決して妨害したりすることはない．たとえ，これを増長させることはあっても．

---

13) 同前書，111-112頁．傍点引用者．
14) 同前書，131-132頁．傍点引用者．

それゆえ，われわれの受容しうるだけの完全性から全く離脱してしまうことなく，人間的探究に可能な限りでの完全性に達することができるように，最善を尽くすべきである．それはつまり，人間的本性にとっての完全性とは，恐らく，善（美）により多く与ることを絶えず意志し志向することに存するからである[15]．

このように，ニュッサのグレゴリウスは，人間本性の完成した姿を，「超越的な善へと絶えず脱自的自己超越的に関与してゆく動的なかたち」[16]として，たいへん魅力的にとらえたのであった．

神や善や美といった究極的な価値を探究しようと，つねに「前に身をのり出す」姿勢そのもの＝エペクタシスに人間の完全性を見出したグレゴリウス思想の本質も，オリゲネスと同様，まさに人間のよりよい成長・発展，つまり教育に深くかかわっていることだけは，確かといえよう．ただし，いうまでもなく，単なるパイデイア的モルフォーシスだけではなく，魂のキリスト教的メタモルフォーシス（転生・再生・変容）に[17]．

2節 | アウグスティヌス

ラテン教父最大の神学者として知られるアウグスティヌスは，教育論，とりわけ教師論においても重要な知見を残している[18]．ここでは，『教師』を中心に，そのポイントを押さえてみよう．茂泉照男は，こう簡潔に述べている．

---

15) 同前書，11頁．傍点引用者．
16) 谷前掲書，129頁．
17) イェーガー前掲書，117頁．イェーガーは，いみじくも「グレゴリオスは，神学を教育と考えている」（116頁）と述べている．
18) 茂泉照男「アウグスティヌスの教育論」（前掲『古代キリスト教の教育思想（教育思想史2）』所収）や，同じく『アウグスティヌス研究—徳・人間・教育—』（教文館，1987年），岩村清太『アウグスティヌスにおける教育』（創文社，2001年）などを参照されたい．

先ずアウグスティヌスは,「教える」ということは広い意味で「伝える」ということであると考え,教育的行為を言葉(記号)による知識の伝達という観点からとらえて,〈記号 signum—実在 res〉の図式で知識伝達の構造を明らかにしようとしている[19]。

アウグスティヌスにおいて,言葉 (verbum) とは,何かの実在 (res) に対する記号 (signum) である。ここから,すべてが始まる。まさに,〈記号 signum—実在 res〉の図式。教師が「教える」とは,生徒に何かの実在(内容・内実)＝知識を「伝える」ということ。しかも,それは主に言葉を用いて行われる。つまり,教育的行為とは,言葉(記号)による知識の伝達である。

そこで問題は,教師から生徒に対して,何らかの言葉(記号)が送られた場合の,相手の魂における出来事,すなわち心的出来事とはどのようなものか[20],という点にある。『キリスト教の教え』でアウグスティヌスは,こう語る。

しるし〔記号〕とはそれが諸感覚にもちこむ像の外に,なにかそれとことなるものを,それ自身によって思惟の中へともたらすものである[21]。

また,「記号とは自らを越えて〔他者の〕魂に何かあるものを示すものである」[22]ともいわれる。

記号には無意志的なものと意志的なものがあるが[23],教育における記号とは,むろん意志的なものにほかならない。教師は生徒に,何かの知識(有意

---

19) 茂泉前掲論文,299頁。
20) アウグスティヌスの心 (cor) 概念については,金子晴勇『アウグスティヌスの人間学』(創文社,1982年),229頁以降を参照されよ。ここでの心的出来事とは,まさしく序章でのクオリアに相当するだろう。
21) 『アウグスティヌス著作集6』(教文館,1988年),79-80頁。
22) 茂泉前掲論文,300-301頁。
23) 前掲『アウグスティヌス著作集6』,80頁以降参照。

義な実在）を伝えよう，それを思惟のなかへ（in cogitationem）もたらそうと意図して，言葉＝記号を発するのだから．教育における言葉＝記号とは，相手の心に何かが起こること—端的に，知識がうまく伝達されること—を予想して語られるのである．よって，『教師』の冒頭ではすぐさま，こう語られる．

> **アウグスティヌス** 語るとき，われわれは何が起こるよう意図しているときみには思われるか．
> **アデオダトゥス** もっとも，今，わたしに思いつく限りのことですが，「教えること」，ないしは「学ぶこと」だと思われますが[24]．

生徒の心のなかに何かが起こる（efficere）ことを欲して語るのが教師である．換言すれば，被教育者の内面に，何らかの形でのよりよい心的変化や，できれば知識を伝達されたのちの概念化作用＝思惟・思考（cogitatio）がいきいきと生起してくることを望む行為．これが教育であり，教師の役割でもあろう．茂泉がいうように，「教育は，記号を送る教師がそれを受ける側に対して，心的作用の面でこのようなことを予想する行為」[25]である．

だが，本当の問題は，ここからである．はたして，こうした言葉＝記号によって，教師が生徒に何かを，真に「教える」ことができるのかどうか．

アウグスティヌスは，いわゆる実物教授．たとえば，教師がリンゴならリンゴそのものを見せて，これがリンゴであると生徒にわからせる方法もあるという．しかし，これでは感覚的認識の対象を示すことはできても，理念的な内容については示すことができない．たとえば，愛とか勇気とかいったものが，どのようなものか．ましてや，数学などはその最たるものであろう．ここに至っては，言葉によるしか，方法はあるまい．なぜなら，言葉はそれ自体によって，自らをもさらに延々と説明することができるから．愛とは，……のことであり，たとえば，……といった行いなどなど……，すなわち愛

---

24) 『アウグスティヌス著作集2』（教文館，1979年），203頁．
25) 茂泉前掲論文，301頁．

とは……といった具合に，愛は，愛について，際限なく語ることが可能である．ゆえに，「記号（言葉）は教育における最高の伝達手段である」[26]．

ところが，ここでアウグスティヌスは，「われわれがもう少し念を入れて考えるなら，きみはおそらく，その記号によって学ばれないということを知るであろう」[27]とつづける．これは，いったいどういうことか．

それは，言葉が何かの実在を指し示す（significare）際に，この記号に対応する内実が，何も想起されない場合である．つまり，記号＝？？？といった場合．記号が指示する実在（もの・こと）についての知識がない場合，経験や体験がない場合など．

たとえば，「頭」とは何の記号か．わたしのこの「あたま」のことを指し示していると，ふつうには了解できる．それは，わたしがすでに経験的に「あたま」を知っているからである．なので「頭」は，この「あたま」の記号だとわかる．では，caputとは何か．ラテン語のカプトもまた，「頭」であり，やはり「あたま」を指し示しているのだと，ここまでくれはすぐにわかる．すなわち，わたしたちに「頭」が「あたま」であり，カプトも「あたま」であることがわかるためには，言葉＝記号に先立って，「ものごと（物・事）」についての知が，あらかじめそなわっていなければならないことになる．というわけで，アウグスティヌスによれば，見かけでは「記号→実在」であるが，実際には「実在→記号」であって，実在についての知が，逆に記号の解釈を可能にするということになる．ゆえに，生徒（学ぶ者）は，教師（教える者）の言葉＝記号を，つねに先立つ実在の知（経験や体験）から解読していることになるわけである．すると，二律背反に陥ることになる．

教育は，言葉＝記号による．

言葉＝記号によっては，教育できない．

この点を，アウグスティヌスは，どう考えたのであろうか．「想起」と「探究」が，キーワードである．それを彼は，「言葉によらず，内なる教師によって学ぶ」と記している．

---

26) 同前論文，302頁．
27) 前掲『アウグスティヌス著作集2』，261頁．

これまでにおいてわたしが言葉に帰することのできるせいぜいの価値はこういうことだ．言葉はただわれわれが事柄(実在)を探究するように注意を促しはするが，われわれがそれを認識するようにはそれを示しはしないということだ[28]．

要するに，こういうことである．

言葉が発せられたときに，われわれはその意味しているところを知っているか，知っていないかのいずれかであるということは，実に理にかなったことであり，真実なことが言われている．もし，われわれが知っているならば，学ぶというよりはむしろ想起するのであるし，もし未だ知っていないならば，それらを想起するのでさえなく，〔それらを〕おそらく探究するようにうながされるのである[29]．

生徒にとって教師が発信する記号は，あくまでも外部からの刺激(外的な言葉)である．生徒はこれを受信して，あるレースを心のなかで想起する．が，じつはある内実を，すでに言葉に先立って経験的に知っていなければ，想起することすらできない．よって，記号に対応するレースがまだ欠けている場合には，教師の外的言葉は，これを探究して知るようにと，生徒をして促すのである．

いずれにせよ生徒は，自身の心のなかで，言葉＝記号にぴったり相応する実在を，自らの力で見出さなければならない．それが，納得ということであり，本当にわかったということであろう．このとき生徒は，「内奥にあって精神そのものを支配する真理に相談するのである」とアウグスティヌスはいう．

---

28) 同前書，264頁．
29) 同前書，265頁．

われわれが知解することのできる普遍的なものについては、われわれはおそらく言葉によって真理と相談するように促されるのであるけれども、われわれは外に響くところのその言葉に相談するのではなく、内奥にあって精神そのものを支配する真理に相談するのである。しかしながら、教えるのは、相談されるところの人、内的人間に住むと言われるキリスト、すなわち、不変の神の力、永遠の知恵なのである。実際、すべての理性的魂はそれ（永遠の知恵・キリスト）に相談する[30]。

わたしたちが何かを学び、そして真にわかるとは、あくまでもわたしたち自身が、心の内奥で、自ら「真実は何か」とつねに真理を探究し、絶えずこれとの内的対話（自問自答）をつづける場合にのみ可能である。ただしアウグスティヌスは、こうした真剣な内なる真理との相談、そして探究（quaerere）や発見（invenire）が、いずれも内から（inde）の照明（illuminatio）―神による内的光―が与えられて可能になると述べる[31]。

いずれにせよ、教師にできることとは、生徒の外から真理認識への促しと警告とを与える―外的刺激―だけであって、真理を直接に教えることは、絶対にできないのである。教師とは、生徒にとって、つねに真理の想起・探究・発見のための、有力な補助者に徹するほかない。

しかし、多くの場合、〔教師が〕語るときと〔学徒が〕認識するときとの間にいかなる時も介在しないという理由で、教師でない人を教師と呼ぶとき、人々は間違っているのだ。語る人（教師）が刺激を与えると、彼ら（学徒）は間髪をいれずただちに内から学ぶから、刺激を与えてくれた人（教師）から、〔言葉によって〕外から学んだと思い込むのだ[32]。

アウグスティヌスの教師論、そして教育論は、このように徹頭徹尾「真理

---

30) 同前書，266頁．
31) 同前書，267頁以降参照．
32) 同前書，275-276頁．

(神)」中心である[33]．そこで，最終的に目指すは，人間存在そのものの神（真理）への方向転換．すなわち，真の「回心」であることは，いうまでもない．アウグスティヌスは，次のようにアデオダトゥスに語らせ，『教師』を締め括っている．

> あなたの言葉の警告（刺激）によってわたしが学んだことは，まさに，人は言葉によって〔自ら〕学ぶように刺激を与えられるにすぎないということです．そしてまた，語り手の持っているかなりの程度の思想が，語ることを通して明らかになる（現われる）ということはほとんどないということです．さらにまた，語られていることが真であるかどうかについては，〔外的な言葉を用いて〕外から語って，ご自身がわれわれの内奥に住みたもうているということを警告したもうそのかた〔唯一の内なる教師〕のみがわれわれに教えるのだということです．また，そのかたの助けによって，今や，わたしがそのかたを愛すれば愛するほど，いよいよ学に進むということです[34]．

---

[33] 茂泉前掲書，557頁以降参照．「神のみが教え，人間の教師は教えるのではない．人間の教師は真の教師の教育，神の教育に僕として仕える者にほかならない．（中略）教師の役目は，己れを語ることではなく，真理を指し示すことなのである」（558頁）．「人間の教師は本当の意味では教えることはできないのである．この点はアウグスティヌスの教育論においていくら強調しても強調しすぎることはない．この逆説にこそ教師が目醒めるべき原点があり，この逆説に教師は生きるべきだということになる」（560頁）．まったくの同感である．「神」の働きが教師を通じ，さらにその言葉を用いて，生徒の心に適切な刺激となって作用する．「神」は，ありとあらゆる物事（とくに人間の教師）を，その道具（メディア）として用い，わたしたちを絶えず教育している．ここには，オリゲネスがいったような，まぎれもなく「教育者としての神」がいる．聖書にも記されている通り．「だが，あなたがたは「先生」と呼ばれてはならない．あなたがたの師は1人だけで，あとは皆兄弟なのだ．また，地上の者を「父」と呼んではならない．あなたがたの父は天の父おひとりだけだ．「教師」と呼ばれてもいけない．あなたがたの教師はキリスト1人だけである．あなたがたのうちでいちばん偉い人は，仕える者になりなさい．だれでも高ぶる者は低くされ，へりくだる者は高められる」（『マタイによる福音書』23章8-12節，傍点引用者）．こうした聖句を，アウグスティヌスの文脈で読み直すとき，あらためて新鮮な意味も発見できよう．ただし，「教師は教えることができない」という本当の意味を，謙虚に知る者だけが．

[34] 前掲『アウグスティヌス著作集2』，277頁．

さて，何かを容易に教えることができると勘違いする軽薄な教師．同じく，何かを容易に学ぶことができると勘違いする軽薄な学生など．教育に対する軽薄な幻想・妄想があふれかえる現代．アウグスティヌスの刺激的な警告は，はたしてわたしたちを真の探究・発見へと導くサインとなりうるであろうか．

3節｜アルクイヌスとサン・ヴィクトルのフーゴー

中世に入ると，学校教育の基本的カリキュラムは，いわゆる自由学芸（artes liberales）に固定化されてくる[35]．

学芸（ars）とは，目標に向けて系統化された活動．手仕事的な技術とは区別され，「自由」人の形成にふさわしい，純粋に理性的な教育課程を構成する[36]．これは，7つの科目からなる．3学（Trivium）=文法学・修辞学・弁証学．4学（Quadrivium）=数学・幾何学・天文学・音楽．

詳細は別に譲るとして[37]，古代ギリシアそしてローマにはじまる学芸の伝統は，やはりアウグスティヌスによって，「学ぶものを段階的に高次の真理へと高め「自由」にするものとして人間的な学問の完全な総合と捉えられ，文法学における古典解釈が聖書註解に応用され自由学芸は聖書註解学の中に総合された」[38]のであった．その後，カッシオドルス（F. M. A. Cassiodorus, 477/90-570/83）らによって，先の7つに定型化してくる[39]．

---

[35]　P. リシェ『ヨーロッパ成立期の学校教育と教養』（岩村清太訳，知泉書館，2002年）に詳しいので，参照されたい．

[36]　『哲学・思想事典』（岩波書店，1998年），710頁，「自由学芸」の項目参照．

[37]　リシェ前掲書参照．岩村清太「中世における自由学芸」（上智大学中世思想研究所編『中世の教育思想（上）（教育思想史3）』東洋館出版社，1984年所収），J. ルクレール『修道院文化入門―学問への愛と神への希求―』（神崎忠昭ほか訳，知泉書館，2004年）も参照されよ．なお，岩村清太『ヨーロッパ中世の教育と自由学芸』が知泉書館より近刊予定である．同じく参照されたい．

[38]　前掲『哲学・思想事典』，710頁，「自由学芸」の項目．

[39]　岩村前掲『アウグスティヌスにおける教育』，347頁以降などを参照されよ．

なかでも，8世紀後半のカロリング・ルネサンスに，アーヘンの宮廷学校長として活躍したアルクイヌス（Alcuinus, ca. 730-804）は，その名も『文法学』（あるいは『真の哲学についての討論』）において，真理へと至る7つの階段（7自由学芸）について語っている．年長になって魂が成長し，聖書という極みに達するまで，少年から青年時代には，これら「哲学」[40]の7つの小道を毎日通っていく必要があるというのである．ここでは，生徒を知恵へと導く「光」と「視力」，すなわちガイド（教師）の必要性が語られている．以下，簡単に触れておきたい．

> 魂を照らし始めるものがあるならば，魂の活力は知恵に接近可能なのです．（中略）あたかも病人がよりゆっくりとした足どりで導かれるべきであるように，私たちのなかで，ある強さが増してくるまで，私たちは少しずつ指導されるべきです．もし火打ち石が火を本性的に宿しているとするならば，火は打つことによって出てくるはずです．したがって，人間の精神にとって知恵の光は本性的ですが，教師がたびたび心配りをして光を生みだすのでなければ，火打ち石のなかであたかも火種のように隠れているままです[41]．

教師とは，生徒の魂に本性的に宿る知恵の光に点火する「火打ち石」のようなものである．

> 神的理性の道を通じて，どうか，繰り返し繰り返し導いてください．そして，この完成の頂へと運んで下さい．等しくない歩みとはいえ，私たちは導き手である先生に従いますから[42]．

---

40) アルクイヌスは，こう語る．「哲学があらゆる徳の教師であり，哲学こそがこの世のすべての豊かさのなかにあって，その所有者を不幸にしない唯一のものだ」．『中世思想原典集成6』（平凡社，1992年），122頁．
41) 同前書，122-123頁．
42) 同前書，124頁．

さらに、こうも語られる．

> 先生は、自由学芸の初歩の道によって私たちを導くだけでなく、永遠の生命へ導く、叡智のより善い道をも〔切り開くことが〕できるはずですから．
> **教師** 神の恩寵が私たちに先立ち、霊的知恵の宝庫へと導いて下さるように[43]．

そこで、7自由学芸が登場する．

> 私たちは、〔神の知恵〕自体が、ソロモンの口を借りて次のように歌うのを読んだ．「知恵は家を建て、7本の柱を刻んで立てた」〔箴9-1〕．この文言は、処女マリアの胎内で、家すなわち体を建て、この家を聖霊の7つの賜物によって固め、あるいは神の家である教会を同じ賜物によって照らし出した神の知恵に属するものであるとしても、しかし、知恵は自由諸学芸の7本の柱によって支えられている．そして、これら7本の柱によるか、あるいは7つの階段によって高められるのでなければ、いかなる方法によっても完全な知識にいたることはない．
> **生徒** 先生が約束して下さったものを、ときどき開けて下さい．そして、私たちの世代は華奢なので、初めに柔らかいものによって乳を与えるようにして下さい．そうすれば私たちは、歳を重ねていくにつれて堅いものへといたるのがやさしくなるはずです[44]．

> さればこそ、あなたがたが探している段階がここにある．そして、あなたがたが今これから見ようとしているのと同じくらいの〔登ろう（学ぼう）とする〕激しい欲求がいつもあらんことを．その段階とは、文法学、修辞学、弁証論、算術、幾何学、音楽、天文学である．（中略）
> いとも親愛なる子供たちよ．さらに歳を加え、魂がさらに強い認識の力

---

43) 同前書，128頁．
44) 同前書，129頁．

をもって聖書の頂点に達するようになるまで，若いあなたがたは毎日，これらの小道を通って駆け抜けて行かなければならない．このように武装した真の信仰の擁護者，真理の保護者として，あなたがたは，どんなにしても敗けを知らない者となるのである[45]．

まるで，幼児から大人になるまで，それぞれの段階にあわせて，聖書という知恵と真理の頂点に至るまでの正確な道のり（カリキュラム）が，7自由学芸という哲学によって用意されていると，アルクィヌスは語る．とくに，生来的にそなわる，生徒の学びの意欲や欲求に点火する火打ち石としての教師への期待は，現代においてすら，なおも目を引く発言といえよう．

さて，こうしたベースを踏まえて，いよいよ12世紀ルネサンス時代[46]．偉大な神学者であり教育者として知られた，サン・ヴィクトルのフーゴー（Hugo de Sancto Victore, ca. 1096-1141）について，見ておきたい．

フーゴーは近年，いわゆる『学習論』（正確には『教授・学習の書―読書の研究・愛好について―』*Didascalicon de studio legendi*）で注目されているが[47]，その冒頭では，すべての人間が，学知（scientia）に向かって努力すべきであり，知恵（sapientia）の把握を追求すべきことが説かれている．

知らないことと知ろうと欲しないことは大いに異なるものだからである．知らないことは確かに弱さに属するが，学知を忌み嫌うことは邪まな意志に属するものである[48]．

自らの無知を自覚したのちに「知ろうと欲しない」ことは，邪まな意志のあらわれであると，フーゴーはまずいい切っている．そして，無知の自覚から学知へと進もうとする恵まれた者には，主に2つの方法があるという．そ

---

45) 同前書，130頁．
46) C. H. ハスキンズ『十二世紀ルネサンス』（野口洋二訳，創文社，1985年）参照．
47) 阿部謹也『「教養」とは何か』（講談社現代新書，1997年），51頁以降などを参照されたい．
48) 『中世思想原典集成9』（平凡社，1996年），32頁．

れが，読書（読解：lectio）と黙想（meditatio）である．むろん知恵の探究は，哲学において行われる．フーゴーは，その哲学＝愛智（フィロソフィア）の体系を示したのであった[49]．

哲学は，①思弁学（theorica），②実践学（practica），③機械学（mechanica），④論理学（logica）の4つに分類される．そこから，さらに細かく学問が枝分かれする．

① 思弁学…神学・自然学・数学（代数学・音楽理論・幾何学・天文学）
② 実践学…倫理学・家政経済学・政治学
③ 機械学…機織学・兵器学・商学・農学・狩猟学・医学・演劇学
④ 論理学…文法学・論争的論理学（必然的論証蓋然性に関する論議…弁証学・修辞学）・詭弁論

こうした学問を順序よく修めていくことが，すなわち知恵の探究であるが，その目的とは何か．この肝心な点について，フーゴーはいう．

　ところで，知恵によって導かれるすべての人間的行為や探究の目的と意図が関わるのは，われわれの自然本性の十全性が回復されるということ，あるいは現在の生が服している欠如の逼迫が緩和されるということである．もっと明瞭にこれを説明してみよう．人間の内には善と悪，自然本性と欠如という二つのものがある．その善は自然本性であるが，堕落し減ぜられたものゆえ，実践的に回復されなければならない．その悪は欠如であり堕落であるが，自然本性ではないので，取り除かれる必要がある．もしそれが完全に除去されえない場合には，少なくとも治療薬によって軽減されなければならない．自然本性が回復され欠如が排されること，これがなされるべきことの一切なのである．しかし人間の自然本性の十全性は学知と徳という二つのものによって完成される．そしてわれわれ人間が天的実体と神的実体に類似性をもつのは，ここを措いてほかにない[50]．

---

49) 五百旗頭博治「サン＝ヴィクトルのフーゴー」（前掲『中世の教育思想（上）（教育思想史3）』所収）や，上智大学中世思想研究所編『中世の学問観』（創文社，1995年），とりわけ113頁以降を参照されよ．
50) 前掲『中世思想原典集成9』，41頁．傍点引用者．

フーゴーにとって、人間の自然本性は善である。しかし、それは罪によって弱められている。よって、堕罪の後に喪失された「知恵と徳と自然本性の完全性を〈回復する業〉」[51]こそ、わたしたちが学問をすること（学修）の究極的な目的であり、意味である[52]。

そこで、こうした学修に取り組むに際して、フーゴーは重要なアドバイスをしているので、最後に確認しておきたい。「恥知らずな生活が汚している学知は誉められたものではない」[53]としてのち、フーゴーはつづける。

> さて、学修の始まりは謙虚である。謙虚の例示は数多くあるが、以下の三つが特に読解者に関連している。すなわち、まず第一に、いかなる学知も、いかなる書物も軽んじないこと。第二に、どんな人から学ぶことも恥ずかしがらないこと。第三に、学知を獲得した暁にも、他の人々を蔑まないこと[54]。

すべてのはじまりは、謙虚である。

> 思慮深い読解者はしたがって、すべての人々の言葉を喜んで聞き、すべてを読解するのであり、いかなる書物も、いかなる人物も、いかなる教学も軽んじることはない。彼は、無差別にすべてのものの中から自らに欠けているとみなすものを探し求めるのであり、どれほど多くを自分が知っているかを考察するのではなく、どれほど多くを自分が知らないかを考察するのである[55]。

---

51) 同前書、29頁。
52) フーゴーにおける「魂の再組織化」と身体の規律＝訓練（ディシプリン）との興味深い連関については、T.アサド『宗教の系譜―キリスト教とイスラムにおける権力の根拠と訓練―』（中村圭志訳、岩波書店、2004年）、154頁以降を参照されたい。
53) 前掲『中世思想原典集成9』、95頁。
54) 同前。
55) 同前書、96頁。傍点引用者。

「学識があると見えるよう求めるのではなく,学識があることを求めるべき」[56]というフーゴーの言葉は,いつの時代においても変わらぬ知恵の探究者の姿を,如実にあらわしているといえよう.結果として,こうした学問研究の専門機関としての学校や大学が,その後,徐々に整備されていくことになる[57].

＊　＊　＊

以上,基礎づけ主義の教育思想を概観してきた.

いずれにせよ,すべての思想家に共通しているのは,「真理」へ少しでも近づきたいと探究し努力する心の姿勢であろう.なかでも,ニュッサのグレゴリオスのいうエペクタシスには,そうした人間ならではの素晴らしい生き方・在り方が,見事に結晶化されていたと思われる.教師に唯一できることとは,そうした人生の動態を,生徒に見せることだけだろう.そうすることで,生徒を探究と努力へと,つねに誘うことだけである.あるいは,「火打ち石」としての教師.

畢竟するに,勝義の基礎づけ主義とは,何か確定した真理をすでに所有しているとの錯覚から出発するのでは決してない.そうではなくて,生身の人間では汲み尽くしえない真理を絶えず求めて,そこに究極の基礎を見出そうとする,知的で内的な運動そのものを指す.

究極の基礎は,まだだれも所有などしていない.わたしたち人間はみな,そうした知恵と真理への途上にある探究者なのだ.探究は,今後とも永遠につづくであろう.

---

56) 同前書,99頁.
57) 横尾壮英「中世大学」(上智大学中世思想研究所編『中世の教育思想(下)(教育思想史4)』東洋館出版社,1985年所収)などを参照されたい.

3章｜エックハルトにおける「観想の生」と「活動の生」

> 泉は深くなればなるほど，
> 噴上がる水もまた一段と高くなる．
> 高みと深みとはひとつである．

これまで，古代から中世に至るまでの基礎づけ主義の教育思想を，いくつか再考してきた．

　結果として，これらの思想はいずれも，ときに聖なる「真理」を目指そうとする心の機能，すなわちスピリチュアリティに駆り立てられた軌跡であることが明らかとなった．と同時に，ニュッサのグレゴリオスの言葉を借りれば，そうしたエペクタシスに，わたしたちは，いつの時代にも通じる探究者としての人間—エペクタシス的存在—の力強い在り方・生き方を見出したのであった．

　さて，これからはいよいよ中世以降，いわゆる近代にさしかかるまでの教育思想を，主にルターとメランヒトン（Philipp Melanchthon, 1497-1560）を中心に見てみることにしたい．が，そこにつながるまでの，やはりスピリチュアリティに深く根ざした2人の人物の教育思想を，先に取り上げておこう．マイスター・エックハルト（Meister Eckhart, ca. 1260-ca. 1328）と，その弟子ヨハネス・タウラー（Johannes Tauler, ca. 1300-1361）である．むろん彼らが，1章2節で見たプロティノスからも大きな影響を受けていることは，いうまでもない．

　「ドイツ神秘主義（Deutsche Mystik）の眼」[1]とのちに称された，マイスタ

---

1) 『エックハルト説教集』（田島照久編訳，岩波文庫，1990年），296頁．ちなみに，彼の弟子「タウラーは説教の巧みさから「ドイツ・ミュスティクの口」と，またゾ

一(巨匠・教師)エックハルトは,「スコラ学の教師・学匠」(Lesemeister)にして同時に「魂の教師・善く生きることの教師・生の達人」(Lebemeister)として[2],周知の通り,後世にも偉大な精神的遺産を残している.なかでも直弟子のひとりタウラーが,彼の「魂の教師」としての側面を身をもって引き継ぎ,当時の修道士・修道女や一般民衆のキリスト教的教導にその全生涯を捧げ尽くしたことは,よく知られている.ゆえにタウラーは,師匠エックハルトより,説教者(Prediger)としての実践的生,すなわち「活動の生」(vita activa)の側面を色濃く受け継いだといえよう.しかし,それは次章で詳しく見るように,あくまでも「観想の生」(vita contemplativa)との「一」(Einheit)のなかで,これと一体となってはじめて十全に成り立ちうる生き方なのであり,またこの場合においてのみ,その「活動の生」は,人間を「キリスト」に向けて形成し(imitatio Christi),さらに「高貴な人間」(homo nobilis)へと陶冶することに資するとされるのである.

ところで,こうした「活動の生」と「観想の生」との緊密な連関とでも呼びうるものさえはるかに凌駕した,いわば「一」的連関について,タウラーの師エックハルトは,主にドイツ語著作のなかでたびたび言及している[3].

イゼはその情熱あふれる神への帰依から「ドイツ・ミュスティクの心(臓)」と並び称されるようになる」(同前).

2) オットー(Rudolf Otto, 1869-1937)は,『西と東の神秘主義―エックハルトとシャンカラ―』(日野紹運ほか訳,人文書院,1993年)のなかで,エックハルトをたびたび「救済の教師」(55頁)・「魂の医師もしくは指導者」(289頁)などと呼んでいる.

3) エックハルトにおけるドイツ語著作とラテン語著作の問題と連関については,中山善樹『エックハルト研究序説』(創文社,1993年),5頁以降を参照されたい.また,彼のドイツ語による説教の意義については,宮本久雄「エックハルトのドイツ語説教の意義」(K.リーゼンフーバーほか編著『中世における知と超越』創文社,1992年所収),さらに中川昌治「エックハルトの敬虔について―『教導講話』を中心として―」(山田晶・倉松功編著『キリスト者の敬虔』ヨルダン社,1989年所収)を参照されよ.加えて,エックハルトの思想とその構造に関しては,K.リーゼンフーバー『中世における自由と超越』(創文社,1988年)所収の「神秘主義としての精神論―マイスター・エックハルトの思想の根本構造―」や,鈴木宣明『中世ドイツ神秘霊性』(南窓社,1991年)所収の「マイスター・エックハルトの神・人間・世界体験―その神秘霊性―」,H.フィッシャー『マイスター・エックハルト―その思索への体系的序論―』(塩路憲一ほか訳,昭和堂,1992年)を参照されたい.

ここでは、タウラーにその活きた実例を見ることのできる「活動の生」と「観想の生」との「一」的生（Leben）の原泉をエックハルトのなかに探り、そのさらに根源（グルント＝「底」）に迫ってみたい．

1節｜『教導講話』における「観想の生」と「活動の生」

修道士たちの霊的涵養のためになされた、いわゆる『教導講話』（*Die rede der underscheidunge*）は、エックハルトがエルフルトの修道院長であった時期（1294-1298年）に成立したと見られている[4]．これは残されているエックハルトのドイツ語著作の内でも最初期のものであるが、早くもLesemeisterであると同時にLebemeisterであるエックハルトを髣髴とさせる作品である[5]．以下、このなかに「観想の生」と「活動の生」との連関を探ってみたい．

最終23章「内面的な働きと外面的な働きについて」（Von den innerlîchen und ûzerlîchen werken）でエックハルトは、「業・行い」（Werk）に関して繰り返し説かれてきたテーマ、すなわち人間が「自らの神と一体となって共働すること」（mitewürken mit sînem gote）[6]を再度確認する．この根拠には（のちに見るように）、人間は魂（もしくは内面）における神との「一」より発して、その外的業を実行すべきであり、すべての外的行いは、彼の神的「内面性」（innicheit）たる「魂」（sêle）からの「自由」（ledic）な発露でなければならない、との彼の首尾一貫した考えがある．

---

4) 詳しくは、『エックハルト論述集（ドイツ神秘主義叢書3）』（川崎幸夫訳、創文社、1991年）、276頁以降を参照されよ．
5) 上田閑照『エックハルト―異端と正統の間で―』（講談社、1998年）、128頁参照．
6) 以下、エックハルトの著作からの引用は、次のテクストによる．DW.＝ *Meister Eckhart, Die deutsche Werke*, herausgegeben und übersetzt von Josef Quint. Bd. 2 (1971), Bd. 5 (1963). Stuttgart. この略記号の後、巻・頁・行の順に示す．なお、邦訳は原則的に前掲『エックハルト論述集（ドイツ神秘主義叢書3）』によったが、一部表記を改めた箇所もある．原典の後、邦訳の頁を記す．DW. 5, 291, 3. 155頁．

まさしく自らの内面に徹し，また内面と一体となり，且つ内面から発しつつ，活動することを人は習得すべき (in dem und mit dem und ûz dem sol man lernen würken) なのであって，その結果として，人は内面性を現実の活動の内に還らせ，また現実の活動を内面性へと導き入れ (man die innicheit breche in die würklicheit und die würklicheit înleite in die innicheit)，こうすることによって，人が何ものにも執らわれずに活動することに習熟する (gewone ledicliche ze würkenne) ようになってほしい[7]．

あくまでも純化され，かつまたされつづけねばならない内面性を根原として，現実の活動たる外的業が「何ものにも執らわれず」(ledicliche)，すなわち「自由」に発出すべきことをエックハルトは説いている．

> なぜならば，人は眼をこのような内面的な働き〔観想〕に向け (daz ouge ze disem inwendigen werke kêren)，そこから (und dar uz) 読書であれ，祈禱であれ，或いは―それにふさわしければ―外に向かっての働き〔実践〕(ûzwendigiu werk) を行うべきなのであるから[8]．

エックハルトが，奥深き深淵なる「内面性」への道，つまり「観想」(contemplatio) こそを，キリスト修道者にとって（「内面的な働き」として）第一の必須の業と評価していたことは明らかである．よって，こうつづけていわれる．

> しかし，もし外へと向かう働きが内へと向かう働きを滅茶滅茶にしようとするのであれば，人は内面的な働きの方に随ってゆくのがよい (Wil aber daz ûzwendic werk daz inner zerstoeren, sô volge man dem innern.)[9]．

---

[7] DW. 5, 291, 4-7. 155頁．
[8] DW. 5, 291, 7-9. 155頁．
[9] DW. 5, 291, 9-10. 155頁．

ところが，エックハルトが理想とするのは，神と一体となった共働であるがゆえに，「だが，それら双方の働きが一体となることがもし可能ならば，それこそ最善の情態ということになろう，そしてその結果として，人は神と一体となって共働するに到ることであろう」(Möhten sie aber beidiu sîn in einem, daz waere daz beste, daz man ein mitewürken haete mit gote)[10] とも述べられるのである．

以上より，「内面的な働き」たる contemplatio〔観想〕＝「観想の生」と「外面的な働き」たる actio〔実践〕＝「活動の生」とが「一」となり，神と共働する者が，エックハルトの説く目指すべき理想的人間像であることに違いなかろう．しかしながら，それはあくまでも「もし可能ならば」[11] という仮定条件の下でいわれているのであり，まずはコンテムプラーチオーこそアクチオーの「始原」(principium, grunt)[12] に位置することも，決して疑いえないのであり，この点を看過してはならないと思われる．

2節│「行為」に対する「存在」の優位

では，エックハルトにおけるコンテムプラーチオーが何を意味するかを見る前に，彼がとくにコンテムプラーチオーをアクチオーの「始原」―タウラーにおいては「底」―とせざるをえない理由についてさらに確認しておきたい．

それは，端的にいって「行為」(tuon, werk) に対する「存在」(sîn,

---

10) DW. 5, 291, 10-11. 155頁．
11) クヴィントの現代ドイツ語訳によれば，'Könnten aber beide in Einem bestehen, das wäre das Beste' とされている (DW. 5, 534, 10-11.)．
12) 「始原」とはドイツ語の grunt，ラテン語では principium に相当する用語であり，ちなみにタウラーにおいては「底」としてしばしば登場してくる重要語である．詳しくは，金子晴勇『ルターとドイツ神秘主義―ヨーロッパ的霊性の「根底」学説による研究―』(創文社，2000年)，167頁以降を参照されたい．また，エックハルトにおける「始原」の，ラテン語著作を基にした厳密な考察については，中山前掲書を参照されたい．

wesen）の優位，というエックハルトの考えに基づいている．4章「内に向かっても外に向かっても実行すべき棄却の効用について」（Von dem nützen lâzenne, daz man tuon sol von innen und von ûzen）のなかで彼は，こう語る．

人は聖であるということを或る種の行為の上に基づけようと考えてはならない（Niht engedenke man heilicheit ze setzenne ûf ein tuon）．人は聖であるということを或る種の存在するということの上に基づけるべきである（man sol heilicheit setzen ûf ein sîn）．なぜかというと，行為がわれわれを聖化するのではなく，われわれが行為を聖化すべきなのであるから（wan diu werk enheiligent uns niht, sunder wir suln diu werk heiligen）．たとい行為がどれほど聖なるものでありうるとしても，それが行為であるに過ぎないかぎりは，それがわれわれを聖化するということは全くないのである[13]．

いわゆる善行（bona opera）や功績（meritum），総じてすべての行いという行いによっては，人間は決して聖化（heiligen）されえない，とのこのエックハルトの言葉は，早くもルターを想起させるものである[14]．すべての善き行いは善き「存在」（esse, wesen）を「始原」（principium, grunt）として，そこから「何ものにも執らわれず」，文字通り自らに由って「自由」に発現されてくるべきであって，断じてその逆であってはならないとエックハルトは語る．人間がまずは「聖であり（神的）存在を有つ」（heilic sîn und wesen hân）[15] 割合に応じて，その人のありとあらゆる行為―食べること，眠ることなどすべて―が聖化されるのである．ゆえに「人は自分が善く在る（guot sî）ということに全力を尽くすべきであるということ，つまり自分は一体何を行うのかとか，その行為はいかなる類のものであるのかということ

---

13) DW. 5, 198, 1-4. 88-89頁．
14) エックハルトとルターとのかかわりについては，金子前掲書，57-65頁を参照されたい．
15) DW. 5, 198, 4. 89頁．

にではなく，もろもろの行為の根原となるべきものとはいかなるものであるか（wie der grunt der werke sî），ということに全力を傾けるべきである，ということをはっきりと見極めておかなくてはならない」[16]．

ここでつねに人は，外に向かって「何を行えばよいのか」（waz sie taeten）とアクチオーのことばかりを考えるよりもむしろ，まずは内面に向かって「自分とは何なのか」（waz sie waeren）と，自らの「存在」（wesen）そのものへと，さらにその「始原」（grunt）へと注意を傾けるべきことを[17]，エックハルトは強調する．そこで，こうした「存在」へと「始原」へと向かう人間の「内面的な働き」こそ，まさしくコンテムプラーチオーにほかならなかった．エックハルトによれば，聖なる義しい「行為」はあくまでも聖化された「存在」を根原として成り立つがゆえに[18]，第一に「存在」およびその「始原」へと全力を傾注するコンテムプラーチオーこそが，必然アクチオーの根原（グルント）とならざるをえないのである．

3節｜「離脱」―コンテムプラーチオーが目指すもの―

以上より，人間の内奥における，「存在」に向かっての，さらにはその「始原」を目掛けての，いわば不断の還帰が，コンテムプラーチオーであると約言できよう．結論を先取りしていえば，自らの内面（魂）において，自己の神的「存在」およびその「始原」へと，絶えず無限に帰一しよう―「神秘的合一」（unio mystica）―とする人間の生の営み自体が，コンテムプラーチオーすなわち「観想の生」にほかならない．

それでは，エックハルトにおいて，自己の神的「存在」や「始原」への還帰もしくは帰一とは，いったい何を意味したのであろうか．

その一端は，すでに4章の表題に示されていた．まず，この還帰および帰

---

16) DW. 5, 198, 7-9. 89頁．
17) DW. 5, 197, 6-8. 88頁．
18) ルターとも関連して，オットー前掲書，264頁以降を参照されたい．

一とは，自分自身をも含めた一切のものの「棄却」(Lassen) に始まる．それは，エックハルトの言葉によって換言すれば，すなわち「離脱」(abegescheidenheit) である．エックハルトは，この「離脱」を，彼の講話や説教の至るところで，繰り返し説いている．コールハンマー版説教53番の冒頭でも語るように，エックハルトにおいて「離脱」こそは，vita contemplativa の究極するところであり，Lebemeister としての教えの中心核であったといえるであろう．そして，エックハルトにおける人間は，この「離脱」を根本契機（突破口）として，自らの神的「存在」そのものより，その「始原」から，彼のあらゆるアクチオー（外的業）を，真に「自由」に行うことが可能となるのである．

> 私が説教を行う時には，私はいつも離脱について（von abegescheidenheit) と，人間が自己自身および万物とから脱却しているようになる（der menscheledic werde sîn selbes und aller dinge), ということについて語るように心掛けている．第2番目には，人間が単一な善，即ち神の内に移し入れられて，再び造り直されることである (man wider îngebildet werde in daz einvaltige guot, daz got ist). 第3番目には，人は神が魂の中に置いた大いなる高貴性（der grôzen edelkeit, die got an die sêle hât geleget）を想い起こして，それで以て不思議な仕方で神に到り着くようになること (der mensche dâ mite kome in ein wunder ze gote) である．第4番目には神的本性の純一性について (götlîcher natûre lûterkeit) であり，その輝きは神的本性の内に存し (waz klârheit an götlîcher natûre sî), 口に出して語り得ない (unsprechelich) ものである．神とはことばであり，語られ得ないことばなのである (Got ist ein wort, ein ungestrochen wort.)[19].

この箇所において，「これら四つの主題が「魂の浄化→魂の神化→神秘的合一→合一の境涯」という順序にしたがって配列されているのは明瞭」[20]とい

---

[19] DW. 2, 528, 5-u. 529. 2. 299頁．
[20] 前掲『エックハルト論述集（ドイツ神秘主義叢書3）』，299頁．

えよう．ゆえに，この4段階によれば，最後の「合一の境涯」が，コンテムプラーチオーとアクチオーとが「一」となった，神と共働する「高貴な人間」(homo nobilis)（エックハルトにおける理想的人間）に相当しよう．この「合一の境涯」に至っては，人は自らのあらゆるアクチオーを，自身の神的「存在」すなわち Leben の根原より発して，これを「始原」として，「なぜという問いなしに」(ohne Warum)[21]，「自由」に行うことができるのである．エックハルトは，まさにこの「合一の境涯」[22]に向かっての，人間の全生涯にわたる厳しい自己修練を説きつづけたのだといっても過言ではなかろう．

そこで，この「合一の境涯」に至る最初の突破口こそが，「魂の浄化」への入口たる「離脱」として，はじめに説かれざるをえなかったのである．なぜなら，自己自身および万物からの完全な自由・脱却・棄却としての純一な「離脱は，神を強制して，神が私を愛するようにさせる」(twinget abegescheidenheit got, daz er mich minne)[23]という点でも，「一切の事柄を凌駕している」(ob allen dingen sî)[24]から，「離脱」は，神すらも強制して，人間の内へと来たらしめるのであり[25]，それはおよそ徳といえるすべての「徳」(tugende)をもはるかに超えている[26]．

「離脱」に始まる「魂の浄化」より，「魂の神化」・「神秘的合一」(「存在」・「始原」への還帰・帰一)が神を根原力として必然的に生起し，「合一の境涯」が自ずと現成するというのが，エックハルトにおける人間の，「高貴な人間」を目指しての全道程であり，この全過程において，何よりもまずは「離脱」への専念専一こそ，自己の神的「存在」および「始原」へ向けての

---

21) これ自体，エックハルト思想において興味深くかつ重要なテーマであるが，たとえば前掲『エックハルト説教集』所収「なぜという問のない生き方について」〔説教5b〕を参照されたい．
22) これは，前掲『エックハルト説教集』所収「観想的生と活動的生とについて」〔説教86〕に登場する「マルタ」の生に，まさしく相当しよう．
23) DW. 5, 402, 5. 168頁．
24) DW. 5, 401, 6, 167頁．
25) DW. 5, 403, 1-2. 168頁．
26) DW. 5, 401, 6-7, 167頁を参照．

還帰・帰一の第一歩にほかならず,まさにこれぞコンテムプラーチオーが目指すべき第一の課題といわざるをえないのである.

＊　＊　＊

従来わが国では,エックハルトの「観想の生」と「活動の生」に関して,「高貴な人間」を目指しての先の4段階説によれば,最終の段階に当たる「合一の境涯」ばかりが,しかも「活動の生」に重点を置いて,こうしたプロセスにあまり注意を向けることなく,いわばエックハルト的人間の現実態ならびにその特質として,一足飛びに説かれることが多かった[27]).

しかしながら,エックハルトもいうように,こうした「合一の境涯」は,「離脱」を最初の突破口とする段階を踏まえて,そののちにはじめて現成しうる理想的生の在り方である.その上,このような「合一の境涯」は,生身の人間にあっては,生涯にわたって絶えず「離脱」より幾度となく繰り返されてはじめて,そのたびごとに新たにされていくごとき性格のものである.というのも,「いかなる人であっても,この世の生において,これ以上さら

---

[27]) その典型の主なものをあげれば,古くは鈴木大拙『神秘主義―キリスト教と仏教―』(坂東性純ほか訳,岩波書店,2004年) や西谷啓治『神と絶対無』(創文社,1971年) にはじまり,上田閑照「エックハルトと禅―「無と真人」をめぐって―」(玉城康四郎編『仏教の比較思想論的研究』東京大学出版会,1979年所収)・同「マイスター・エックハルトに於ける真人の現実性について」(下程勇吉編『教育人間学研究』法律文化社,1982年所収)・同「マイスター・エックハルト」(上智大学中世思想研究所編『中世の教育思想 (下) (教育思想史4)』東洋館出版社,1985年所収)・同「自己の現象学―禅の十牛図を手引として―」(上田閑照・柳田聖山『十牛図―自己の現象学―』ちくま学芸文庫,1992年所収) などがあげられよう.これらはいずれも,エックハルトを東洋の禅や仏教に引きつけて「解釈」したものである.これらは解釈として大変示唆深くまた興味深いのではあるが,現在では,よりエックハルトに忠実に即した,具体的にはわが国ではこれまで顧みられることの少なかったラテン語著作に依拠した,いっそう緻密な研究が進められている (中山前掲書,6頁参照).なお,「観想の生」と「活動の生」に関する本格的な研究としては,D. Mieth, *Die Einheit von vita activa und vita contemplativa in den deutschen Predigten und Traktaten Meister Eckharts und bei Johannes Tauler*, Regensburg 1969. を参照されよ.

に棄却しなければならないものを見出すことはない,というほどまでに徹底して自分を棄去っている人間は決していない」[28]から.自己自身からの「離脱」と簡単にいうとしても,そのことがそういとも容易に成就されるとは,エックハルトはもうとう考えていなかった.ゆえに,彼はつねに「離脱」に照準されたコンテムプラーチオーこそを,第一に掲げたのである.

畢竟するに,エックハルトはあくまでも「観想の生」を基本に,ここに深く根ざした上での「活動の生」を説きつつ,常時アクチオーからコンテムプラーチオーへと収斂するような生き方を語り,さらに究極的には「始原」(グルント=「底」)へのこの収斂を通じて,同時に「高貴な人間」を目指した内的「修練」(Übung)を,『教導講話』では開示しているといえよう.もとよりアクチオーを抜きには考えられない(この世での)人間の生活の直中で,その活動が絶えずコンテムプラーチオーに収斂するような生き方そのものが,まさに「高貴な人間」を内的に修練するのであって,またこのような場合においてのみ,キリスト教的人間における「活動の生」は,はじめて価値あるものとなりうるのである.

その結果,「奥底がますます深くなり,より一層低くなってゆけばゆくほど(ie der grunt tiefer ist und niderr),高く揚げることとその頂点とはいよいよ高く,且つ測り知れないほどになるのであるし,また泉は深くなればなるほど,噴上がる水もまた一段と高くなる(ie der brunne tiefer ist, ie er ouch hoeher ist)」[29].「高みと深みとはひとつである」(diu hoehe und diu tiefe ist einez)[30]という「合一の境涯」が,自ずと現成してくるであろう.

こうしたエックハルトの教えが,タウラーやさらにはルターにまで,脈々と受け継がれてきていることは,明らかである[31].

---

28) DW. 5, 196, 7-8. 88頁.
29) DW. 5, 293, 6-8. 156頁.
30) DW. 5, 293, 8-294. 1. 156-157頁.
31) 前掲『エックハルト説教集』,297頁以降も参照されたい.

4章｜タウラーにおける「底」への還帰

人間はいくら外的事柄に向かい，さ迷おうとも，
神以外のどこにも休息も安息も見出せない．

　次に，マイスター・エックハルトの思想を実践へと積極的に移したタウラーの教育思想を見ていこう．タウラーは，ルターにも多大な影響を及ぼした人物として知られている[1]．

　彼は，自らはあくまでも一介の司牧者に止まりながら，その力強い「説教」を通じて，修道士・修道女や一般信徒・民衆のキリスト教的教導に全生涯を捧げ尽くした偉大な実践家である[2]．彼がドイツ語で行った説教の多くは，貴族や聖職者など当時のいわゆる知識人以外の民衆を対象とし，中世に生きる人々の宗教的かつ道徳的徳の涵養に大きな役割をはたしたが[3]，それは人間の内面性の不断の認識および深化，そしてこの結果行き着くところの

---

1) タウラーに関するルターの言及として有名なものに，1516年12月14日付のシュパラティン（Georg Spalatin, 1484-1545）に宛てた手紙がある．このなかでルターは，タウラーの説教ほど有益で福音と共鳴するものは，ラテン語でもドイツ語でも見当たらないと述べている．なお，ルターによるタウラーの受容やドイツ神秘主義との連関については，金子晴勇『ルターとドイツ神秘主義―ヨーロッパ的霊性の「根底」学説による研究―』（創文社，2000年），とくに12頁以降，65頁以降，177頁以降に詳しいので，参照されよ．H. Otto, *Vor- und frühreformatorische Tauler-Rezeption,* Heidelberg 2003. も参照されたい．
2) タウラーの生涯・時代・著作に関しては，E. ルカ編『中世ドイツ神秘主義　タウラー全説教集Ⅰ』（橋本裕明訳，行路社，1989年），3頁以降，およびP. ディンツェルバッハー編『神秘主義事典』（植田兼義訳，教文館，2000年），269-271頁を参照されたい．またタウラーの実践家としての性格については，F.-W. ヴェンツラフ・エッゲベルト『ドイツ神秘主義』（横山滋訳，国文社，1979年），145頁を参照されよ．
3) E. ルカ「中世後期の宗教的民衆教育」（上智大学中世思想研究所編『中世の教育思想（下）（教育思想史 4）』東洋館出版社，1985年所収），385頁および387頁．

神秘性とともに，日常の行い（業・実践）や習慣のもつキリスト教的人間形成上の意義をいたるところで強調する点で，本質的に「神秘教育的」(mystagogisch)[4]とも呼びうる性格をそなえている．タウラーの最大の魅力は，自らがキリスト者としての実人生をただ生き抜くことのみを通じて民衆を教化し[5]，つねに彼らのキリスト教的信仰指導という実践のなかで，その独自の神秘教育的思想を結晶化させた，そのキリスト教的「教育者」としてのいきいきした姿にあると考えられる．彼のこうした教育者としての生き様は，ルターのそれにも通底するものがあると思われる．

ところが，教育者タウラーの思想は，意外にもキリスト教教育思想史上ほとんど知られず[6]，ましてや人間内面の絶えざる自己省察とキリスト者形成との相関の問題には，ルターと同様に，あまり注目されてはこなかった．だが，タウラーにおける内面性，すなわち「底」(grunt) が意味するもの，そしてつねに行為の直中にあってこの「底」の自覚に還帰する (widerkern) ことのもつ教育的意義は，タウラー思想が有する現代性としても，一考に値するものを含むと思われる[7]．さらにまた，この「底」への還帰は，絶えず行いという形をとって世界に跳ね返る点で，この世のなかでつねに隣人とかかわりつつ生きるキリスト者の責任の問題とも根源的に連関している．しか

4） E. ルカ「ヨハネス・タウラーの人間観」（上智大学中世思想研究所編『中世の人間観』創文社，1986年所収），231頁．

5） ルカ編前掲書，15頁以降の『マイスター・ブーフ』(Meisterbuch) の物語，ならびにルカ前掲論文「中世後期の宗教的民衆教育」，378頁以降を参照されたい．

6） 管見によれば，ルカを中心として，タウラー（の説教）は近年わが国でも紹介されてきているが，キリスト教教育史上タウラーが注目されることは，これまでほとんどなかったように思われる．なお，タウラー説教集と，そこにあらわされた神学の特質については，鈴木宣明『中世ドイツ神秘主義』（南窓社，1991年），140-184頁を参照．

7） ルカは，タウラーの「底」が，近代以降の「良心」に相当する概念であろうと述べ，その人間観は，自律的な近代的人間を予想させるという（ルカ前掲論文「ヨハネス・タウラーの人間観」，244-245頁）．少なくとも，彼の「底」への還帰の思想は，神とかかわる「良心」に聞きしたがって生きるルター的人間を想起させよう（金子前掲書，168-169頁参照）．とするならば，はたして現代に生きるわたしたちは，この「良心」とどう向き合うべきなのか．あるいは，もはやこうした「良心」など，過去のものにすぎないのか．わたしたちは，つねに歴史から問われつづけている．

も，タウラーにおける「底」への還帰の考えは，世界に対する自己の責任をはたすこと，すなわち各人の業の遂行が，自らをより完全なキリスト者へと形成していく側面をきわめて明瞭に描き出し，行為や習慣のもつキリスト教的人間形成上の意義を，むしろルター以上に力説するところで，とりわけ積極的な陶冶（ビルドゥング）的性格をそなえていると考えられる．

以下，タウラーにとって「底」への還帰が，キリスト教的人間における究極の責任であることを示し，それが本質的に自己陶冶的かつ人間形成的な特質をそなえていることを明らかにすることを通じて，ルターへと受け継がれる教育責任論の淵源を，確認しておきたい．

1節 |「底」への還帰

ルカは，まず「底（グルント）」を，タウラーの人間像を根本的に規定する中心概念であるとする[8]．「この語は，宗教的用語となる前は，有機物を含む沃土でできた低地（谷）を意味していた．その後，泉の湧き出る地形学上の低地（Quellengrund）をも表わすようになり，さらに，また土台（地盤）を意味するようになった．スコラ神学の全盛期には，さらに宗教的比喩化が押し進められ（中略），その後，とくにマイスター・エックハルトの説教において「（魂の）底」は中心的な位置を得たのである．そして，この「底」の概念がタウラーの人間学に認められる」[9]と述べている．

さて，タウラーは，人間を次の3重の層より構成されるととらえる．

ここで次の三者に注意しなければならない．（中略）第一は身体的な感覚

---

8) ルカ前掲論文「ヨハネス・タウラーの人間観」，234頁．併せて，金子前掲書，173-177頁も参照されたい．

9) ルカ編前掲書，182-183頁．併せて，金子前掲書，167頁以降も参照されたい．なお，エックハルトとルターとの関連については，同前書，57-65頁，84-85頁，R. オットー『西と東の神秘主義―エックハルトとシャンカラ―』（日野紹運ほか訳，人文書院，1993年），264頁以降を参照されたい．

および感性（die leiplichen synne und sinlikait）、第二は理性（die vernunfft）、第三は魂の全く純粋な実体である（ain lauter blose substantz der seel）[10]。

これら「感覚」・「理性」・「魂の全く純粋な実体」の3層が総合されてひとりの人間が形成されると考えられている。

　第一の人間は、外向的で動物的で感覚的な人間（der ausswendig vihlich sinnlich mensch）である。第二の人間は、理性的能力をそなえた内向的理性的な人間（der inwendig vernüfftige mensch mit seinen vernüfftigen krefften）である。第三の人間は、魂の最上の部分である心底（das gemüte, das aller überste tail der seelen）である。そしてこれらすべてが合わさって一人の人間を成す（dis alles ist ain mensch）[11]。

このようなタウラーの人間把捉のなかで「底」とは、「魂（ゼーレ）」を支える実体そのものであり、さらにその最上の部分たる「心底（心情）」（gemüt）へとつながる、人間内奥における最重要の「場」である。「「底」は、外界に向けられた感覚能力の活動や、事物の世界を概念化しながらもなおその世界に囚われている理性の活動の次元とならんで、人間の内面における第三の次元を示す。それは、もっとも深い場所、もっとも生き生きした場所を意味する。つまり、個としての人間が、神に向かって自己を超越することのできる、かの秘密の領域を意味するのである」[12]。「底」は「人間のあらゆる多様性、すなわち「感覚的」または「理性的」な諸能力を統合し、真の統一へと導くこと

---

10) Cl.＝*Luthers Werke in Auswahl*, hrsg. Von Otto Clemen, 8Bde. Berlin 1962-1967. この略記号の後、巻・頁・行の順に示す。Cl. 5, 307, 17-19. Cf. F. Vetter, *Die Predigten Taulers. Aus der Engelberger und der Freiburger Handschrift sowie aus Schmidts Abschriften der ehemaliegen Straßburger Handschriften*, Berlin 1910 (Nachdr. Dublin/Zülich 1968). S. 21. これは、1516年の「タウラーへの欄外注記」（Randbemerkungen zu Tauler）によるものである。この詳しい考察については、金子前掲書、180頁以降を参照されたい。
11) Cl. 5, 310, 21-24. *Ibid*., S. 348.
12) ルカ編前掲書、183頁。

ができる場」[13]なのであり、最上のもの・最深のもの・最奥のものとして、すなわち人間存在の「基礎」と考えられる。また「心底」は「底」と類義の関係語であり、「より深い魂の層あるいは能力、すなわち、様々な心的諸能力が交差する中心点」[14]をあらわしている。タウラーはこのような「底」が、すべての人間の「魂」の内にあまねくそなわると見る[15]。

そこで最大の問題は、神と出会い、交わり、神の恩寵を受け、最終的には「底」をも突き破って、神との「神秘的合一」としての自己超越を可能ならしめる場所たる「底」、タウラーによれば本来的に人間の内にそなわる、神への突破口たる「底」が、実際には厚く塞がれている現実にある。

タウラーは、人間には「外的な目」(uswendig ôgen) と「内的な目」(inwendige ôgen) との2種類の目があるというが、この内、とくに大切とされるのが「内的な目」である。

もしこの内的な目がなければ、外的な目と人間全体はひどく無価値で、悪い状態になり、人間は家畜か獣に過ぎなくなってしまうだろう[16]。

〔さて〕愛する子らよ、一体、どうして高貴な理性 (die edel vernunft)、内的な目が、これほどひどく盲目にされ、真の光を知覚できなくなってしまうのか。危険な害は、厚く硬い皮膚 (ein dicke grobe hut)、厚い毛皮 (ein

---

13) ルカ前掲論文「ヨハネス・タウラーの人間観」、234頁.
14) ルカ編前掲書、214頁.
15) ゆえにタウラーの場合、すべての人間にとって神への突破口、「高貴な人間」への通路は、内在的かつ潜在的に開かれていることになる.
16) タウラーのテクストには、クウィントによるものを用いた. J. Quint, *Textbuch zur Mystik des deutschen Mittelalters*, 2. Aufl. Tübingen 1957. なお先の F. Vetter によるものも適宜参照した. 邦訳は、綿密な注のついた E. ルカ編『中世ドイツ神秘主義 タウラー全説教集』全4巻(橋本裕明訳、行路社、1989-1999年)によったものの、文体は常体に改めた. 以下、クウィント版の頁の後に、邦訳の巻・頁を示す. S. 72. I. 58. なお、数多く内容豊かなタウラーの説教の内でも、本章で取り扱ったのは、原則として、このクウィント版に収められているわずか5つである. 次章ではさらに若干の説教を取り上げているが、フェッター版を用いたタウラーの説教全体にわたる詳細な研究は、今後の課題としたい.

dickes vel）が目の上を覆って起こったのである．この皮膚と毛皮とは，被造物への愛と指向（minne und meinunge der creaturen），あるいは自分自身または自分の所有物への愛と指向（si der mensche selber oder etwas des sins）のことである．そして人間はこれによって，世俗的な生活を送ろうとも，聖職者としての生活を送ろうとも，盲と聾になってしまったのだ[17]．

ここでは「内的な目」は「高貴な理性」[18]ともいわれているが，ともかくこの目を盲目にするのは，「被造物への愛と指向」もしくは「自分自身または自分の所有物への愛と指向」であり，これが硬く厚い「皮膚」や「毛皮」の比喩によって，きわめて形象的に示されている．さらに「内的な目」や「内面」（innerkeit），そして「底」を覆う「皮膚」に関するタウラーのリアルな描写は，次へとつづく．

子らよ，あなたがたは，人間がどうしても自分の「底」に入れないようになる原因が，どこにあると思うのか．それは次のところにあるのだ．つまり，多くの厚い，身の毛のよだつような皮膚（manig dicke grúweliche hut）が覆い，それらがまさに雄牛の額のように厚くなり（recht dick als ochsen stirnen），人間の内面を覆ってしまうために，神も人間もそのなかに入ることができなくなるのである．皮膚が成長して内面を塞いでしまったのだ．あなたがたは，実際に多くの人々が，熊の皮膚のように厚く，硬く，黒い，三十枚，四十枚の皮膚をもつようになる（drissig oder vierzig húte haben, dicker grober swarzer húte als beren húte）ことを知るがよかろう[19]．

「皮膚」がこの上なく厚く，硬く自己の「底」を覆っているため，神のみな

---

17) S. 72. I. 58.
18) ルカ前掲論文「ヨハネス・タウラーの人間観」，236頁以降を参照せよ．
19) S. 72. I. 59.

らず，自分自身ですら，この「底」へと入り込むことができないでいる．では，いったいこの皮膚とは，どのようなものか．

> それは意志〔自我〕を介して向かうすべてのことである（Das ist ein ieklich ding do du dich mit willen zu kerst）．すなわち，思いのままに話したり，行動したり，人々の好意を得ようとしたり，嫌悪の情にとらわれたり，高慢（hochmütikeit）であったり，我意を貫いたり（eigenwillikeit），神を無視して（ane Got）ものごとを楽しんだり，頑固（hertmütikeit）あるいは軽薄（lichtvertikeit）であったり，不注意な振舞いをしたりすることである．こういったものから，厚い皮膚と大きな妨げ（gros mittel）のすべてが生まれるのだが，それらは，人間の目を盲目にするのである[20]．

タウラーは，この点ではルターと異なり，すべての人間の「内面」に，神と出会い，交わり，最終的にはそこを通って神との一致をはたすはずの，まさしく神的な「底」を見出すのであるが[21]，しかし，その「底」は結局のところ，ルターと同様に，究極的にわたしたち自身のものを求めようとする「我に囚われた意志」，すなわち我執によって，「雄牛の額」かあるいは「熊の皮膚」のように，幾重にも厚く硬く塞がれてしまっているととらえられる．人間は本来的に，神との一致への通路を，ほかでもなく己れ自身の内奥にもちながらも，残念ながら彼らのほとんどはそのことにまったく気づくことなく，意志を外界へとばかり向け，のちに「高貴な人間」（ein edel mensche）と呼ばれる「真の自己の姿」を形作ることなく，ますます我執の虜たる家畜か獣に堕していくとタウラーは考える．ゆえに，タウラーにおいては，まずこの内なる「底」の存在にわたしたち自身が気づき，次に，これを厳重に塞ぎつつある厚く硬い生きた「皮膚」や「毛皮」の動きを，つねに日常生活の

---

20) S. 72. I. 59.
21) 自己の内に神的なものをはっきりと認めるタウラーと，そういったものを一切認めないルターの人間観のあいだには，やはり大きな違いがあることは間違いない．W. v. レーヴェニッヒ『ルターの十字架の神学』（岸千年訳，グロリヤ出版，1979年），190-201頁を参照されたい．

直中において刻々と感じ取りながら，この自覚の瞬間のなかで，身の毛のよだつような「皮」を一枚一枚と剥がし取ることが，絶対の要請となってあらわれてくるのである．そして人間は，この痛切な苦しみに満ちた生の道を生き抜くことのみを通じて，自己の最深の内なる「底」へと徐々に沈み込み (versinken)，そこでついに「底」をも突破して，神の「無」(nicht) と溶け合うことになる．こうした人間の実人生全体にわたる過程が，タウラーにおいて「底」へ還帰する人間の姿として描かれるのであるが，この生々しく動的な過程を，もう少し詳しく見てみよう．

　タウラーが「魂」の導き手 (lebmeister) としてたびたび強調するのは[22]，自らの「底」を現にいまも覆いつつある「皮」たる我執の存在を，わたしたちが苦しみとともに自覚し，「神に対して謙遜に自分の罪を告白し，さらにできる限り自己を改めよう (besserende) という意志を持てば」[23]，その人間は救われるという点である．「底」の塞がれた自己の在り方を，自らが改め，「底」へと還帰しようとする意志的な努力 (streben) の可能性ならびに必要性を，タウラーは繰り返し力説する．しかし，依然として多くの人々は「底」の存在そのものをも知らず，眠り込んだままであり，自らの偶像 (abgot) を捨てようとはせず，さまざまな事物から作りだす感覚的，知的な像 (bilde) に捕らわれているあいだに，「皮膚」は彼らの「内なる目と耳」の前に垂れ，「理性」もまた暗闇に包まれていく[24]．こうした人々に，「底」への還帰を強力に促すことが，説教家タウラーにとっての最大の課題なのであった．「魂」の導師たる彼の教えの中心は，「汝の底を知れ」[25]というところにこそあり，人々を「底」へと導き，最後には「底」を突破して，神との「一致」(ウニオ) に至らしめようとするのが，その根本のねらいである．

　子らよ，この「底」については，ほとんど知られていない．（中略）それ

- [22] S. 73. I. 60. 189. 参照.
- [23] S. 72. I. 59.
- [24] S. 72. I. 59.
- [25] Cf. I. 183.

1節 「底」への還帰

は，思考の内にも理性の内にも存在しない．しかし確かなことであるが，つねに自分の無の悟りを目的とし，熱心にそれに達しようと努めれば，大いに救われることとなるのである．なぜなら，熱心な修練〔修業〕によって，人間は最後には形を与えられて本質的なものとなるからである（flissig übunge die machet ze lest formelich und weselich）[26]．

タウラーは，主イエスの言葉「無くてはならぬものは一つだけである」[27]を解釈して，「その一つとは，あなたが自分自身では全くの無（nicht）であり，その無だけがあなたの所有であること，あなたが何であり，本来何者であるかを認識すること（was du bist und wer du bist von dir selber）である」[28]と語る．ゆえに，タウラーにとって「底」の認識とは，真の自己を認識することにほかならず，さらにその自己とは，自らの「底」における「無」としての自己認識を意味する[29]．人間が完全に我執から「離脱」（abegescheidenheit）して，自己の内にあってもはや自己のものではない「底」に還帰していくとき，彼は「無」の「深淵」（abgrúnde）の内に沈み込んでいるのであり，このなかで，創造されることなき永遠の神の「深淵」，すなわち「無」と融合し，合一するのである．

友よ，沈みなさい．「底」へ，あなたの無へと沈みなさい（Lieb, entsink, entsink in den grunt, in din nicht）[30]．

タウラーによれば，「底」へと絶えず還帰していくこのような生き方こそが，神に自己を真に委ね切った（in rechter gelossenheit）[31]，謙遜なる(フミリタース)キリスト

---

26) S. 73. I. 61.
27) 『ルカによる福音書』10章42節．
28) S. 73. I. 60.
29) Cf. I. 55.
30) S. 74. I. 63.
31) S. 76. I. 65.

者の生にふさわしきものである[32]．

この真に自分を低くした人々は，神聖な内なる深淵に (in das götlich innerlich abgrúnde) 沈むのである．子らよ，それによって彼らは，正しいまことの自己喪失において (in rechter worer verlornheit)，完全に自己を喪失するのである．「Abyssus abyssum invocat. 深淵は深淵を呼び込む」のである．創造された〔人間の〕深淵 (das geschaffen abgrúnde) が〔神の深淵を〕自分の内に招くのは，自己の深さゆえ (von siner tieffe wegen) なのである．自己の深さと自己の無の認識は，創造されない開かれた深淵 (das ungeschaffen offen abgrúnde) を自己の内に引き入れ，そしてそのとき，一方の深淵は他の深淵に流れ，そして両者は唯一の一となり，一方の無はもう一方の無と一致するのである (und do flússet das ein abgrúnde in das ander abgrúnde und wirt do ein einig ein, ein nicht in das ander nicht)[33]．

しかし，こうした自己認識，すなわち「底」へと還帰するなかでの「無」の悟りは，決して単純な思考や「理性」によってなしうるものではなかった．そこでタウラーがもっとも重要と考えたのは，生活実践の直中で，これを実際に内的にも外的にも，思索するより現実に実行していくことであり，つまりは熱心な「修練」(úbunge) なのであった．生涯にわたる「修練」の過程を通じて，人間は「底」へと還帰し，「神との合一」もしくは「高貴な人間」の完成をはたしていくと彼は見たのである．いついかなるときにおいても，絶えず自己の「底」を見つめ，「底」へ還帰していくことの必要をタウラーは訴える[34]．それは日常生活において，わたしたちが真に目指し求めているものを徹底して自覚することによって，厳格な自己批判を行うことを意味している．

---

[32] Cf. I. 185.
[33] S. 76. I. 66.
[34] S. 73. I. 61.

誰でも，日々，しばしば自分の「底」を覗いて，〔「底」に〕刻まれたしるしを確かめねばならない（sehe ein iegliches in sinen grunt tegeliche und dicke waz sin überschrift si）．つまり，自分が何をもっとも愛し，目指し，求めているか，何がもっとも自分を慰め，喜ばせ，感動させうるのか，何が自分の心のなかで，もっとも頻繁にあるいはもっとも多く意識されるか，神とすべての神聖なもの，すなわち神の友人や神への奉仕がどれほど自分に愛されているか，あるいはそれらがどのように自分に受け入れられているか，どれほど自分の「心底」が神に向いているか（wie ime sin gemüte zu Gotte gekert si），そして自分の意志，または生活の方向，生活態度，言葉，業がどこに向かっているか，さらに自分自身に対する態度がどのようなものであるか（wie ime selber zu ime selber si），などを確かめてみなければならない．つまり，自分が内的，外的に味わい楽しみとしているものは，神的なものよりも，むしろ自分の楽しみ，自分の利益，自分の慰め，自分の名望，自分の長所，自分の友人，自分の富，自分の満足ではないかどうかを確かめてみなければならないのである[35]．

こうした「汝の底を知れ」といわれる大変厳しい自己吟味を，日常の業をはたすなかで絶えず自分自身に課していくことこそ，タウラーのいう内面的「修練」の内実であり，この「修練（ユーブング）」によって，「底」を厚く硬く塞いでいた我執の「皮」は，刻一刻，一枚一枚と剥ぎ落とされ，人は「底」へと，「無」へと，「深淵」へと還帰し，「神との合一」を目掛け，「高貴な人間」の完成を目指して，よりいっそう深められていくのである．

2節 | 業においてはたされる責任

タウラーにおける「底」への還帰が，絶えず日常生活での業をはたすなかで

---

[35]　S. 97. I. 120.

実行されるべき性格のものであることから、当然彼はこの日常の業や労働に、きわめて大きな積極的価値を見出すことになる[36]。この日常の、とりわけ世俗の業(ヴェルク)もしくは労働(アルバイト)のなかで、繰り返し「底」への還帰が要請され、翻ってこの「底」への還帰は、再び日常の労働に跳ね返り、これをより一段と完成されたものとしていく。行いと「底」への還帰との、こうした生涯にわたって段々と深まりゆく相互不可分の往還運動のなかで、人はさらに「高貴な人間」へと形成されていくと考えられる。そこでタウラーは、この「高貴な人間」の形成と完成へ向けた、内的な自己吟味および外的な業における必死の「修練」こそ、神の前における人間に課された最大の責任と見るのであり、要するに、ここでは人間の全生活が、「高貴な人間」の完成へ向けた陶冶の過程にほかならず、この自己陶冶そのものこそ、神から自己に課せられたもっとも大きな責任ととらえられる。だが、タウラーにおいて、この自己陶冶は、あくまでも業を通じてはたされる点を看過してはならない。彼において、「高貴な人間」へ向けた自己陶冶という重い責任は、あくまでも日常の業と労働の直中で「底」へと還帰しつつ、文字通り業を修める「修業」として、刻々にはたされていくのである。

彼は「もしわたしが司祭でなく、修道院で生活していないなら、靴を作ることができるのを偉大なことと思い、その仕事を誰よりも上手に行いたいと思うだろう。そして自分の手で喜んでパンを稼ごうとするだろう。子らよ、足も手も、目であろうとしてはならない。各々は自分の役目がどれほど地味なものであろうと、神が当てて下さった役目をはたすべきである。別の人々にはそれができないのかも知れないのだから」[37]と語る。ここでは世俗の労働の価値がきわめて高く評価され、それが神から与えられた神聖な役目もしくは「務め(職務)」(amt)であるとされている。

---

36) ルカ前掲論文「ヨハネス・タウラーの人間観」、246頁およびM. ヴェーバー『プロテスタンティズムの倫理と資本主義の精神』(大塚久雄訳、岩波文庫、1989年)、96頁以降、113-114頁の指摘を参照されたい。
37) S. 83. III. 19.

いかなる業も小さすぎることはなく，どの技術もつまらぬものではない．すべては神から来るものであり，特別な恩寵なのである[38]．

タウラーは，まさにルターを先取りして，日常生活におけるあらゆる業に，神から賦与された超越的意味を見出し，これに大きな価値を置く．しかも，これらの業はすべて，隣人ができないことを隣人のために代わってなそうとする「活動的愛」(wúrkliche minne)[39]に発するものと明確に考えられている．なぜなら，「隣人の益となるように，修業し，働き，努力しなければ，神の審判のときには（その責任を）厳しく問われる」[40]から．タウラーは，こうした信念に基づき，隣人の益のためになされるすべての業を，神の前での聖なる責任ととらえるのであるが，しかし，この業は，もとより「高貴な人間」へ向かっての自己陶冶的性格を本質に有するがゆえに，より重要な意義をもつことになる．否，むしろタウラーに即して見れば，業そのものが本来的に自己陶冶的な意味をもつとされるがゆえに，業においてはたされる責任は，きわめて大きな価値を有するのだといっても過言ではなかろう．そしてタウラーにおいては，内的および外的な「修練」を，全生活にわたって真剣にはたそうと努力し，この「修練」を積んだ者のみが，はじめて真の「活動的愛」をもって，隣人の益のために働くことができるのである．

> 人間は（神の霊によって）与えられる善い有益な修業 (gute nútze úbunge) を果たさねばならず，心配は神に委ねるべきである．また自分の業を大いに慎重に，静けさのなかで果たすべきである．そして自分自身にとどまり，神が自分の内に来られるようにし，「心底」をしばしば内に向け，深く沈潜しつつ一心に内を覗き込み，自分のなかの何が自分を業へと追い，

---

[38] S. 83. III. 19.
[39] これはルターの隣人愛 (Nächstenliebe) に相当するものと考えられる．エッケベルトによれば，「タウラーはこの「行動的な愛」の価値を押し進めて，さらに道徳学にまで到る．徳の修練（ここでは中世ドイツ語で言う仕事〈アルバイト〉）は人間を道徳的存在へと高め，その人格を形成する」（エッケベルト前掲書，133頁）．
[40] S. 83. III. 19.

駆り立てるか (was in jage oder tribe zu dem werke) を認識すべきである[41]．

業をはたすなかで，絶えずその業が，いったいいかなる「動機」に基づいてなされているかを，徹底して自己の「底」に立ち戻って問いただすことを，タウラーは要求する．そしてこのように，再三再四「底」へと還帰しつつ業をはたすなかで，その人間は神から認められた真の「徳」(tugent) を身につけていく．タウラーは，こう力説する．

> 子らよ，人間はこのように諸徳において自分を磨く (üben in tugenden) ことを学ぶべきである．熟達するためには，あなたは自分を磨かなければならない (Wan du must dich üben, solt du kunnen)．あなたは自分が働かないのに，神があなたに徳を注がれることを期待してはならない．わたしたちは徳の修練をしない (ungeübten tugenden) 人間の内に父と子と聖霊が流れ込むと決して信じてはならない．内的または外的修練によって徳を獲得したのでないなら，わたしたちはその徳を高く評価することはできないのである[42]．

タウラーにおいて「徳」とは，内的には専心して「底」を凝視し，また外的には隣人の益のために業をはたしていく「活動的愛」の「修練」によって，その人自身に自ずとそなわっていくはずのものであり，こうして絶えず自分を「磨く」(üben) ことによって，また神からも与えられるものと考えられている．

> 修練は内面と外面〔の両面〕で行われなければならない (inwendig und uswendig must geübet sin)[43]．

---

41) S. 83. III. 20.
42) S. 83. III. 21.
43) S. 83. III. 22.

このようにタウラーは,「髄と骨を通じて」(marg und bein durch)[44] 内的かつ外的に徹底して自分を磨き上げ,「徳」を身につけ, 最終的には「高貴な人間」へと自らを完成させていくことを, そもそもキリスト教的人間における最高の責任ととらえる.「高貴な人間」の完成へ向けての自己陶冶そのものが, タウラーにとって, 神から人間に課せられた, じつは唯一の責任を意味するのであり, 同時にかつ根本的に, この責任は, つねに隣人の益のためになされる「活動的愛」に基づいてなされる日常の業や労働の直中で, 絶えず「底」へと還帰しつつ, 内的および外的の「修練」を通じてはたされると考えられていることが, 明らかとなる.

3節 |「高貴な人間」の陶冶

　タウラーは「人間は誰でも, 神から受けたものを, できるかぎり神から受けたままに隣人に渡すべきであり, そうしなければならない」[45] と語る. 神から頂いたものは, できるだけそのまま隣人に渡すべきであるとする彼にとって, それは行いとなり, 業となり, 労働となって具体的にあらわれてこなければならない. このようなキリスト教的人間の生は, 前章でも見たように,「活動の生」と呼ばれてきたが, しかし, タウラーは, この「活動の生」においてしばしば自己の「底」へと還帰することを要請するのであった. そこで「底」への還帰とは, 一心に集中して, あらゆる業へと自分を駆り立てる「動機」に対して, 徹底した自己吟味を加えることを意味していた. さらにこれは, タウラーにおいて, ますます深まりゆく「底」への,「無」への,「深淵」への沈潜を指していたが, このような生もまた従来「観想の生」と呼ばれてきたものである. いい換えれば, タウラーは, キリスト者の「活動の生」においてたびたび「観想の生」へと立ち還ること, そして翻って「観

---

[44]　S. 83. III. 23.
[45]　S. 83. III. 19.

想の生」は,自らの「底」をより純粋なものへと醇化して再び「活動の生」となり,絶えず現実の隣人との交わりの世界に戻っていくことを熱心に語り,このような生涯にわたる「活動の生」と「観想の生」との一体となった,きわめてダイナミックな相互循環的還帰の生こそが,キリスト教的人間にもっとも相応しい生き方であるとして,これを力強く繰り返し訴えつづけたのである[46]. そして,こうした内的および外的「修練」の過程で,キリスト教的人間は刻々に「高貴な人間」へと形成・陶冶されていくと考えられたわけである.

ここでタウラーのキリスト教的人間観は,人間の全生涯および全生活にわたる「高貴な人間」を目指しての「修練」をその本質的性格とし,これを生の究極目的ととらえるために,あらためて自己形成的で陶冶的な性格を基底にしているといいうるであろう.彼においては,この「修練」が,まず神から自己に課せられた課題(アウフガーベ)であり,同時にこの課題に対して,内面そして外面の「両面」で精一杯に応えていく(アントヴォルテン)ことのみが,キリスト者の最大限の責任(フェアアントヴォルトゥング)なのであった.そして人は,この責任に応えることだけを通じて,「高貴な人間」へと陶冶されていく.しかしながら,この陶冶の道のりは,そうたやすいものではない.タウラーによれば,この陶冶の過程とはすなわち,ルターと同様に,キリストに倣う生(イミターチオ・クリスティー)そのものでもなければならないからである.

あらゆるこの世の苦難に直面して人間は,その苦しみのなかで「あなたはもっとも愛すべき模範である我が主イエズス・キリストに従わなければならない」[47]とタウラーはいう.たとえば次章で取り上げる「聖なる狩り」(divina venatio)の比喩において彼は,人が他者からいとも厳しい言葉や業によって激しく攻撃されたとしても,その攻撃は,神が人間を「高貴な人間」へと駆り立てる「狩り」(jagen)にも似たものであると語る[48].さなが

---

46) 当時タウラーは,法悦的な偽神秘主義者たちとの対決の必要もあり,とりわけ「活動的愛」をともなった実践的「活動の生」の意義を,いたるところで強調する必要があった.ルカ編前掲書Ⅰ,6頁,エッゲベルト前掲書,128頁以降を参照.
47) S. 77. II. 119.
48) S. 77. II. 119. Cf. I. 211.

ら1章3節で見たオリゲネスのごとく，わたしたち自らが不可避的に体験せざるをえないすべての苦難や苦悩は，「狩人」である神から来るものであって，またそう受け止めるべきであって，総じてこうした「試練」(anvechtung) は1つ残らず，わたしたち自身をキリストに似た「高貴な人間」へと形成するのに資すると考えられている[49]．しかし実際，この道のりにははてしない困難が横たわっている．

あなたはさらに高貴な人間にならなければならない (solt du ein edel mensche werden)．実にその段階まではなお無限に遠く，あなたはなお多くのことを乗り越えていかなければならない[50]．

にもかかわらず，人間は「高貴な人間」へと自らを陶冶すべく神からの絶対の要請と責任の前に立たされており，また「底」へと還帰しつつ努力するなかで，「高貴な人間」へと形成の途上にある人間は，ほかならぬ自身の内なる「底」に，キリストへと，神へと，神性 (gotheit) へと自らを生成・突破していこうとする根本衝動を内蔵しているのである[51]．そもそも「底」とは，このような内奥からの自己形成を可能とする概念と考えられる[52]．ゆえ

---

[49] S. 80ff. II. 123ff.
[50] S. 77. II. 119.
[51] ルカは，タウラーの人間観の特徴を的確に，こう把捉している．「タウラーの人間像は，人間と神の関係がそうであるように，静的なものではない．彼の全教説に共通する特徴は，段階的および上昇的というかたちでの展開である．その説くところは，知識と徳によって得た現在の安定を突破し，慣れ親しんだものを突如超越してしまうことであり，破り開いて，神に近い新たな領域に突入することである」(ルカ編前掲書I，251頁)．ルターと同様，タウラーにおける人間にも，完成はありえない．だからこそ彼は，完成に向かって日々不断の「修練」を必要とする．
[52] 人間の内に神的なものを認めるタウラーの人間観は，これを根拠として，神へと近づく「高貴な人間」への，自発的連続的展開もしくは教育を，原理的に可能にすると考えられる．換言するにそれは，「キリストとの同形化＝一致」(Conformitas Christi) を可能とする原理である．この点は，ルターと対照をなす．金子晴勇によれば，「タウラーは神に向かう人間の働きとしての「シンテレーシス」(synteresis) とか「心情」(Gemüt) あるいは「魂の根底」(Seelengrund) を想定しており，たとえ微弱であってもこれに基づく何らかの人間的な作用によって，同形化

に，タウラーにとって「高貴な人間」とは，この「底」から湧き上がる力に依拠して，キリストに倣う「真の自己の姿」へと，不断に自己を形成する人間であるともいえるだろう．こうして彼は，あらゆるすべての苦しみを神からの「試練」（十字架）と受け止め，この苦悩のなかで絶えず自らの「底」へ還帰し，「底」の力に拠って自己を形作ることを，「主の受難によって自己を形成する」といいあらわしたのである．

    十字架の下に身を屈しなさい（undertrucke dich under das cruze）．その十字架が，外から来るものであれ，内から来るものであれ，そうしなさい．あなたの不遜な「心底」（din hofertig gemute）を主の茨の冠の下に屈し，内的かつ外的に，あらゆる方法によって真の自己批判を行い（in wore verkleinunge din selbes in allen wisen inwendig und uswendig），〔「底」へと還帰し〕服従する「心底」を自分のものとし，十字架につけられたあなたの神に従いなさい．なぜなら，あなたの偉大な神は，同じように無となられ，ご自身が造られたものによって裁かれ，十字架につけて死なれたからである．このことを心にとめて，あなたは，辛抱強く耐え忍び，全き謙遜を身につけながら，主の受難によって自己を形成し（dich in sin liden erbilden），受難のなかに入り込みなさい．実に人々はそれをしていないのである[53]．

    が創始されると考えている．ルターはこれらの哲学的な人間学の概念を改造することによって，つまり「シンテレーシス」を「良心」に，「心情」を「心」に，「魂の根底」を「霊」にそれぞれ換骨奪胎することによって，それらをキリスト教信仰に相応しいものとなしている．こうしてタウラーとの違いが明らかになってくる」（金子前掲書，251頁）．ルターも『ローマ書講義』のなかで，「キリストとの一致」を説くのであるが，それはタウラーら神秘主義による「実体的な「合一」（unio）ではなく，両者の人格的な「交わり」（communio）が考えられている」（同前書，257-258頁）．シュタウピッツの神秘思想との比較でも，両者の共通点が「キリスト神秘主義」にあり，ルターが義認論の立場にあることから，神やキリストとの存在の類似性による合一が退けられ，あくまでも不類似間の逆対応的合致が説かれている（同前書，159-160頁参照）．

[53] S. 75. I. 63f.

そして，むろんタウラーは，キリストの受難の「追体験」によって形成された自己にもたらされる実りが，その人の生活と習慣と業となってあらわれでる点を強調する．

> この実り（frucht）は，（キリストに）ならう生活から生じるべきであり，生活（leben），すなわち習慣（sitten）と業（werken）において認められるべきである[54]．

キリストに倣う生が，隣人とのかかわりのなかで，つねに愛をともなった行いとなってあらわれてくるはずのものであることを，タウラーは何度も繰り返す．キリスト教的人間の生を，自己の内面への静的な沈潜としてだけとらえるのでは決してなく，あくまでも現実の自己は隣人や他者とのかかわりのなかにあるものとして，絶えずこの交わりへと業となって立ち還っていくととらえるところを，タウラーにおいて見逃してはならない．

＊　＊　＊

以上，タウラーにおけるキリスト教的人間の責任とは，まずは自己自身の「底」の存在を知り，この「底」へと還帰するところに求められる．それは根本的に，ほかならぬ自分自身に対する責任である．自己の内なる最上，最深，最奥のものであって，そこで神に向かって自己を超越していくはずの，聖なる「場」としての自身の「底」に対する責任である．この「底」へと絶えず還帰し，さらに究極的には神との神秘的合一に至ることが，神秘家タウラーにおけるキリスト者の唯一の責任である．己れの「底」へと還帰し，「底」において神と出会い，ここで交わる神に「わたし」が応答すること．そして，徐々にこの「わたし」は，「底」の「深淵」へと沈み込み，そのなかで段々と「わたし」は溶け去り，最終的にはもはや「像（表象）」（Bild）[55]

---

54) S. 75, I. 63.
55) わたしもしくは我(エゴ)の存在によって，これに対して（gegen）「像(ビルト)」はあらわれる．

を完全に超えた「無」としかいいようのない神性と「一」になること．こうしたことを，キリスト者自身の「底」に住まう神への応答・責任として語るのが，タウラーである．そこで彼は，このための飽くなき不断の努力的「修練」を強調してやまないのであった．

しかし，彼によれば，本来的にすべての人間がこの神の「底」を自らの内にそなえており，また人はこの己れの「底」を見出し，ここに還帰することなくして，真の満足も安らぎをもえることはできないがゆえに，人間はこの「底」へと自発的に駆り立てられていくという．

> 内的で高貴な人間は，神性の高貴な「底」から生まれ，高貴で純粋な神の像に従って形成されている．彼はそこへ再び戻るように招かれ，呼ばれ，そこへ引かれるのである．（中略）人間はいくら外的事柄に向かい，さ迷おうとも（「底」における神へと）永遠に誘われることを感じ，たとえ回り道をしても，神以外のどこにも休息も安息も見いだせない．というのも，これ（「底」における神の発見）以外，地上の何物も人間に満足を与えることができないからである．そしてこの不安定は人間を，彼がそれを意識しなくとも，つねに自己のもっとも内的なところへと駆り立て，引き込んでいくのである．（自然の）すべての事物が目標に達するまで絶えず動いていくように，人間（の努力）の目標もまた，そこのみにあるのである[56]．

「底」への還帰こそは，キリスト教的人間の生の究極目標であって，これを実現していくことが，彼の内なる神の「底」に対する責任である．だが，この責任は，自己の全く外から突きつけられた要求では決してない[57]．それはあくまでも，自己の最深の「底」から自ずと湧き上がってくる，「不安定」から「安息」を翼っての，むしろ生来的な欲求とすらいえよう．3層の総合

ゆえに，わたしを離れ我を滅却したとき，「像」も「形」（form）も超越される．
56) ルカ前掲論文「ヨハネス・タウラーの人間観」，240頁．F. Vetter, *op. cit*., S. 25.
57) 「律法」という神の言葉を根本契機として，絶対他者としての神から人間に対して突きつけられてくるルター的責任とは，この点できわめて対照的である．

においてとらえられたタウラーの人間観によれば，そのすべてを統合するもっとも重要な「基礎」である「底」[58]を源泉として湧き出てくる根本衝動である．

　ゆえに，このような内なるいきいきとした駆動力に拠って，「底」への還帰は，キリスト教的人間にとってはあくまでも自発的な責任となる．「底」への還帰は，その「底」自体の本質的性格によって，自己から発し自己の本源へと還る，純粋に自己発生的な責任といえるのであり，この自発的な駆動力に従って「底」への還帰を行い，すでに「高貴な人間」となった者にとっては，実際すでに「責任」という対自化された意識すらないものと考えられる．

　しかしながら，この責任の意識をもはや有することなく，つまり「底」への還帰によって「高貴な人間」を形成していくことを，自己に課せられた最高の目標と据えることなく，自ずとこれを完全にはたした人間とは，すでに完成された人間であって，逆に彼はもはや現実に生きる生身の人間ではない．2章1節で見たニュッサのグレゴリオスのように，わたしたちはみなが すべて，あくまでも完成への途上にあるのであって，だからこそ「修練」が不可欠なのである．

　そこでタウラーが力説したのは，日常の業や労働のもつ陶冶的意義であった．彼は，人間が実際に生きることを，隣人との業を介したかかわりにおいて生きることと同義にとらえるため，人が絶えずこの行いのなかで自己の「底」に還帰し，また再び行いへと立ち還るべきことを繰り返し説いたのである．隣人に対してつねに何らかの業を行いつつある自己が，本当に求めているものは何であるか．自己がはたして汚れなき「底」に発して業を行っているか．こうした厳しい自己批判を，生涯にわたって不断に自分自身に対して課していくことが，次第に「底」を醇化し，人を刻々に「高貴な人間」へ

---

[58] タウラーにおいては，この3層が「底」を基礎として，正しく秩序づけられることが望まれている．よって，ごく端的にいって「罪」とは，タウラーによれば，この3層間の無秩序としてとらえられることになる．詳しくは，ルカ編前掲書Ⅰ，247-252頁の「補遺」を参照されたい．

と形成していくのだとタウラーは語ったのである．そして，こうしたタウラーの教えは，やがて6・7章で取り上げるルターにおける「罪」の自覚と隣人愛の実践としての教育へと，綿々と引き継がれていく．

畢竟するに，タウラーにおける「底」への還帰は，キリスト教的人間にとっては，何よりもまず己れに対する重い責任である．それは生涯の全生活にわたって，内面および外面の「両輪」がそろってはじめて前進・遂行しうる「修練」を通じてはたされ，これによってのみ彼は「高貴な人間」へと「真の自己の姿」へと形成・陶冶されていく．人間がこの世に生きることそれ自体を，ほかならぬ自己に対する陶冶責任に収斂させてとらえる点こそは，タウラーの最大の特徴と考えられる．だが，タウラーによれば，この責任はいかに大きくとも，自らの内なる「底」の力（底力）に拠って，わたしたちが必ずやはたしうる，またはたさざるをえない責任である．

5章｜タウラーにおける「聖なる狩り」

> *我が主があらゆる人間を狩られるのは，*
> *それがその人間にとって益であり，必要であるからだ.*

本章では，タウラーにおける「高貴な人間」の形成過程にあって，生々しい比喩としてしばしば登場する「聖なる狩り」（divina venatio）の実態を，以下3つの説教を材料として解明することを通じ，結論は終章に譲るとしながらも，スピリチュアリティとの関連による人間形成といった発想を喪失しつつある現代の教育に対して，若干の示唆をえておきたい.

テキストは，「イエスは出て行き，ツロの地方に行かれた」（Jhesus ging us und ging in die ende der lande tiri.）（Vetter, Nr. 9），「喉が渇く者は，私のもとに来て飲みなさい」（Si quis sitit, veniat et bibat.）（Vetter, Nr. 11），「私の肉を食べ，私の血を飲む者は，私の内に止まり，私もその人の内に（止まる）」（Qui manducat meam carnem et bibit meum sanguinem, in me manet et ego in eo etc.）（Vetter, Nr. 60f）である[1].

1節｜「イエスは出て行き…」における「狩り」

『マタイによる福音書』15章21節から28節の聖句（カナンの女の信仰）に関す

---

[1] E. ルカ編『中世ドイツ神秘主義　タウラー全説教集II』（橋本裕明訳，行路社，1991年），325頁. なお，本章で用いたテキストは，F. Vetter, *Die Predigten Taulers. Aus der Engelberger und der Freiburger Handschrift sowie aus Schmidts Abschriften der ehemaliegen Straßburger Handschriften*, Berlin 1910 (Nachdr. Dublin/Zülich 1968). 邦訳は，ルカ編前掲書によった. ただし，文体が常体にされるなど，改訳が施されている（傍点はすべて引用者）. 引用に当たっては，まずフェッター版の頁，つづいて邦訳の頁を記す.

る本説教では，神との一致をひたすら目指す人間，翻って神による「聖なる狩り」に狩られる（受動的）人間の有り様が，〈①「出て行くこと」(uzgan) —②「圧迫」(getrenge)・「狩り」(jagen) —③「一致」(einikeit)〉の3段階において語られていて，とりわけ中間の「圧迫」と「狩り」に重点が置かれている[2]．順を追って見てみよう．

まず①「イエスは出て行かれた」．どこからか．タウラーは，イエスが，律法学者とパリサイ人のなかから出て行かれたのだという[3]．ここでタウラーによれば，イエスとは，神とのウニオを目指すキリスト者．そして，律法学者とパリサイ人とは，この者が，必ずや超克すべき人間の2様態を代表している．すなわち律法学者 (schriber) とは「自分の知識を誇る賢者 (wisen)」であり，パリサイ人 (pharisei) とは「自分の霊的水準 (geistlichkeit) を誇る人々」であって，「両者とも自分のやり方に従い，自分の目論み通りに行動している」(die stundent uf iren wisen in iren ufsetzen)，要するに自己中心的人間である．両者とも，一見神にしたがう「霊的人間」のように見受けられるが，しかしそこには，「二種類の有害な底」(zwen die schedelichen grunde) が隠されており，この態度をもちつづける人々は，必ずや堕落するといわれる[4]．ゆえに，神との一致を目指す者は，この2つの「底（グルント）」を突き破り，自己の内なる真の「魂の根底」(Seelengrund) にまで至らねばならない．では，その有害な2種類の「底」もしくは「根底」とは，どのようなものであろうか．

さて，そもそも「根底」(Grund) とは，前章でも確認したように，沃土の低地や谷，やがて泉の湧き出る低地，さらに土台や地盤を示すものであった．が，これはやがてエックハルトやタウラーにおいて宗教的意味を帯びるようになり，「感性」や「理性」を超える「霊性」の次元を表現するために用いられ，「神の働く場」や「神の住まい」を意味し，ここで神の子の誕生や合一と合致が生じると説かれるに至った，すぐれて人間学的な概念であ

---

2) ルカ編前掲書，236頁．
3) S. 40. 238頁．
4) S. 40. 238頁．

郵便はがき

1 6 2 0 0 4 1

恐れ入りますが郵便切手をおはり下さい

（受取人）
東京都新宿区
早稲田鶴巻町五一四番地

株式会社　成文堂　企画調査係　行

お名前＿＿＿＿＿＿＿＿＿＿＿＿＿＿（男・女）＿＿＿＿歳

ご住所(〒　　－　　　)

＿＿＿＿＿＿＿＿＿＿＿＿＿＿＿☎＿＿＿＿＿＿＿＿＿＿

ご職業・勤務先または学校(学年)名＿＿＿＿＿＿＿＿＿＿＿＿＿

お買い求めの書店名

〔読者カード〕

書名〔   〕

　小社の出版物をご購読賜り、誠に有り難うございました。恐れ入りますがご意見を戴ければ幸いでございます。

お買い求めの目的（○をお付け下さい）
1．教科書　　2．研究資料　　3．教養のため　　4．司法試験受験
5．司法書士試験受験　　6．その他（　　　　　　　　　　　　　）

本書についてのご意見・著者への要望等をお聞かせ下さい

〔図書目録進呈＝要・否〕

今後小社から刊行を望まれる著者・テーマ等をお寄せ下さい

る．このような，人間が神と交わる「霊性」の次元において，いまだ律法学者は，「あらゆる事柄を理性的または知性的なやり方でとらえる理性的人間（die vernünftigen）」に止まり，パリサイ人は，「自分たちを善い人間と見なす霊的人間（die geistlichen）であり，自分自身を誇り，自分たちの目論みとやり方に基づいて生活し，あらゆる事柄に対して自分のやり方を変えず，そのなかで批評されたり尊敬されることを欲する」者たちである[5]．前者の「根底」は，空虚で無秩序のままであり[6]，後者の「根底」は，自らのやり方にしたがわないすべての人間に対する裁きに満ちている[7]．タウラーによれば，わたしたちのほとんどが，何らかの形で，これらの誤った「根底」に止まり，かつこれらの態度に支配されがちであるというが，とりわけ律法学者的様態の者が支配的であるとされる[8]．まずは，このような「根底」から，イエスは，すなわち神との一致を目指すキリスト者は，何としても出て行かねばならない．それでは，これら律法学者およびパリサイ人という悪しき「根底」を去って，イエス（キリスト者）は，どこへ行くのであろうか．

次に②，イエスは，ツロとシドンの地方に行った．すなわち，ツロとは「圧迫」，シドンとは「狩り」である[9]．ここが，この説教の中心である．では，「狩り」とそれにともなう「圧迫」とは，どのようなものであろうか．

　それはまさに，内的人間（心）が自己の本来の場である神に向かうことを望み，外的人間（体）を追いかけて狩るということである．しかし外的人間は別の道を走って行き，外的な性格に従って，自己の本来の場である低次の事物に向かおうとする．こうしてこれらの人間には分裂（zweiunge）が起こる．内的人間の所有は神であり，その願い，意志，意向は，神に向かっている．彼の本性がそれに傾いているから．しかしこれは外的人間の

---

[5] S. 41. 238-239頁．
[6] S. 41. 238頁．
[7] S. 41. 239頁．
[8] S. 41. 238頁．
[9] S. 42. 240頁．

本性には逆らうものであり、そこで争い（kriegen）が生じる[10]。

このように、ひとりの人間の内部において、「内的人間」(der indewendige mensche) と「外的人間」(der ussewendige mensche) とが、激しく相争う状態こそ、その人間が神から狩られていることであって、この「聖なる狩り」を通じて、彼は神との一致へと徐々に導かれていく。ゆえに、「神の霊によって狩られる人は皆、神の子ども」(alle die von dem geiste Gottes gejaget werdent, das sint die kinder Gottes)[11]であって、この「狩り」の本質が真に理解されるところでは、とても善い状態が生じるとされる[12]。

だが、「狩り」にともなう自己内部の分裂と争いには、同時に必ずや大きな「不安」(bandikeit) と、そして「圧迫」が生じざるをえない。しかし、この「不安」と「圧迫」に耐え抜き、自己のすべてを完全に放棄して、イエスに全身全霊を委ね切ることこそが、ここでは求められている。

> 人間がこの不安な状態に止まり、自分のなかでこの追い立てを知るならば、必ずイエスが来られ、きっと彼のなかに入られる。しかし人間がこの追い立てに従わず、この不安の状態に止まらないなら、イエスは彼の内に入られない。この追い立てにも、この不安にも従わないすべての人々は、決して進歩せず、彼らは（今の状態に）止まり続ける。それゆえ、彼らも彼ら自身に達せず、そのために自分の内に何があるのかを知らない[13]。

「聖なる狩り」による限りない「不安」と「圧迫」の直中で、自己のすべてをイエスに委ねざるをえなくなり（自己否定）、自己の被造物性に「無」(nicht) に成り切ったとき（自己放棄）、つまり「内的人間」により「外的人間」が克服されたとき、そのときイエスが主体となって、彼が逆に人間のなかに入り来る。すなわち、神によって完全に狩られる人間は、ここで完全に

---

10) S. 42. 240頁.
11) S. 43. 241頁.
12) S. 43. 241頁.
13) S. 43. 241頁.

受動の状態とされ，まさにこのとき，神が完全に能動となって，最後にようやく③の人間と神との「一致」が現生することになる．しかし，あくまでもここに至るまでの苦しみに満ちた過程こそをタウラーは強調するのであって，この全体が，「聖なる狩り」として明確にとらえられていたというわけである．

　以上，繰り返すまでもなく，この説教においてタウラーは，「聖なる狩り」を通じた人間の完全なる受動と，神の能動との同一性を語った．このなかで人間（キリスト者）は，皮相な自己の「根底」を突き破り，真の自己の「根底」，さらに神の「深淵」(abgrunde) にまで至ることによって，神とのウニオを成就する．そして，この姿こそが，人間の真の姿なのであり，自己の内奥には，必ずやこうした「底」抜けの「根底」たる，神の「深淵」と通底するグルントが存在するのだと，タウラーは語るのであった．しかしながら，そこに至るまでの「聖なる狩り」は，終生つづけられるべきものであり，その善き結末を，人間は最終的に「祈り」において祈願するほかない．

2節｜「喉が渇く者は…」における「狩り」

　「聖なる狩り」によって神から徹底的に狩られ，喉が渇き切った者は，はじめて主イエス（神）という源泉に突き当たり，ここより口いっぱいに平安という水を飲み，真に安らぐことができる．しかし，この平安の水が湧き出る源泉にたどり着くまでに，人間は，幾多の試練と困難とを経なければならない．これが，「聖なる狩り」の過程である．本説教においても，タウラーは，この「狩り」のプロセスを，〈狩りをする者―猟犬―獲物（鹿）〉，つまり〈神―この世と自分の体のなかの誘惑となる悪―信仰によって生きるキリスト者〉[14] という3項図式の巧みな比喩を用いて物語っている．

　まず，人間にとって「聖なる狩り」とは，あるいはこの「狩り」が否応なく体験させられるのは，いったいなぜか．「狩り」の真の目的とは．タウラ

---

14)　ルカ編前掲書，325頁．

一は，こう語る．

> 神が人間に狩りを体験させられるのは，（ご自身の）不思議な信心と大いなる愛ゆえからである（dis tut Got von wunderlicher truwen und grosser minnen）．なぜなら，鹿（である人間）は狩りによって神に達するものだからであり，（そうして鹿は）まことに完全な平和，真理，純粋な慰めへの渇きを得る[15]．

神による「狩り」は，じつはその「大いなる愛」よりなされていて，それは人間にとっての最高の幸福＝神へ至ることへの準備にほかならない．この過程で，神はさまざまな「猟犬」を，「鹿」に向かって，あえて放つのである．タウラーによれば，それにも〈初歩者―進歩者―完成者〉の3つの段階があるという．

はじめに，「まさしく鹿が犬に追われるように，初歩者はこの世に背を向ける最初の段階として誘惑に狩られる．人間が激しく追われる理由は，特に強く大きく粗野な欠陥をもっているためである．それ（欠陥）は七つの大罪のことである」[16]．ここで7つの大罪とは，伝統的に，「高慢」(superbia)というアダムの「原罪」(peccatum originale)を具体化したもの，つまり「虚栄」(inanis gloria)・「妬み」(invidia)・「怒り」(ira)・「貪欲」(avaratia)・「情欲」(luxuria)・「暴食」(gula)・「怠惰」(acedia)であり[17]，これらが初歩者を，容赦なく追い詰めるのだという．しかし，結果「私たちが激しく狩られれば狩られるほど，神に対する私たちの渇きと熱と望みは，いっそう大きなものとなる」[18]．このとき人間は，「大急ぎで我が主イエス・キリストの十字架と受難という木にまで走って行き，（鹿が行うのと）同様に，誘惑という犬の頭を（木にぶつけて）砕き割るべきである」[19]．このあたりのタウラー

---

15) S. 52. 158頁．
16) S. 51. 156-157頁．
17) ルカ編前掲書，325頁．
18) S. 51. 157頁．
19) S. 51. 157頁．

語りは，きわめて生々しく，具体的イメージに富んで，わかりやすい[20]．しかし，これで「狩り」が終ったわけではない．タウラーによれば，今度は小さな犬（誘惑）がやってきて，鹿（人間）の腹に嚙みつくという．「それら（小犬）とは，遊び仲間とか宝石，社交とか気晴らし，他人からよくしてもらいたい，などということ」[21]であり，その結果として，人間の心と内面世界は，散漫にされてしまう[22]．これら小さな誘惑は，はっきりとわかる大きな誘惑に比べて，より有害ですらあるのだが，まさにこうした数々の誘惑を経て，大小の犬に狩り立てられることを通じて，鹿たる人間は，神に対する真の渇きに引っぱられ，神へと強いられるのである[23]．

こうして，ようやく「鹿がこれらの犬のあらゆる攻撃を逃れ，水のところにやって来ると，口を大きく開いて水のなかに顔を入れて，完全に満足するまで精一杯水を飲む．同じように，人間も我が主の助けを得て，大きな犬や小さな犬の輩のすべてから解放されると，本当に渇きを感じて，神のところにやってくる」[24]．このとき人間は，初歩者の段階から進歩者の段階へと進み，有頂天の状態（jubilieren）に達するという．しかし，やはりこれで「狩り」が終了したわけでは，もちろんない．

神という源泉から，たっぷりと水を飲み，喉の渇きを癒した者たちは，今度は神に酔ったような状態に陥ってしまう．すなわち「彼は実際に酔わされ，神に満たされて歓喜にあふれ，自分自身を完全に忘れ，その結果，自分には奇跡を行う力があると思え，火と水と千本もの刀，それどころか刀の切っ先の間を，無傷のまま楽しげに通っていけると思い込む．彼は生も死も，楽しいことも辛いことも恐れない．それは，彼らが酔ってしまっているからである」[25]．だが，このような熱狂的・狂信的泥酔の状態は，またかえって

---

20) こうした点，タウラーはやはり詩人である（上智大学中世思想研究所訳・監修『キリスト教神秘思想史2―中世の霊性―』平凡社，1997年，572頁参照）．
21) S. 52. 157頁．
22) S. 52. 157頁．
23) S. 52. 158頁．
24) S. 53. 159頁．
25) S. 53. 159頁．

その人間の益には，決してならないとタウラーはいう．すると，「彼らが横着になりすぎたために，主は彼らの酔いを醒まされ，再び彼ら自身に戻そうとされるのである．そうなると彼らはじつに均衡がとれるようにされ，全く思慮深くなって，自分たちの（本来の）姿と能力を知るようになる．それは彼らが自分自身に立ち返った（die menschen kumment zu in selber）からである」[26]．

このようにして，ようやく「自分自身に立ち返る」とき，換言するに，自己の「魂の根底」に到達するとき，「そのとき（人間の）霊は，（自らの）全能力を超えて，寂しい荒地，すなわち，誰も言い表せない無形の善の隠された闇へと引かれる．そこで霊は導かれて，単一で無形の一における一のなかに入る」[27]．人間が，神による「聖なる狩り」を通じて，幾多の「離脱」（abegescheidenheit）を成し遂げ，神の「深淵」と1つの「無」に溶け込み，神との合一をはたした境地．これこそが完成者の様態である．

以上，この説教においてタウラーは，またしても「聖なる狩り」という，神の愛に発する困難と試練を通じて，ようやくウニオに至る過程に重点を置き，この有り様を，巧みな比喩を用いて語ったのであった．この過程では，ありとあらゆる誘惑や罪，要するに「悪」が，じつは「高貴な人間」の形成，すなわち「善」である神との合一に向かって，きわめて積極的に作用するのであった．つまり，タウラーにしたがえば，神の計り知れない御心のなかでは，1章3節で見たオリゲネスしかり，さらに15章でも同様に，「悪」は究極の「善」の生成に資する積極的価値をもつのだと考えられよう．そして，それはタウラーによれば，決して抽象的な認識であったのではなく，イエスが歩んだのとまったく同じ困難と試練が横たわる道，「悪」に満ち溢れる受難の道を，わたしたち人間が，各自の境涯において，イエスと同様「忍耐」によってたどること（イミターチオー・クリスティー）にほかならないのであった[28]．

---

26) S. 54. 160頁．
27) S. 55. 161頁．
28) S. 51. 156頁．

3節 | 「私の肉を食べ…」における「狩り」

本説教においても,「聖なる狩り」の隠喩が中心に扱われている.ここでは,人間が「野の獣」に,そして神が「皇帝」に喩えられ,獣は皇帝の放つ数々の「猟犬」すなわち試練によって狩られ,変容させられて,神との一致に向かうとされる.

こうして人間は,皇帝に捧げられるために野の獣が狩られるように,狩られるのである.獣は狩られ,多くの犬に引き裂かれ,噛まれる.それ(こうして狩られた獣)は,たやすく捕まえられた獣よりも,皇帝を喜ばせる.神とは,この狩りの獲物を食べることを望む皇帝を意味する.神にも自身の猟犬がいる.悪魔は多くの誘惑を用いて人間を狩り,至るところで,あらゆるやり方で,忍び寄る.(人間から)高慢や貪欲やあらゆる種類の不徳を引き出して,それを行うのである.そうすると,落胆や無秩序な悲しみが生じる[29].

人間は,神より放たれた数々の「猟犬」によって,自己の外からも内からも,ありとあらゆる方法で狩られ,やがては「落胆」(missetot)や「無秩序な悲しみ」(ungeordnete trurikeit)に陥る.しかし,それは人間がより多くの犬に引き裂かれ噛まれること,つまり幾多の試練を通過することを意味し,そのぶん彼は,徹底的に神より鍛え抜かれ,より自己から「離脱」し,神に近づく者に変容させられていることになる.「人間が自分に迫り来るすべてのものに狩られる場合は,謙遜と柔和と忍耐の状態に止まるべき」[30]であって,「愛する主よ,私と彼らを憐れんで下さい」とだけいうべきであ

---

[29] S. 312. 110頁.
[30] S. 312. 110頁.

る[31]．すなわち，こうした「圧迫」のすべてに耐え切ることを通じて神のなかへと逃れようとすることだけが，ここでは求められているのであって，この場合かえって「あなたは犬のようになって，(あなたに向かってくる人々に)噛みつかないように注意」しなければならない[32]．

> ・神・の・な・か・へ・と・逃・れ・な・さ・い（Flüch in Got）．雄鹿が追いかけ回された後に喉の渇きを感じるように，あなたも正しく真直ぐに（道を）走った後に，神への新たな渇きを身につけなさい．あなたはそのために狩られるのだ．我が主があらゆる人間を狩られるのは，それがその人間にとって益であり，必要であるからだ（Unser herre jaget einen ieglichen noch dem das im nütze und not ist）．あなたが柔和によって忍耐しつつ走るならば，あなた（の体）は不思議なほど柔らかくなり，我が主は（あなたを食べられて）なによりも美味と感じられるであろう[33]．

このように，ありとあらゆる「圧迫」，「落胆」や「悲しみ」は，じつはそのすべてが神から賜る有り難い「聖なる狩り」である．ゆえに，こうタウラーは語る．

> すべての被造物によって狩られ，正しく自己を放棄し，沈黙を守って，その狩りに耐えることは，断食や徹夜をしたり，祈ったり，刺つき服を着たり，千本の鞭を摩滅させるほど（激しく）体を打つといった，すべての修行を超えている[34]．

とりわけこれといった特別の「修行」（übunge）を求める必要などなく，ただ実人生を生きるなかで行われる「狩り」に耐えることだけが，その人間を，段階を追って徐々に神との一致へと導く．タウラーにとっては，すなわ

---

31) S. 312. 110頁．
32) S. 312. 110頁。
33) S. 313. 111頁．
34) S. 313. 111頁．

ちこの世に生きること=「聖なる狩り」の過程にほかならないというわけである．

しかし，タウラーによれば，この「圧迫」はたいそう苦しく，誰しもが自分のもって生まれた賢さ，すなわち「理性」(vernunft)を用いて，これから何としても逃れようとするという．この場合，自分自身を含めて，すべてが「猟犬」となり，自分が自分自身に吠えかかることになる[35]．しかし繰り返すまでもなく，この試練を耐えることなくして，神との一致はありえない．ここで彼は，徹底的に「無」となり，神の働きを受ける道具とならねばならない．

以上，この説教においてタウラーは，すべての「狩り」が，人間のために，神によって益であるように仕組まれてあること．そして，この「聖なる狩り」は，特別な「修行」の形態をとることなく，ただ人生を通じて，その人の外からも内からも迫り来る「圧迫」としてつねにあり，この試練に耐えることが，神との一致へと人間を導くことを強調する．

* * *

このように，中世ヨーロッパに生きたタウラーの，「高貴な人間」の形成過程，すなわち「聖なる狩り」による人間と神（キリスト）との一致（同形化）の様子を見るとき，彼らがいかに現代とは異なるスピリチュアリティあふれる世界に生きていたかを，わたしたちは思い知らされるであろう．

ところで，神や悪魔が確たるリアリティをもって語られていた当時にあって，タウラーが最大の問題としたのは，いついかなる時代にあっても，少なくともキリスト者にとってはなお深刻で不変の，人間の「我性」(eigenheit)すなわち「罪」(peccatum, Sünde)との熾烈な葛藤であるように思われる．

確かに，この「我性」や「罪」といった発想そのものが，「神」という超越の存在をすでに前提し，人間存在にとって普遍の問題とはいい切れないに

---

[35] S. 315. 114頁．

しても，人間が自分を超え出て，自己を他者の視点からとらえ直す能力を有する存在である限り[36]，絶えず人間は，「神」といわずとも，「他者」より自己を眺め，そこに「罪」という自己中心性を見出すと同時に，これを認識するがゆえに，この自己中心性から抜け出す可能性をも，自ずとそなえていると考えられないであろうか．そこで，こうした自分を超え出る可能性の場そのものが人間の内なるスピリチュアリティであると思われる[37]．タウラーの人間学は，まさにこうした霊性，すなわち絶ざる自己超越（自己変容）の物語の実り豊かな生成場面を，わたしたちに向けてなお語りつづけている．

しかるに，ポストモダンともいわれて久しい現代．「神」といった基礎づけはすでに喪失し，人間の危機といわれる現在であるが，わたしたちが混迷に陥りつつも，悪戦苦闘しながら生きつづけ，教育にかかわるさまは，またもや次の「猟犬」に狩られる新たな「狩り」の過程にほかならないのであろうか．そして，これがはたして「聖なる狩り」＝自己変容のプロセスとして，行く先に「神」との出会い（究極の目的）が待ち受けてあるのか．人間は，これを目指すべきか．それとも，これは単なる「戯れ」に過ぎず，人間はやはりただの「野の獣」に過ぎなかったのか．

畢竟するに，答えは，各自の内なる「魂の根底」，すなわちスピリチュアリティのみぞ知りうるであろう．これ以降は，もはや信仰の領域である[38]．

---

[36] 金子晴勇『心で感じる神』（教文館，2001年），141頁以降参照．
[37] 「霊性」とは，タウラーにとって，「神と交わる場所」にほかならなかった．ここにおいて，人間はこの世や自分を超えた，（「この世からの視点」ではなく）いわば「天からの視点」を有することが可能となった．人間がよりよく在って生きるためには，どうしてもこのような「天からの視点」が必要不可欠なように思われる．次章で見るように，ルターは，これを「神の前」（coram Deo）における人間として，「人々の前」（coram hominibus）もしくは「この世の前」（coram mundo）における人間と，はっきり区別した．いずれにせよ「ヒトを過剰なほど自己中心的にさせているこの脳に，自己を超越するための機構が備わっている」（A. ニューバーグ・E. ダギリ・V. ローズ『脳はいかにして〈神〉を見るか―宗教体験のブレイン・サイエンス―』茂木健一郎監訳，PHP研究所，2003年，246頁）ことは，確かである．
[38] わたしとしては，むろん「聖なる狩り」のプロセスと受け止めたい．

6章 | ルターにおける苦悩と人間生成

神は生かさんがために,
死ぬことを命じたもう.

「あなたがたをこのような完全性へと運びゆく最も足の速い動物は、苦しみである」[1]. 中世ドイツのスコラ学者にして思弁的神秘主義の代表者マイスター・エックハルトは、かつてこう語った. 3章で確認したように、苦しみすなわち苦悩（leid, leit）こそが、人間をしてその完全性（volkomenheit）へと至らしめる最大の契機となりうること. こうした考えは、エックハルトの弟子タウラーを介して（4・5章）、本章で取り上げる宗教改革者ルターへ. さらには、哲学者ショーペンハウアー（Arthur Schopenhauer, 1788-1860）やニーチェ（Friedrich W. Nietzsche, 1844-1900）.「苦悩する人」（Homo Patiens）で有名な精神医学者・臨床心理家フランクル（Viktor E. Frankl, 1905-1997）へと現代にまで貫流している. そのいずれもが、苦悩を、人間がよりよく生きる（レーベン）ということ、つまり（次章の）人間生成における重要契機としてとらえている[2]. その最たる人物は、やはりルターであ

---

1) 『エックハルト説教集』（田島照久編訳, 岩波文庫, 1990年）, 254-255頁. また次も参照.『エックハルト論述集（ドイツ神秘主義叢書3）』（川崎幸夫訳, 創文社, 1991年）, 184頁および265-266頁.

2) 宗孝文「苦悩と教育―阿闍世王の物語から―」（光華会編『親鸞と人間―光華会宗教研究論集1―』永田文昌堂, 1983年所収）および拙稿「宗教的なるものと教育」（京都大学教育学部教育学・西洋教育史ゼミナール論集『パイデイア』5号, 1996年所収）参照. とくにフランクルについては, 近年邦訳も多く出されているが, ここでは次のものを参照されたい. V. E. フランクル『意味への意志―ロゴセラピイの基礎と適用―』（大沢博訳, ブレーン出版, 1979年）ならびに『苦悩の存在論―ニヒリズムの根本問題―』（真行寺功訳, 新泉社, 1986年）. なお, 苦悩や苦難が, 自己変容（生命の喜び）をもたらす根本契機であることについては, 森岡正博『無痛文明論』（トランスビュー, 2003年）を参照されたい.

ろう．

　ところで，今日しきりに臨床教育学の必要性と可能性が唱えられ，これをめぐってさまざまな議論が行われてきているが[3]，そもそもここで「臨床」の原義に立ち返るとき，とりわけわたしたち教育にかかわる者には，人間として同じ人間の苦しみにいかに真剣に応えることができるのか，という問いが正面から突きつけられているといえるのではなかろうか．人間の生と表裏一体の苦悩に応答できる本当の「言葉」を，わたしたちの魂はつねに希求しているとも思われる．そして，この言葉を通じて，わたしたちはいつしか教育されている，あるいは「新しい人間」として生成せしめられているとは考えられないであろうか．

　まずは，このように臨床教育学をとらえようとするとき，ルターが語る言葉は，じつにそのほとんどが，個々の人間の苦しみに真摯に応えようとした成果であるように思われる．それは，現代の不安で希望を見失いつつある人々の心や魂にも，相変わらず有効な言葉であると考えられる．

　本章では，苦悩への応答を通じて人間の生成に寄与する臨床教育学のひとつの古典としてルターのテキストを取り上げ，結果として現代への若干の示唆をえつつ，あらためて臨床に深く根ざした教育学の原点を見つめ直しておきたい．

1節｜臨床教育学の本質

ルターのテキストへと入る前に，まずは臨床教育学とは何かについて一瞥しておくとしよう．

　結論を先取りしていえば，皆藤章が述べるように，「臨床教育学とはどの

---

[3] 和田修二・皇紀夫編著『臨床教育学』（アカデミア出版会，1996年），小林剛・皇紀夫・田中孝彦編『臨床教育学序説』（柏書房，2002年）参照．とりわけ『近代教育フォーラム（教育思想史学会紀要）』10号，2001年）には，「教育学における臨床知の歴史」と題したシンポジウム記事が掲載され，現代日本における議論の先端を知ることができる．

ような経緯で生まれた，どのような学問なのであろうか．これについては共通する見解はまだない」[4]．そこで，河合隼雄もいうように，「それぞれの臨床教育学があってもよいとも言える」[5]というのが現状であろう．確かに近年，臨床教育学さらには臨床教育人間学とは何かについて，多様な議論がなされてきている[6]．が，もっとも大切なのは，やはり「臨床」のもつ最初の意味であり，かつそれが教育へとつながる視点ではなかろうか．では「臨床」とは何か．

「「臨床」とは文字どおり「床に臨む」の意である．そしてその「床」とは，「死の床」である．つまり「臨床」とは，死の床にある人の傍らに座り，死にゆく人のお世話を意味することばである」[7]．皆藤は，ここでの「死にゆく」を，「現実とは異なる世界へと向かうこと」[8]ととらえている．つまり「「臨床」とは，人間がある世界から別の世界へと向かおうとする変容のプロセスに，現実とのかかわりを配慮しながらかかわる作業である」[9]．

さて，ここで「死」とは，文字通り生物学的な意味でのわたし自身そして隣人たちの最後の死をももちろん含意しながらも，わたしたち人間が日常を生きる過程で幾度となく体験する精神的・肉体的なさまざまの「危機」をも意味している．そして危機はつねに苦しみとともに訪れる．そして，わたしたちはこの危機に臨み，苦悩を通じて，これまでとは異なる「新たなわたし」へと変容，すなわち生成する．だが，これには「古いわたし」とそれが生きてきた世界への喪失感が自ずとともなうであろう．要するに，「異なる世界へと向かうことと，これまでの世界への喪失感ということ，これら人間存在の作業にかかわること，それが「臨床」なのである」[10]．

皆藤にならい，このように「臨床」をとらえるとき，彼もいうように教育

---

4) 皆藤章『生きる心理療法と教育―臨床教育学の視座から―』（誠信書房，1998年），1頁．
5) 河合隼雄『臨床教育学入門』（岩波書店，1995年），251頁．
6) 前掲『近代教育フォーラム』参照．
7) 皆藤前掲書，4頁．
8) 同前．
9) 同前書，5頁．
10) 同前書，7頁．

は臨床と深い関連をもってあらわれるといえよう[11]。人間存在の変容・生成のプロセスに臨み，その作業にかかわること，これぞまさしく人間の実存的な核心に迫る深い次元における教育という作業であると考えられる．ゆえに「「教育」とは，社会の様相をみつめながら，人間が「生きる（死ぬ）」という次元での営みに実践的にかかわり，人間が育つということ（生成）を，かかわる当人をも含めて体験していく人間の作業である」[12]．よって「「臨床教育学」とは，人間が生きることにかかわる領域であり，（中略）社会の様相との連関で，人間が「いかに生きるのか」を中心テーマとする学問であると言える」[13]．

以上，臨床および教育を，人間存在の生死をかけた深い次元で密接に関連するものととらえ，人間が「いかに生きるのか」というテーマに必然的に収斂したところに，「臨床教育学」が形成されてくることを確認した．そして，ここで一番大事なことは，人それぞれの「死の床」（危機）には，それぞれの苦しみが，人間生成への根本契機として介在している点である．とりわけ臨床教育学において「臨床の知」[14]について語る場合，とくにこのことを忘れてはならないであろう．あくまでも1人ひとりにとって固有の苦悩に実践的にかかわる作業（体験）から獲得される知，すなわち人の「痛み」を分かち受けること（「受苦」の経験）に根ざした知[15]．じつにそれは，もはや知恵

---

11) 同前書，6頁．
12) 同前書，7頁．傍点引用者．
13) 同前．
14) 「臨床の知」については，中村雄二郎『臨床の知とは何か』（岩波新書，1992年）を参照されたい．また前掲『近代教育フォーラム』，129頁以降の鈴木晶子「教育思想における臨床知伝承の可能性と限界」も併せて参照されよ．
15) 中村が鋭く指摘するように，近代的な制度化がもっとも進んだ病院と学校とにおいて，皮肉にも「受苦」は，その意味を一番奪われてしまった．「現在，病院とともに学校ほど人間的価値の制度化，つまり惰性的形骸化が深く進行しているところはない．たとえば学校では，ひとは，ただ教えられることと，進んで学ぶこと，ただ進級することと，積極的に能力を身に付けること，とを取りちがえている．また，医学文明は，まぎれもなく近代産業文明の一部をなし，それを体現しているが，その結果，人間の痛みを麻酔方法の発達によって操作可能な単なる技術の問題に還元してしまい，その結果，他人への思いやりの基礎となる受苦から，その固有の人間

に近いものであること.

　このように最終的には，人間の生死にかかわる知恵へと照準されざるをえない臨床教育学の本質について考えが及ぶとき，ここに痛みとしての苦悩へと，つねに苦しむ者とともに応答するルターのテキストが，まさにその古典的な言葉として浮上してくるというわけである.

2節｜苦悩への応答者としてのルター

　いみじくもエーベリンク（G. Ebeling）が述べたように,「人びとの魂への深い配慮は，マルティン・ルターの生涯と業績の一部分というようなものではなく，むしろ，その基本的次元と言うべきものである」[16].　また「魂への配慮について語ることが，これほど集中的に受け入れられ，積極的に用いられている例は，改革以前のドイツ語圏の著者のなかにこれに匹敵するものを見出すことができないほどである」[17].　メラー（C. Möller）もいう通り,「この改革者にとって，教会を教会たらしめるものは，説教と並んで〈魂への配慮をすること〉であった．この動詞 seelsorgen〔魂への配慮をするという動詞〕は，明らかにルターによる造語である」[18].　ただし，このゼールゾルゲ（Seelsorge）すなわち「魂への配慮」には，〈一般的な魂への配慮 cura animarum generalis〉と〈個人に向けられる特別な魂への配慮 cura animarum specialis〉の2つがあるが，ルターにとって，これらは相互に浸

　　的意味を奪ってしまった．こうして，威厳ある痛みに代わって人間にもたらされたものは，人工的に引き延ばされた，不透明で非人間化された生存でしかないのだ」（中村前掲書，210頁，傍点引用者）．もっとも「人間的」であるべき病院やとりわけ学校においてさえ,「目的と手段の取り違え，生きた知恵と形骸化された知識の落差」（同前）が現在ますます深刻化してきている．わたしたち教育関係者はいま，この問題への真摯な応答を求められているといっても過言ではなかろう．

16) C. メラー編『魂への配慮の歴史5 ―宗教改革期の牧会者たちI―』（加藤常昭訳，日本基督教団出版局，2001年），43頁.
17) 同前書，12頁.
18) 同前.

透しあい，互いに要求しあうものであった[19]．彼は宗教改革者である以前に，説教や著作や手紙，あるいは直接の会話といったさまざまな仕方を通じて，生涯1人ひとりのキリスト者の魂に配慮しつづけた牧会者なのであった．そして，ゼールゾルゲとはすなわち個々の臨床にあって，その苦悩に対する，真の慈愛と慰めに満たされた応答する言葉なのであった．

まず1520年に出版された『善き業について』（*Von den guten werckenn*）を取り上げてみよう．この書は，信仰（fides, Glaube）と行い（業）(opera, Werk)との相関について述べた，ルターの古典的名著の1つに数えられている．ここで彼は，真実の愛による行いを可能にする信仰をあらわし，さらに業の頭としてのキリストを信じる信仰という超越的次元へ至らしめる最大契機として苦悩をとらえている．

ルターにとって，そもそも本物の「善きわざ」とは，神の意志とぴったり一致し，これに純粋に適うことのみを自分の喜びとし，これだけで満足するような，自己には何の見返りも求めないような行いを意味している[20]．しかし，これはわたしたち生身の人間にとって，そうたやすいことではなく，神の意志を確信するだけの信仰，つまり神への根源的信頼が，その大前提とされる．神に対する疑念が内に少しでもある限り，神との一致はすぐに破れてしまう．破れた結果，人間は隣人に対して，真実の善き行いをすることは厳密には不可能となり，ここには究極的には自己の満足に帰結する偽善としての隣人愛と業が生起してくるほかない[21]．

---

19) 同前書，13頁．
20) 拙著『ルターとメランヒトンの教育思想研究序説』（渓水社，2001年）を参照されよ．
21) これは，教育という一見相手のために「善かれ」と思ってなされる行いの場合，注意すべきことでもあろう．厳密にその当人の内面を省察すれば，タウラーもいうように，底にはしばしば名誉欲や自己満足が巣くっている可能性が大きい．ルターもここで引用しているように，アウグスティヌス曰く．「すべての他の悪徳は悪しきわざにおいて起こるが，名誉欲と自己満足だけは善き業において，あるいは善き業から起こる」(alle ander laster geschen in boßen wercken/on allein die ehre vñ eygen wolgefallen/geschicht/in vnnd von den gutenn wercken.)．ルターのテキストとしては，クレーメン版選集（*Luthers Werke in Auswahl*, hrsg. v. Otto Clemen, 8Bde. Berlin 1962-1967.）によった．引用に際し，Cl. の略記号を用い，つづく数字は，巻・頁・行を示す．また邦訳は次にしたがったが，表記を改めた箇所もある

ただし，人間には良心（conscientia, Gewissen）がそなわっている．この良心を通じて，彼は自分が神に対してどのような関係に立っているか，どのように神を信頼しているかという自己精査を絶えず行い，ここからより本物の信仰と愛に根ざした業へと，自身を神との関係において，自ら形成していくことが可能である．よって，つねに神ではなく，まずは自分の利益を追求しようとする己が「罪」(peccatum, Sünde) に気づく良心こそが，キリストへの信仰と隣人への愛の実践に生きるキリスト教的人間を形成していく第一の原理となる[22]．

さて，こうした理解に基づいて，ルターは，この良心を刺激し，絶え間なく罪を自覚させると同時に，より深くまことのキリスト信仰へとわたしたちを至らしめるために，神自身が数々の苦悩を人間にもたらすのだと語る．神は苦悩を通じて人間に否が応でも神の名を呼び求めざるをえなくさせるというのである．では，「神が私たちにとって多くの危急（nodt），苦悩（leiden），試練（anfechtung），そして死（todt）さえも賜い，さらには多くの邪悪な罪深い欲望（viele boßen/sundige neygugen）のなかに生活せしめたもう理由」[23]とは．

（傍点はすべて引用者）．ルター著作集委員会編『ルター著作集』第1集・第2巻（聖文舎，1963年）．併せて頁を記す．Cl. 1, 245, 12-14. 39頁．補遺1で集中的に取り上げるが，教育者はこの点に重々自覚的である必要があろう．

[22] 前掲拙著参照．ところで，補遺1でも述べているが，教育という善き行いに関連していえば，これがまずは自己偽善・欺瞞をはらむ可能性に十分意識的であることが，必要かつ重要であろう．だが，それに無頓着な善意の教育者は数多い．極論すれば，この種の人間にとって「他者」は存在しない．なぜなら，己が愛と好意に満ちた「教育的」行いは，必ずや相手にとっても無条件に受容され，かつ「善」―本当は「悪」かもしれないのに―であると彼らには信じ込まれているから．ここに「他者」の内面は存在しないのである．あるのは，ただ自己の内面と自分勝手な思い込みだけであり，その満足，じつは名誉欲である．そして，彼の語る言葉は究極的にはすべてモノローグ（独り言）であり，決して他者とのダイアローグ（対話）にはなっていない．問題なのは，このことにまったく気づかない教育者もいることである．ところが，子どもや若者は，こうした教育者の欺瞞性に，とても敏感である．この点については，併せて岡田敬司『かかわりの教育学―教育役割くずし論―』（ミネルヴァ書房，1993年）や，池谷壽夫『〈教育〉からの離脱』（青木書店，2000年）のとくに第2章「〈教育〉的関係の問題性」を参照されたい．

[23] Cl. 1, 248, 2-3. 44-45頁．

神はそれによって人々に迫り（dring），人々がみもとへ走り（lauffen），大声をあげてきよき御名を呼び求める（anruffen）重大な機縁（grosse vrsach）を与え，こうして第二の戒めのこのわざを，満たさせようとしたもうのである[24]．

十戒の第2「あなたはあなたの神の名をみだりに唱えてはならない」を成就するために，ルターは，人々が心底からの真剣な希求をともなって神を呼び求め，神に走るようにさせる「機縁」（原因）として，苦悩，のちに取り上げる試練，さらには罪をもとらえていることが明らかである．これらを通じて，わたしたちは第2戒の真実の成就へと修練させられている．ここで彼は，罪を次の3種のものとして併せ語っている．

> 罪は私たちを，三種類の強大な軍勢をもって包囲している（中略）．第一は私たち自身の肉（fleisch），第二はこの世（welt），第三は悪魔（boße geist）である．これらのものによって私たちは絶え間なく駆り立てられ（getrieben），攻め立てられている（angefochten werden）が，これによって神は私たちに，絶え間なく善きわざをなす機縁，すなわち，これらの敵や罪と戦う機縁を与えたもうのである．肉は快楽と安逸とを求め，この世は財と人気，権力と名誉とを求め，悪魔は高慢と名声と自己満足とを求め，他人を軽蔑する．しかも，これらはすべてきわめて強力で，その一つだけでも，ゆうにひとりの人間を相手とするに足るほどである．だから，私たちは確固たる信仰をもって，聖なる神の御名を呼び求める以外には，いかなる方法をもってしてもこれを克服することはできない[25]．

こうした罪によって，否むしろ罪あるがゆえにこそ，人間は絶えず神から攻め立てられている．すなわち試練（anfechtung）という攻撃を受ける[26]．が，

---

24) Cl. 1, 248, 3-6. 45頁．
25) Cl. 1, 249, 38-, 250, 9. 48頁．
26) 前掲拙著I部参照．併せて，金子晴勇『エラスムスとルター――16世紀宗教改革の二つの道―』（聖学院大学出版会，2002年），256頁の注30を参照されたい．

これはキリスト者の信仰形成にとって，これまで見たタウラーが考えたのと同様に，じつは喜ばしい機縁であり原因でもある．むしろ，試練のないときの方が，より大きな危険かもしれない．ルターは，こう語る．

> いったい誰が，一時間たりとも試練なしにありえよう．数限りなく存在する災厄の試練のことは，いわないでおこう．でも，なんらの試練もなく，万事が順調であり，また順調に運びつつあるときこそ，また最も危険な試練のときではなかろうか．こうしたとき，人は神を忘れないにしても，あまりに自由になりすぎて，恵まれたときを乱用するからである．実にこのときこそ，災厄の日におけるよりも十倍も多く神の御名を呼び求める必要がある．(中略) すべての人々の日常の経験にてらしてみても，戦争，悪疫，疾病などあらゆる種類の不幸が私たちに降りかかってきたときよりも，万事が平和，順調で，生活が楽なときの方が，いっそう多く恐ろしい罪悪や悪徳が発生するということは，明らかな事実である[27]．

ここから，なぜ神は，かようにも多くの辛い試練を，わたしたちの人生に突きつけてくるのか．その意図は明白となる．

> それは彼らをして休息することなく，神の戒めを守るように，自己を修練させよう (sich vben) との神のご配慮だったのである．(中略) 神が私たちにあらゆる種類の不幸を加えたもうときも，私たちに対し，これと同じ通りにしていたもうのである．かようにねんごろに神は私たちをみこころにとめたまい，私たちを教え促して，御名をあがめ，呼び求め，神への信頼と信仰とを獲得し，こうして最初の二つの戒めを満たさせようとはからいたもうのである[28]．

これより，ルターにとって試練とは「神の教育」にほかならないことが明

---

27) Cl. 1, 248, 19-28. 45-46頁．
28) Cl. 1, 248, 35-39. 46頁．

らかである．まさしく「試練は信仰に導くための神の教育であって，人間の霊という人格の内奥にして中核であるところにおいて生じている」[29]．試練を通じて人間は絶え間なく神からの教育を受けているととらえられる．その結果，わたしたちは徐々に己が罪を削り取り，神との一致へと向かい，神の意志にぴったりと適う業，すなわち神だけがわたしたちの内に働く業を可能とする．そこで，この試練による教育には2つの方法がある．

> 第一は私たちが自らを訓練することにより（durch vnßer eygen vbung），第二は隣人と他人とに訓練されて促されることによって（durch anderer vnd frembd/vbungen odder treyben）である[30]．

とりわけ第2の訓練（ユーブンク）に，ルターにおける神の教育が如実にあらわれている．

> 他から加えられる第二の《肉の》訓練とは，私たちが人や悪魔から侮辱されること，たとえば財産を奪われたり，身体が病んだり，名誉が傷つけられたりすること，および私たちを怒りや焦燥や不安に駆り立てるいっさいのものをさす[31]．

こうした試練にさらされるなかで，わたしたちは平安（frid）という神のわざに止まるべく自らを修練しなければならない．「平安は神のわざであり，焦燥は肉のわざである」（frid ist auch gotis werck/vngedult ist vnßers fleysches werck）[32]．まさしく，この肉の業を休止させ，殺すために，神は数々の試練を与えるのである．

このような私たちのわざとアダム（古い人間）とを殺すために，神は多く

---

29) 金子前掲書，179頁．
30) Cl. 1, 268, 16-18. 81頁．
31) Cl. 1, 271, 3-6. 85頁．
32) Cl. 1, 271, 11-12. 86頁．

の障害を私たちの首に見舞わせて、私たちを怒りに導き、多くの苦悩を送って焦燥へと刺戟し、はては死とこの世の恥辱をさえも加えたもうのである。これは、怒りと焦燥と不安とを追い出して、ご自身のわざ、すなわち平安を私たちの内部に来たらせようとのご配慮に他ならない。イザヤが28章に「主は異なったわざをなされる。ご自身のわざを来たらせるためである」〔21節〕といっているのは、この意味である。だがそれはどういうことなのか。神が苦悩と不安とを送って、私たちに忍耐と平安とを教えたまわんとすることに他ならない。神は生かさんがために、死ぬことを命じたもう。それは人間が徹底的に訓練されて、すっかり平安冷静になり、順境にあろうと逆境にあろうと、死のうと生きようと、尊敬されようと恥ずかしめられようと、いささかも心を動かされない境地にまで導きたまわんとのみこころなのである[33]。

ことほどさように、ルターにとって苦悩そして試練とは、「さながら神聖な宝であって、人々を自己のわざからきよめて、神のわざへと至らしめる」[34]神からの賜わりものであり、教育にほかならない。ゆえに、こう述べることができたのである。「苦悩、死をはじめ、あらゆる不幸にまさって尊いものはない」[35]と。

すべての苦悩と試練とを、信仰の内に受け止め、この信仰を修練する機縁として生かしきること。そこでは、いっさいの苦悩が「信仰の内にある苦悩」(die leyden in dem selben glauben) である場合においてのみ、人間はこれを受容し、さらにより高次の自己生成へ向けた契機へと、有意味に転換することが可能となる。

石壁のように私たちを神から隔てようとしている苦悩のかげに (vnter dem leidenn) 神はかくれて立ちたまい、しかも私に目を注ぎ、決して私を

---

33) Cl. 1, 271, 14-25. 86頁.
34) Cl. 1, 271, 33-34. 87頁.
35) Cl. 1, 271, 32-33. 87頁.

捨てたまうことがない．(中略) 神は恵み (gnaden) によって助けようとのご意志をもって立ちたまい，小暗き信仰の窓を通して，ご自身をあらわしたもう (durch die fenster des tunckeln glaubens/lesset er sich sehen)[36]．

よって，こうした信仰による超越的な意味づけを，苦悩に対してもし全く賦与しないとするならば，それは，耐えがたい単なる苦痛もしくは理不尽なものとしか，わたしたちには考えられなくなるであろう．このとき，苦悩を通じた新たな次元への突破としての人間生成の見込みは，ほとんど塞がれてしまうのではなかろうか．

3節 | カテキズムの原型

同じく1520年の著作『十戒の要解，使徒信条の要解，主の祈りの要解』(*Eyn kurcz form der zeehen gepott. Eyn kurcz form des Glaubens. Eyn kurcz form dess Vatter unssers.*) に，ルターにおける苦悩の意味とその成果とを，もう少し探ってみよう．これは，次章でも触れるルターのカテキズムの原型ともされる作品である．

ここでルターは，キリスト教的人間にとって必要最小限のことがらは，すべてこの「十戒」・「使徒信条」・「主の祈り」に包含されていると述べる．そして，十戒への違反とは，どのようなことをさすかのか．その具体例がわかりやすく記されている．ちなみに，第1の戒め「あなたは，他の神々をもってはならない」に対する違反には，次のものがあげられている．

困難に際して，妖術，魔法，悪魔に助けを求めるもの．(中略)
　自身の生と働きとを，吉凶や天のしるしや占い者の意見に従って，律していくもの．

---

[36] Cl. 1, 233, 8-13. 17-18頁．

3節｜カテキズムの原型　119

　自己の不幸（vngluck）や困難（widerwertickeyt）を，悪魔と悪人の責任とし，善あるいは悪として，愛と讃美とをもって，ただ神から受け取り（von gott alleyne auff nympt），さらに，感謝とこころからの忍耐とをもって，神に帰する（williger gelassenheyt）ことをしないもの．（中略）

　魂の要求を忘れて，ただ一時的な利益を欲して，神や聖人をあがめるもの．

　不断の神への信頼をもたず，またすべての働きにおいて神の憐れみを確信しえないもの．

　信仰また神の恵みを疑うもの．

　彼に可能な限り，他の人を不信仰と疑いとから引きとめることをせず，また神の恵みを信じ，信頼するように，助けることもしないもの．

　さらに，すべての不信仰，不安，迷信がここに属する[37]．

ここでも，あらゆる不幸や困難，すなわち苦悩を，ただ神からのみ受け取ること（アウフネーメン）．そして，エックハルトさながら，この神へと己れの全存在を「委ねきること」（gelassenheyt：自己放棄）が主張されている．ゆえに，反対に第一戒の成就では，こう記される．

　まことの信仰をもって，神をおそれ，神を愛し，そしてつねに，すべての行いにおいてかたく信頼し，悪であれ，善であれ，すべてのことについて，全く，純粋に，神に任せきること．

　全聖書のなかに，信仰と希望と神の愛について記されているすべてのことがここに属し，そして，そのいっさいがこの戒めのなかに，要約されている[38]．

わたしという存在の全身全霊を，苦悩の最中において，神へと投げ出し，委ねること．すべての苦悩をただ神からのみ受け取ることは，唯一の神への全

---

37)　Cl. 2, 42, 4-13. 440-441頁．
38)　Cl. 2, 45, 19-24. 448頁．

幅の信頼とも同義である．使徒信条の第1「私は神，全能の父，天と地の創造主を信じる」で，ルターはこう記す．

> 私は，悪霊，すべての偶像，すべての魔術と迷信を放棄する．
> 　私は，いかなる地上の人間にも，また私自身にも，私の能力，技術，財産，敬虔，あるいは私が所有することの可能な何ものにも，私の信頼をおかない．
> 　私は，天にあるもの地にあるもの，いかなる被造物にも，信頼をおかない．
> 　私は，天と地とを創造し，すべての被造物を支配したもう，全然見ることも知ることもできない，ただひとりの神に，あえて信頼をおく（Ich erwege vnd setz meyn trew/aleyn auff den blossen vnsichtlichen vnbegreyflichen eynigen gott/der hymell vnd erden erschaffen hatt/vnd allein vbir alle creature ist.)．
> 　他面，私は，悪魔とその同類の，いかなる邪悪にも驚かされない．それは，私の神は，彼らのすべての上にいましたもうからである．
> 　私は，すべての人から捨てられ，追われたとしても，ますます多く神を信じる．
> 　私は，貧しく，無知，無学，軽蔑されたものであり，またすべてのものを欠いているとしても，ますます多く神を信じる．
> 　私は，罪人であるけれども，ますます多く神を信じる．（中略）
> 　私は，神を試みるために，神になんらのしるしも求めない．
> 　私は，神の《しるし》がいかに長びいても，しっかりと信頼し，目的，時期，量，あるいは方法を神に指定することはしない．むしろ自由な，正しい信仰において，すべてを神の聖なる意志にお任せする．（中略）
> 私が信じるように，私になるであろう（wirt mir geschehen wie ich glaub.)[39]．

---

39) Cl. 2, 48, 18-, 49, 14. 453-454頁.

このように，たとえどのような不幸や困難，要するに苦悩の直中にあっても，唯一の神を信頼しきることを，ルターはここに証し，またキリスト者はすべてが，こうあるべきことを示すのである．結果，わたしの意志ではなく，あくまでも神の意志が，この地上においてなされるようにと，真剣に祈られる．

　私たちが，すべての病気，貧乏，恥，苦難，不幸を喜んで忍び，その結果，私たちの意志を十字架につけることが，あなたの神的意志であることを知りうる恵みを与えたまえ．さらに私たちが，不正をも喜んで忍ぶことをえさせ，復讐より私たちを守りたもうて，悪に対して悪をもって報いず，力に対しては，力をもって抗することなからしめたまえ．かえってこれらのものを，私たちに加えたもう，このようなあなたの意志を喜び，あなたをほめ，あなたに感謝せしめたもうように[40]．

　すべての苦悩は神から来るものであり，ただ神から受け取るべきものととらえること．これらをみな神からの恵みとして甘受すべきこと．キリストへの信仰と神への信頼において，これを受け止めるとき，これら苦悩は，すでにより完全なキリスト教的人間の生成に向けた契機として，むしろ恵みとして作用し始めているであろう．ルターにおける苦悩の意味と成果は，さらに完全なキリスト者の生成へと焦点づけられている．

＊　＊　＊

　見てきたように，ルターにおいて苦悩は，「信仰の内にある苦悩」である場合にのみ，キリスト教的人間の生成へ向けた，積極的な意味をもつ神の教育の根本契機と考えられるのであった．換言するに，それは神から与えられる試練でもあった．

---

[40]　Cl. 2, 55, 24-30. 466頁．

苦悩をこのようにとらえるとき、苦しむ「魂への配慮」を可能とするものとして、先のエーベリンクは、次の3つをあげている。まずは「神の現存在」(Gottes Dasein)、次に「キリストと結ばれていること」(Das Verbundensein mit Christus)、最後に「神のことばというわが家にあること」(Zuhausesein im Worte Gottes) である[41]。いかなる苦悩が人生に訪れようと、それがすべて神の愛(アガペー)の手の内にあって、神の現存在のもとで、キリストと結ばれつつ、「神のことばという地盤」[42]で受け止められるとき、そう信じられるとき、それはキリスト者生成へ向けた、大いなる意義を帯びるのである。このとき人は、それまでの自分を超えたより高次の自己へと、超越・変容・生成している。

よって、ルターが行ったゼールゾルゲとは、苦悩する人間が、あくまでも「神のことばという大気を吸えるところに出てくる」[43]ようにさせることであった。「つまり、ルターにおいては、慰めるということは、人間をして、人間の外で、人間のために働いているさまざまな力に対して、開かれた存在とするということなのである」[44]。すなわち「神」という超越者へと、狭隘な自己（主観的自我）を開かせ、「神のことば」という新鮮な空気を、神の現存在のもとで、キリストとともに、思いっきり呼吸するようにさせることである。

ゆえに、ルターが示すのとは正反対に、人が超越者と交わり、「わたしの外（Extra me）に出ていくという方向」を取らない限り、苦悩は、まったく不条理かつ無意味な体験でしかなくなるであろう。

ところが現在、ますますこの悪しき方向をたどり、むしろ「わたしの内」（Intra me）に閉じこもろうとする人々が増えるなか、彼らは必然的に抑鬱症に陥り、意気阻喪せざるをえない状況に、自らを追い詰めているともいえ

---

41) G. Ebeling, "Der theologische Grundzug der Seelsorgr Luthers", in: *Luther als Seelsorger*, Erlangen 1991. S. 33-42.
42) メラー前掲書、74頁.
43) 同前書、76頁. 傍点引用者.
44) 同前. 傍点引用者.

るのではなかろうか．その原因は，むろん「すさまじい勢いで主観だけが重んじられるようになり，自律だけが重んじられるようになった結果，人間が自分自身にだけ集約されるように」[45]なったことによろう．やはり人間は，スピリチュアリティによる超越とのかかわりの内にあって，絶えず「わたしの外」へ自己を開いた存在としない限り，真に幸福な人間存在とはなりえず，行き着くはては，自己閉塞たる孤独な「死」のほかになくなるではないか[46]．

---

[45] 同前書，77頁．
[46] 前掲拙著より「結語」を参照されたい．ところで振り返るに，メラーも指摘しているが（C. メラー編『魂への配慮の歴史１―聖書の牧会者たち―』加藤常昭訳，日本基督教団出版局，2000年，34頁），「魂(ゼーレ)」すなわちギリシア語のプシュケー(息)を，ルターはつねに「いのち(レーベン)」と訳していた（「自分のいのちのことで思い悩むな(Sorget nicht fur ewer Leben)」『マタイによる福音書』6章25節）．つまり「魂」とは，神から私に与えられたいのちなのであり，神に対して，隣人に対して，そして自分自身に対しても責任を持って生きるいのちなのである．魂とは，私が息として吸い込むいのち，そしてやがてある日，また私から息として出ていってしまういのちである」(35頁，傍点引用者)．ゆえに，「何としてでも自分の息を確保しようとする人間は，それによって，自分を滅びに定めてしまい，息を失う．ところが，自分の息を去るがままにし，吐き出すことができる人間は，まさに新しい息を吸う余地を得る．その息を再び吸い込むことができるのである．私が何としてでも息を確保したいと思うならば，その自分の息のために窒息することが起こり得る．生きるということは，息を入れ，また出すことである」(同前，傍点引用者)．そこで「罪とは，こわばっていのちに固執しようとすることに他ならない」(37頁)．少し説明をつづけよう．ルターは『人間についての討論』(*Disputatio de homine*, 1536) で，「神の純粋な素材」(pura materia Dei) としての人間について語っていた．「だから現世に属する人間は，自己の将来的生の形のために存在する神の純粋な素材である．それは，今は虚無に服している被造物が，神にとって被造物の将来の輝かしい形のための素材であるのと同様である．また，天と地とが始原において〔創造の〕6日間の後に完成される形のために，すなわち自己の素材としてあったのと同じく，人間が現世において存在しているのは，神の像が改造され完成されるであろうときの将来の自己の形のためである（テーゼ35-38）」(金子晴勇『ルターとその時代』玉川大学出版部，1985年，158頁)．しかも，人間は「神の像」(imago Dei) として創られている．が，それは原罪によってすでに破損させられているため，人間は自己（神の像）を自力で改造したり完成させたりすることはできない．ここでは，神の創造のわざに，人間が信仰によって協力するよりほかない．「その間にあって人間は罪の中にあり，日ごとに義とされるか，あるいはよりいっそう汚されるかのいずれかである（テーゼ39）」(前掲『ルター著作集』第1集・第10巻，聖文舎，1980年，275

以上，ルターは，つねに「臨床」にあって，苦悩に応える言葉を，神から汲み取り，この神の言葉たる泉へと，苦悩する人々を連れ来たらせることを，ゼールゾルガーとしての生涯の仕事（ライフワーク）としたのであった．そして，原点に返り，臨床教育学があくまでも，人間が「いかに生きるのか」を中心テーマとする学問であるとするならば，それはルターが実践したように，苦悩する「魂への配慮」を中核とすべきであり，その成果は，苦悩を通じた新たな人間生成へと結晶化されなければ，あまり意味をなさないであろう．

　畢竟するに，苦悩への応答を通じて人間の生成に寄与する臨床（に根ざした）教育学にとっては，やはり何らかの超越の存在と，これによる苦悩への根源的意味づけが必要不可欠であることを，ルターは現代のわたしたちに対

頁）．これが，キリスト教的人間の生きる現実である．ところで，いわゆる『創世記講義』（2章7節）によれば，天地創造を7日目に完成し休息した後，神は人を作り，命の息を吹き込んだとされる．「主なる神は，土（アダマ）の塵で人（アダム）を形づくり，その鼻に命の息を吹き入れられた．人はこうして生きる者となった（2：7）」．「命の息」（spiraculum vitae）によって，はじめて人間は生きる者となる．そこでルターは，人間と他の動物との大きな違い（dissimilitudo）を，「魂の不死」（immortalitas animae）に求めている（WA＝*D. Martin Luthers Werke. Weimar 1883-1993.* この略記号の後に巻・頁を記す．WA42, 63）．つまり，人間とは「神の純粋な素材」であると同時に，「命の息」を吹き込まれたことによって「生きる魂」ともなり（Esse eum factum in animam viventem）（WA42, 65），しかもそれは不死である．それが，神の像たる所以でもある．ここでルターは，単なる物理的物体（素材や質量）としての人間（動物としての人間）について語るのではなく，魂をそなえて「霊的生へと」（ad vitam spiritualem）と移されるはずの，もっとも「人間的」人間について語っている．いい換えるに，ルターによれば，神の像としての人間は，単なるモノに還元することはできない．それは生きた魂をそなえており，しかも不死の霊的生へと移されるはずの「神の作品」（opus Dei）である．（『創世記講義』におけるルター教育思想研究は今後の課題としたい．）ちなみにメランヒトンの魂論については，11章を見よ．こうした「魂」や「いのち」の見方は，現代のディープ・エコロジーやライフサイクルの問題とも通底している．西平直『魂のアイデンティティ―心をめぐるある遍歴―』（金子書房，1998年），114頁以降および166-168頁．さらに，同『魂のライフサイクル―ユング・ウィルバー・シュタイナー―』（東京大学出版会，1997年）を参照されたい．いずれも，人間の魂もしくはいのちを，主観的自我に回収しきれない「大いなるもの」の一部として，これに向かって「開かれたもの」ととらえている．その結果として，ようやく人間は，死を射程に収めつつ，これを乗り越え，より幸せに「生きる」ことができるようになるのではないか．

して，きわめて古典的な形で示唆していると思われる．

7章｜ルターにおける生成としての教育

> 人間対人間の関係においては，
> 助けあげる仕事が最高の務めである．
> かくして教師とは神ご自身である．

　かつてボルノー（Otto F. Bollnow, 1903-1991）は，伝統的古典的な「連続的事象を扱う教育学」に対比して，実存哲学の思考過程を教育学へ引き入れ，ここに「非連続的事象を扱う教育学」の可能性を拓いた[1]．良心への呼びかけ，訓戒と叱責，人間の内にまどろんでいる可能性の覚醒，出会いといった，教育学的思惟の新しい形式が，人間存在のさまざまな〈層〉に応じて試みられるべきことを説いたのである[2]．

　その際，人間を持続的に形成しうることを前提とする近代的人間観に対して，ボルノーが冒頭提示したのは，そうした連続的形成を拒むルターのキリスト教的人間観であった．「古きアダムは日々の悔い改めと懺悔に没頭しなければならない．そして，日々に，新しい人間が甦らなければならない」[3]．古い人（アダム）から新しい人（キリスト）へ，自然的人間からキリスト教的人間へと，人間は連続的に形成されるのではなく，非連続的に「生成」（genesis, fieri）するのだ．こうした，いわばキリスト者生成の物語に，ルターのテキストは満ち溢れている[4]．が，残念ながらボルノーにおいては，それ以上の詳しい考究はなされていない[5]．

---

1) O. F. ボルノー『実存哲学と教育学』（峰島旭雄訳，理想社，1966年）．
2) 同前書，32頁参照．
3) 同前書，18頁．
4) これとは対照的に，キリスト者の連続的「形成」（formatio）の物語が，同僚メランヒトンでは，ウエイトを占めている．詳しくは次章以下で取り上げるが，拙著『ルターとメランヒトンの教育思想研究序説』（渓水社，2001年）も参照されたい．
5) 管見するに，邦文ではほかに，後藤博一「ルターにおけることばと人間生成

そこで，本章では，まずルターにおけるキリスト教的人間の生成の特質を，同じく生成を問題にしたことで知られるキルケゴール（Sören Aabye Kierkegaard, 1813-1855）をも参照しつつ，解明する．そして，人間の新たな生成へ向かって，すなわち「生成としての教育」[6]を目指して，人間たる教師に，はたして何が可能で不可能であるのか．その一端を明らかにしてみたい．

1節｜ルターにおけるキリスト者の生成

周知のように，「義人であると同時に罪人」(simul iustus et peccator) とは，信仰義認論に徹頭徹尾貫かれたルター的人間像を，端的にあらわす定式である．ルターにおいては，人間の己が「罪」(peccatum, Sünde) の認識と同時に，「信仰」(fides, Glaube) を通じたキリスト者の生成が，実存弁証法的に生起してくるという構図が見出される[7]．これは，とくに『ローマ書講義』(*Diui Pauli apostoli ad Romanos Epistola*, 1515-1516) で明らかにされている．この点，すでに金子晴勇が詳細な考察を行っているので[8]，以下，若干の補足を加えつつ再確認しておこう．

金子によれば，『ローマ書講義』では3回にわたって「義人であると同時に罪人」の定式が使用され，この定式の下にキリスト者の自己理解が明確にされているという[9]．罪人となり終生罪人でありつづける人間が，その罪認識を深化させればさせるほどに，わたしたちにはキリストから来る外からの義 (externa, quae ex Christo in nobis est, iustitia) すなわち「神の義」(ius-

---

（『キリスト教論藻』5号，キリスト教学篇，松蔭女子学院大学，1971年所収）が，ボルノーからの発展的究究を行っているので，参照されよ．

6）「生成としての教育」という用語には，とくに矢野智司『自己変容という物語―生成・贈与・教育―』（金子書房，2000年）から多大な示唆をえている．

7）前掲拙著参照．

8）金子晴勇『ルターの人間学』（創文社，1975年），133頁以降参照．

9）同前書，150頁．

titia Dei）が，「行いなしに」（sine operibus），ただ「信仰によってのみ」（sola fide）賦与される．まず『ローマ書（ローマ人への手紙）』4章6節の講義でこの点が述べられ，次に7章後半で「霊肉の葛藤にもとづいて人間学的反省と自覚の下に「義人」と「罪人」が全体的に矛盾する」ことが考察され，さらに12章2節で，キリスト者の生成が発展的に解明されているというのだ[10]．ここでとりわけ興味深いのは，最後の箇所の講義である．

ところで，ルターがこの講義全体を通じて終始説きつづけるかなめとは，最初に人間が徹底して謙遜（humilitas）となり信仰のみに依りすがるようになることにあると思われる．「必要なのは謙遜と信仰である」（humilitate et fide opus est）[11]．結果，自然のままの人間が，「神の前」（coram Deo）に絶えずまったくの無になり，空になり，自分自身から逃れるようになる（ut penitus nihil fiamus, omnibus evacuemur, exinaniamus nosipsos）[12]．まずは，神の前という宗教的実存において，個々の人間が，一旦完全に「無」となること．すると，あとは自動的に神自身が，この罪人を義人へと生成させてくれるというのである．わたしが自力で義人へと生成するのでは決してなく，神がわたしを義人へと生成させてくれる．人間はあくまでも，こうした神の働きを完全な受動態において受容するのみである．ここにわたしは義人へと神によって生成させられている．生成するのは人間だが，生成させているのはつねに神である．これを神は3つの仕方で行うと，3章の要約でルターはいう．

三とおりに，神は義とされ，真実とされる．

---

10) 同前書，151頁．
11) 本章では，ルターのテキストとして，クレーメン版選集（*Luthers Werke in Auswahl*, hrsg. v. Otto Clemen, 8Bde. Berlin 1962-1967.）によった．引用に際し，Cl. の略記号を用い，つづく数字は，巻・頁・行を示す．また引用に際しては，原則次の邦訳にしたがったが，表記を改めた箇所もある（なお傍点はすべて引用者による）．ルター著作集委員会編『ルター著作集』第1集（聖文舎，1963-1984年），同第2集の第8巻（1992年）．併せて，集・巻・頁を記す．Cl. 5, 231, 3. 邦訳2, 8, 306.
12) Cl. 5, 231, 3-5. 邦訳2, 8, 306.

第一に，不義なる者，いつわり者，愚か者などを罰し，罪にお定めになるときである．そのとき神は，自らが義であり，真実であられることをお示しになる．(中略)

　第二には，相対的 (relative) な仕方で，である．反対のものが並べて置かれたときには，ひとつだけ置かれたときよりもいっそう輝くように，われわれの不義が醜ければ醜いほど，神の義はいよいよ美しくなる．使徒はこれら二つの仕方について語っているのではない．

　第三に，実効的 (effective) な仕方で，である．すなわち，われわれが自分では義とされることができず，神に近づいて，神が，罪を克服することができないと告白するわれわれを義としてくださるときである．われわれが神のみことばを信じるとき，神はこれをしてくださる．このように信じることにより，神はわれわれを義とする，すなわち義と認めてくださる．だからこれは，実効をもった，信仰の義 (iustitia fidei)，神の義と呼ばれるのである[13]．

　ルターが強調し賞讃しているのは，むろん第3の実効的な神の仕方である．これを彼は自らの芸を伝える「巨匠」(artifex) の3通りのやり方に，巧みになぞらえている．

　これは，すぐれた巨匠が三とおりの仕方で促されうるのと同じである．第一に，その芸の，未経験の者を咎め，非難するときである．しかしこれはつまらない，気むずかしい促しである．第二に，(人を咎めはしなくとも)，ほかの人々と比べて，自分はより経験を積んでいることを示すときである．第三に，自分の完全な芸術を，求める他の人々に伝えるときである．彼らはこれを自分からはもちえないからである．これこそが真の促しである．他人を非難したり，自分が巨匠であることを示したりすることでは，自分が最良の芸術家であることにはならない．自分に等しい芸術家をつく

---

13) Cl. 5, 232, 18-33. 邦訳 2, 8, 308-309.

ることこそ，賞讃に値する巨匠ということである．第一の仕方はしばしば，傲慢と不遜を含み，第二の仕方はねたみと高慢を含む．第三の仕方こそが好意と人間味である．このように神こそは，われわれをご自身と等しい者にしてくださるのだから，われわれのうちに実効的に働く，賞讃さるべき，義なるおかたである[14]．

第3の「自分に等しい芸術家をつくる」(efficere artifices sui similes) 巨匠こそが，心底からの「好意」(benivolentia) と「人間味」(humanitas) とをそなえた，いわば本物の教師として，ルターには見られていることが明らかである．ルターは，あたかも神を，このような比喩の下に，罪人たる人間をして義人へと生成せしめる実効的な「教師」のごとく，とらえていたといっても過言ではなかろう．だが，これには当然ながら，つねに次のような条件がつけられていることを忘れてはならない．

しかし，巨匠も，巨匠を信ぜず，おのれの経験に満足しているように見える人々に，自分の熟達を伝えることができないのと同様に，また，こうした人々がまず自らの経験のなさを認識し，彼らに経験がないと巨匠が言うことを信じる—しかし傲慢が彼らをして，彼を信じるに至らしめない—のでなければ，彼らから，その芸術と巨匠ぶりへの誉れも促しも受けることができない（中略）[15]．

巨匠たる教師が，相手に対して真に実効的な仕方で働きかけることが可能になる前提として，彼はまず自らの「傲慢」(superbia) を，徹底して取り除いておかなければならない．これが，キリスト者生成のための，絶対必要条件である（先にこれは「謙遜」や「無」になることなどと表現されたが）．この条件が満たされるとき，やっとここにキリスト者の生成が開始されることになるが，そこで，ようやく先の12章2節の箇所が問題となる．つまり，この

---

14) Cl. 5, 233, 14-24. 邦訳 2, 8, 310-311.
15) Cl. 5, 233, 25-30. 邦訳 2, 8, 311.

生成は決して1回だけ生起するのではなくして，あくまでも「絶えざる生成」であるということである．

「前進とは，つまり絶えず新たに開始することである」（proficere, hoc est semper a novo incipere）[16]．金子が立てたのと同様，ここでは「「新たに開始する」出発点は発展的運動の起点たる絶対的始原か，それとも発展途上の各々の到達点であろうか」[17]という点が大きな問題となるが，しかし「その瞬間に目的である終末点は，次の瞬間には出発点である」というルターの言葉より，いみじくも金子はこう述べる．「「前進」は時間の量的連続ではなく，新しき質が定立される不連続の連続としての実存の反復を意味する」[18]と．キリスト者の生成とは，まさしく「不連続の連続としての実存の反復」にほかならない．それは，キリスト教的人間の義認から聖化への運動ともいい換えられ，金子によれば，ルターはアリストテレスの自然学の範疇にしたがい，これから類比的に霊的発展を把握しようと試みているという．「自然学の運動を示す五段階，すなわち「非有・生成・存在・能動・受動」（non esse, fieri, esse, actio, passio）は霊の五段階「罪の中の人間（homo in peccatis）・義認（iustificatio）・義（iustitia）・善きわざと生活（iuste agere et vivere）・完成（perfici）」に当たる．この五つは運動の中に絶えずあって最初の非有と終末の存在の間に三者「生成・存在・行為」（fieri, esse, agere）が流動しているように，「新しい誕生により罪から義へ，ちょうど非有から生成により存在に至るように，移り行く．このように造られて正しく行為するのである．（中略）絶えず人間は非有・生成・存在の中にあり，絶えず欠如・可能態・現実態の中にあり，絶えず罪・義認・義の中にある．すなわち絶えず罪人・絶えず悔罪者・絶えず義人である（semper peccator, semper penitens, semper iustus）」[19]．

こうした「絶えず」（semper）というルターの用語法に，キリスト教的人

---

[16]　金子前掲書，157頁．
[17]　同前書，157-158頁．
[18]　同前書，158頁．傍点引用者．
[19]　同前書，158-159頁．

間の生成の特質が最大限にあらわされているといえよう[20]。「キリスト者は非存在―生成―存在の運動の中にあり罪から義へ,義から一層の義への移行の中にある」[21]. それは,神の前に立つ宗教的実存でもあった.そして,「神の道に立つ実存は途上の実存であり,「絶えざる生成」に他ならない」[22]のである.

2節｜生成を引き起こす教師としての神
―キルケゴールの場合―

ルターはその神をして,自らの芸を惜しみなく弟子に伝授しようとする「巨匠」に喩えたのであったが,同じくキリスト者の思想家キルケゴールは,『哲学的断片―または断片の哲学―』(*Philosophische Brocken oder ein Bröckchen Philosophie*, 1844) のなかで,これを明確に真の「教師」(Lehrer) ととらえている.ルターをより深く理解するための有力な手がかりにもなると思われるので,簡単に参照しておきたい.

冒頭キルケゴールは,（真理への)「問いは無知なる者によって発せられる.その際,自分がかく問うにいたった原因はそもそもなんであったかについても,問う者は知らない」[23]という論題 (propotitio) を提示する.つまり,自然のままの人間は,真理を所有しておらず,最初はあくまでも「非真理」(Unwahrheit) の状態にあると語られる.ここから,真理は学び取れるものか,というソクラテス以来の問題が,有名な想起説を交えて取り上げられて

---

[20] 2章1節で見たニュッサのグレゴリオスを想起させる.
[21] 同前書, 159頁.
[22] 同前. 傍点引用者.
[23] キルケゴールのテキストとしては,ドイツ語訳全集 (*Sören Kierkegaard Gesammelte Werke*, hrsg. v. E. Hirsch u. H. Gerdes, Köln) の第10巻 (2. Aufl. 1985) によった.頁のみ記す.また引用に際しては,次の邦訳にしたがったが,表記を改めた箇所もある（なお傍点は断りがない限りすべて引用者による).『キルケゴール（世界の名著51）』(桝田啓三郎責任編集,中央公論社, 1979年). 併せて頁のみ記す. S. 7. 57頁.

いくのだが，神（絶対的世界）との関係に及んで，キルケゴールはこういう．「人間対人間の関係においては，「とり上げ役を果たす」(Entbinden) ことが最高の務めであり，「生(・)む(・)」(Gebären) ことは神自身の御業である」[24]と．ここで，一番の問題となるのは，「非真理」の，キルケゴールによれば，要するに罪の状態にある人間に，「彼がかつて知らなかったし，したがって自分のうちに思いみることもできなかった真理を，どのように想起させてやれるであろうか．また彼が真理を想起させられるためには，何が彼の助けとなるであろうか」[25]ということである．

　キルケゴールは，まったくの「非真理」である学ぶ者 (Lernenden) に，教師(レーラー)が「「きっかけ」となって想起させてやれる真理とは，学ぶ者が非真理であるというこのきびしい自己認識」[26]だけであるという．人間たる教師にできる最大限のこととは，せいぜい「き(・)っ(・)か(・)け(・)」(Veranlassung) としての役割にしかすぎない．学ぶ者は，「外からの恩恵によって真理を受け取る」[27]のみである．よって，この真理を与え，かつそれを理解する能力をも，併せて与える者がいるとすれば，彼こそが，真の「教師」である．それは，人間の教師を超えた者，すなわち「神」(Gott) 自身のほかにいない．キルケゴールは，こう見事に語っている．

　学ぶ者に真理を与えるだけでなく，これを理解する能力(ちから)をもあわせて与える者があるとすれば，それは教師を超える存在である．「教える」という教師の仕事が成り立つためには，結局のところ学ぶ者のほうに理解能力が備わっていなければならないのだ．これが欠けていたら，教師はもうお手あげである．たとえ学ぶ者の性根を入れかえてみても，どうにもなりはしないだろう．しかし，まずこの人間がすっかり造り変えられなければ，「教(・)え(・)る(・)」ことには手もつけられないのだ．だがそれは，およそ人間のな

---

24) S. 9. 59頁.
25) S. 12. 63-64頁.
26) S. 12. 64頁.
27) S. 12. 64頁.

し能う業ではない．それを実現しうる者，それは神ご自身のほかにないであろう[28]．

かくして教師とは，神ご自身である（Der Lehrer ist denn also der Gott selbst）[29]．

教師とは，真理理解の能力を与え，また真理を与えたもう神である．このような教師を，われわれはなんと呼ぶべきであろうか．すでに見てきたとおり，われわれは普通の意味での「教師」を，もはやはるかに乗り越えてしまっているのだから[30]．

けだし至言である．

非真理であった人間をして，真理へと向かわしめ，これに真理を受け取る力と同時に真理そのものをも与える存在．そのために，人間をまるごと変容させてしまう存在．これこそが，「とり上げ役」や「きっかけ」としての人間の教師をはるかに超えた，外から私たちに至る，無から有を「生成（ジェネシス）」する究極の「教師」，すなわち神である．この「教師」によって，はじめて人間は，「再生（新生）」（Wiedergeburt）し，「たち返り」（Umkehr, Bekehrung），「新しい人」に生成することができる．ゆえに，このような新しい人は，じつに一切のことを，この「教師」に負っている．そして，「教師」はこれを，「愛」（Liebe）に発して行うという．

人間対人間の関係においては，助けあげる仕事が最高の務めである．だが生む仕事，これはもっぱら神ご自身の務めであり，神の愛とはまさに愛の相手を生み出す愛なのだ[31]．

---

28) S. 13. 65頁．
29) S. 13. 66頁．
30) S. 13. 66頁．
31) S. 29. 87頁．傍点は邦訳のまま．ここには，注にルターの言葉が引用されている．「神の愛はそれに値する相手を物色することをせず，人の愛は，その愛に値する相手

このように，キルケゴールは「教師にして救い主なる神」(Gott als Lehrer und Heiland) をとらえていた．この神によって，人間は「瞬間」(Augenblick) の「不連続の連続としての実存の反復」のただなかで，キリスト者に生成せしめられていくというわけである．

　それでは，こうしたキリスト者の生成に与って，「きっかけ」や「とり上げ役」（産婆）としての人間の教師にできることとは，はたして何なのであろうか．再びルターにたち返り，調べてみよう．

3節 | カテキズムによる教育

　結論を先取りしていおう．かような特質を有するキリスト者生成にとって，人間の教師にできることは，決して少なくはないとルターは考えていた．それは，キリスト教的人間教育のために，彼が尽力した数々の業績を一覧してみても，すでに明らかである[32]．とりわけキリスト者の生成については，いわゆるカテキズム (Catechismus) による教育に，ルターは大きな力を入れていた[33]．

　ところで，カテキズムによる教育とは，いわば近代的な教育に対する敵のごとく，後世からは見なされてきた．はたして，これはもう過去の遺物なのだろうか．否である．この点への着実な反論を，すでに小林政吉が丹念に行っている[34]．

　小林が述べるように，確かにカテキズムとは，「人間への絶望と神へのまったき服従に教育の目的をみいだし（中略），聖書にしめされた人間に対する神の意図を，聖書ののべているとおりに，わかい人々のあたまにやきつけ

　　　に出会って，はじめてひき起こされる」．
[32]　前掲拙著参照．
[33]　ルターは自身のカテキズムを，自らの「真正な書物」と呼んでいた．前掲『ルター著作集』第1集，第8巻，370頁．
[34]　小林政吉『宗教改革の教育史的意義』（創文社，1960年），87頁以降参照．

ることをその教育方法としている」[35]が,しかしルター自身は,(少なくとも当初の彼の意図としては),教育を狭くキリスト教の宣教(ここではキリスト者生成)のみに限定していたわけではなく,「もっとひろい視野から人間教育を多層的にかんがえて,そのなかの一部として,キリスト教の宗教教育をかんがえ,そのほかいろいろの層の教育との関係をあたまにいれて」[36]いたことを忘れてはならない.むろんそのなかでも,彼にとっては,キリスト者生成(宗教教育)が,人間教育の中心課題であることは疑いようがないけれども.

では,「生成」を準備するに当たって,人間は何をどこまでできるのであろうか.カテキズムのなかに探ってみよう.

ルターのカテキズムとしては,1529年のいわゆる『大教理問答書』(Deutsch Catechismus, Der grosse Katechismus)と『小教理問答書』(Der kleine Katechismus)が,その完成した形として有名である.が,小林が詳しく明らかにしたように,そこに至るまでには,少なくとも1516年から29年までの14年間の思想の動きが込められている[37].小林は,それを大きく2つの作品群に分ける[38].第1の部類は,先の1節で見たような初期の義認論を基調としてつくられたもの.第2の部類は,農民戦争以後の現実世界の動向を踏まえてつくられたものである.そして,第1の部類の一応の完成作として,前章3節で見た1520年の『十戒の要解,使徒信条の要解,主の祈りの要解』を,第1と第2の総合完成作として,先の『大教理問答書』を位置づけている.よって,この2つを順に見ることにしよう.

『十戒の要解,使徒信条の要解,主の祈りの要解』の序文では,「十戒」・「使徒信条」・「主の祈り」の3つの部分に,「聖書の中に存在し,いつも説教されねばならないすべてのこと,またキリスト者が知っておかねばならないすべてのことが,根本的,かつ十分に包括されており,そして何びとも彼の

---

35) 同前書,87頁.傍点引用者.
36) 同前書,94頁.
37) 同前書,92頁参照.
38) 同前書,93頁参照.

救いのために必要なことが，記憶するにはむずかしすぎるとか，多すぎるとかの，苦情や免除を申し立てる余地がないほど，完結，平易に教えられている」[39]とルターはいう．彼によれば，「聖書を読むことができない一般のキリスト者に，十戒，使徒信条，主の祈りを学習する（lernen vnd wissen）よう，さだめられているのは，神の特別な配慮によって生じたものである」[40]．要するに，この3つの部分を徹底的に学び知ることが，まずキリスト者には求められている．ルターは，このことを終生一貫して主張しているが，ここで重要なのは，この完全な学習が前提とする，彼の人間観である．

ルターは，自然のままの人間を，まずはすべて罪という根源的な病を患う「病人」（krancken）ととらえる．そうなれば，当然「病人にとって第一に必要なことは，彼の病気（kranckeyt）が何であり，何をなすことができるのか，またできないか，あるいはなさずにおくべきかを知ることである」[41]．「第二に，彼が健康人（gesunder mensch）と同様に，なし，あるいはなさずにおくことができるために，助けとなる薬（ertzney）がどこにあるかを知ることが必要である」[42]．「第三に，彼はその薬を熱望し，捜し，獲得し，あるいは持ちきたらさねばならない」[43]．そして，病人から健康人へ向かってのこの3段階が，ちょうど「十戒」・「使徒信条」・「主の祈り」の学習の3段階に相当するというわけである．ルターは，こういう．

同様に，「十戒」は，人に彼の病気を認めるように教え，こうして彼は何をなし何をなさないか（was er thun vnd nit thun），何をなさずにおき，なさずにおくことができないか（lassen vñ nit lassen kan）を見，感知し，彼自身罪人であり，邪悪な人間（bößen menschen）であることを認める．

次に，「使徒信条」は，彼を敬虔（frum）にし十戒を守る助けとなる薬，すなわち恵み（gnaden）をどこに見いだすべきかを彼に教え知らせる．そ

---

39) Cl. 2, 38-39, 21-3. 邦訳 1，2，435．
40) Cl. 2, 38, 18-21. 邦訳 1，2，435．
41) Cl. 2, 39, 9-11. 邦訳 1，2，435．
42) Cl. 2, 39, 11-13. 邦訳 1，2，435-436．
43) Cl. 2, 39, 14-15. 邦訳 1，2，436．

して，神と，キリストにあってあらわされ，提供したもう神の憐憫とをさし示すのである．

　第三に，「主の祈り」はいかにしてこの恵みを熱望し，獲得し，自己のものにすべきか，すなわち正常で謙遜，信頼に満ちた祈りをもってなすべきを教える．こうして，それは彼に与えられ，神の戒めを成就することによって救われるのである．これが全聖書中の（in der gantzen schrifft）三つの事柄である．ゆえに，私たちは，まず第一に，私たちの罪と邪悪，すなわち，なすべきことをなし，なさずにおくべきことをなさずにおくことをさまたげる，精神的な病気（geystliche kranckayt）を知るために，「十戒」をとりあげよう[44]．

　このように，ルターにおいては，第1に「病人＝罪人」としての自己認識，第2に「病＝罪」を治癒するための「薬」の所在，第3にこれを獲得するための方法，といった3点が，ものの見事に「十戒」・「使徒信条」・「主の祈り」に対応していることになる．そして，まさしくキルケゴールと同様，人間の教師が最初の「「きっかけ」となって想起させてやれる真理とは，学ぶ者が非真理（罪人であり病人）であるというこのきびしい自己認識」[45]だけなのである．ゆえに，ルターによれば，まず「十戒」を教えることが，キリスト者生成への最初の「きっかけ」として，きわめて重要な意味をもつことが明らかである．

　さて，決定版である『大教理問答書』では，どうであろうか．序文では，「この説教は子供たちや単純な人たちのための教育（vnterricht）となるように順序だてて着手されたものである．（中略）これはキリスト者のひとりひとりが必ず知っていなければならないものであり，したがって，これを知っていない者はキリスト者の中に数えられず，礼典にあずかることもゆるされない」[46]と記され，「家長（hausuater）たる者には，少なくとも週に一回は子

---

44) Cl. 2, 39, 16-29. 邦訳 1，2，436．
45) S. 12. 64頁．
46) Cl. 4, 1, 2-7. 邦訳 1，8，381．

供たちや使用人たちに順を追うて質問して，彼らがどの程度にそれを知り，または学んでいるかを吟味し，もし彼らが会得理解していないならば，真剣に監励指導すべき義務がある」[47]と，「家長」すなわち後の「両親」の「持ち場」(Stand) にある者の教育責任を，明確に示している[48]．ルターによれば，「神が私たちに子供を授け託したもうたのは，私たちが彼らを神の御こころに従って育てあげ，治め導くため (nach seinem willen auffziehen vnd regieren)」[49]なのであり，まずは「両親」が，自らの子どもを，積極的に育て上げ，治め導く義務を負っている．結果として先と同様，「十戒」・「使徒信条」・「主の祈り」の３つの部分が，もっとも緊要であるとして，こう語られる．

まず第一に一語一語唱えるように教えなければならない．すなわち，子供たちが朝起きるとき，食卓につくとき，そして夜寝るときに，必ずこれを唱えるという習慣を日ごとにつけさせ，子供たちがそれを唱えなければ，食べ物も飲み物も与えてはならない．同様に家長たる者には，また使用人，下男下女に対しても，もし彼らがこれを知らず，あるいは学ぼうとしないならば手もとにおかないぐらいにする義務がある．この三部門の中には聖書にあることのすべてが手短にわかりやすく要約されているのであるから，これをしも学ぼうとしないほどに人間が粗野である (so rohe vnd wilde) ことは断じて許容さるべきではない．そこには敬愛する教父たち，あるいは使徒たち（彼らがだれであったにしても）が，キリスト者の教理，生活，知恵，わざとは何であるかをきわめて要領よくまとめ，これについて語り，論じ，取り扱っているからである[50]．

こうした強い調子で，ルターは，「十戒」・「使徒信条」・「主の祈り」を，

---

47) Cl. 4, 1, 11-14. 邦訳 1，8，381．
48) 前掲拙著，77-94頁を参照されたい．
49) Cl. 4, 27, 21-22. 邦訳 1，8，425．
50) Cl. 4, 3, 3-15. 邦訳 1，8，383-384．

カテキズムを通じて強制的に「教え込む」ことの義務と責任と必要とを，訴えかけている．さらに，「洗礼」と「正餐」についての2つの部分が加えられた後には，こう述べる．

> これを絶えず究明し，一語一語要請し，試問することが肝要である．若い人たちが，ただ説教だけからして《これを》習得し，記憶するなどと期待してはいけない．これらの部門がよく会得されたならば，その補足強化として，幾篇かの詩篇，もしくはそれに基づいて作られた聖歌を課してもよい．そうすれば，若い人たちを聖書に導き (die schrifft bringen)，日ごとに前進させる (teglich weiter faren) ことができる[51]．

つねに求められているのは，子どもたちが，これらを暗誦でき，内容を理解し，その成果，それへの問いに対して，立派に正しく答えられるようにすることである．「それで私たちはしばしば教理問答を説ききかせて，若い人たちの心にうえつけ，しかも，それがよく彼らの心にしみこみ，記憶にとどまるようにと，高尚な学問的な説きかたは避け，きわめて簡潔にと努力しているのである」[52]．

このように，まずはカテキズムを通じて，子どもたちの教育の義務と責任とを背負う「両親」（とりわけ「家長」）が，「十戒」・「使徒信条」・「主の祈り」といった部分を，彼らの心の内に，しっかりと「植えつける」(einbleuen) こと，「入り込む」(eingehen) ようにすること，「記憶に止まる」(ym gedechtnis bleiben) ようにすることが大切であるとルターは高調する．それには，今日のわたしたちから見れば，かなり厳格と思えるような「教え込み」の強制がともなってはいるが，しかしそれは単なる「鞭」による強制ではなく，もちろん子どもにふさわしいやさしい仕方であるべきことにも，ルターは言及している[53]．

---

51) Cl. 4, 4, 1-7. 邦訳1, 8, 385.
52) Cl. 4, 4, 14-17. 邦訳1, 8, 385.
53) Cl. 4, 14, 15ff. 邦訳1, 8, 402以下.

キリスト者生成のために，人間ができる最小にして同時に最大のこととは，詰まるところ，こうした毎日の地味で地道な努力のほかにはありえないことが，あらためてわかる．

* * *

キリスト教的人間の「生成」に向かって，すなわち「生成としての教育」を目指して，人間たる教師に可能なこととは，じつは，日々の当たり前で根気強い「連続的形成」の努力にほかならなかったことが，ルターに即して，明らかとなった．後藤博一もいうとおり，換言するに「根気づよい「外的みことば」の準備が，キリスト者生成にとって重要な意味を有する」[54]のである．わたしたち教育の責任を担う人間ができる最大限のこととは，聖書の言葉を子どもの心や魂の内にしっかりと「植えつける」という，骨の折れる努力しかない[55]．しかし，こうした「連続的形成」の苦労と尽力こそが，その成果として，キリスト者の「非連続的生成」にとって必要不可欠な「きっかけ」となる．

畢竟するに，「生成としての教育」（教育の非連続的形式）が成就するためには，その大前提として，必ずや「形成として教育」（教育の連続的形式）という，人間自身による積極的な働き（ときには「教え込み」）が，なくてはならないのである．

---

54) 後藤前掲論文，83頁．
55) その後，この「言葉」の種子が，無事に発芽し，たくましく成長し，豊かな果実を結ぶか否か―生成の成果―は，ひとえに「神の手」にかかっているといえよう．後藤がいうとおり，「「外的みことば」はわれわれの努力に関わるものであるが，「内的みことば」は，われわれの努力の結果与えられるもの，意識的に導入されうるものではない．それが与えられることは「恩寵」（Gnade）というべきことである．深い感謝の念をもって受け入れるべきであろう」（前掲論文，83-84頁）．また，金子晴勇『ルターとその時代』（玉川大学出版部，1985年）の193頁以降，「神の教育」も参照されたい．

8章 | メランヒトンの教育活動

> *内容と言葉を両方そなえたフィリップス,*
> *言葉だけで内容のないエラスムス,*
> *内容はあるが言葉をもたないルター,*
> *内容も言葉もないカールシュタット.*

 こうしたルターの教育思想を具体化するに当たって尽力した人物が,ドイツの教師 (Praeceptor Germaniae) と呼ばれたメランヒトンである[1].

 メランヒトンが教育史上残した重要な業績としては,従来次の3点が指摘されてきている[2].

① 大学および中等教育機関を組織し指導したこと.
② プロテスタント領内の大学および学校のために教師を養成したこと.
③ 教科書の編集と著述をしたこと.

 ところが,わが国では,メランヒトンの業績についての詳しい先行研究や解説も皆無に近い[3].

 ゆえにここでは,なかでもとくに①と③の点に注目し[4],メランヒトンがどのような教育計画をもって生徒を学習へと駆り立てようとしたのか.その

---

1) 両者のつながりなど詳細は,拙著『ルターとメランヒトンの教育思想研究序説』(渓水社,2001年) を参照されたい.冒頭の文句はルターが語ったもの.メランヒトンをきわめて高く評価していることがうかがえる.以下原文. Res et verba Philippus, verba sine re Erasmus, res sine verbis Lutherus, nec res nec verba Carolostadius.
2) 前掲拙著,9頁参照.
3) 同前.
4) ②については,たとえばカメラリウス (Joachim Camerarius, 1500-1574) などのすぐれた人文学者があげられる. Cf. S. Kunkler, *Zwischen Humanismus und Reformation: Der Humanist Joachim Camerarius im Wechselspiel von pädagogischem Pathos und theologischem Ethos*, Hildesheim 2000.

一端を，彼の書簡を資料として明らかにした上で，数多くの教科書編著者としての彼の教育活動をあらためて確認してみようと思う．

が，その前に，メランヒトンにおけるこうした一連の教育活動が，どういった教育学的原理に基づくのかに関して，前章を受けて，少し考えてみたい．

1節｜「発達としての教育」と「生成としての教育」

メランヒトンにおける教育とは，総じて「キリスト教的-フマニタス」の形成論であるととらえられるが[5]，この「形成」（formatio, Bildung）の原理的特質とは，あらためて何であろうか．このことを，矢野智司のいう「発達としての教育」と「生成としての教育」という明晰な図式を借りて，簡単に整理しておきたい[6]．

矢野は，教育という人間存在にとって奥深く幅広い事象に，「発達」と「生成」という2つの視点からアプローチしている．

まずは「発達としての教育」であるが，これは今日のわたしたちにとって，とてもなじみのものである．つまり，「発達」としての「教育とは，人間のなかの自然的な所与としての動物性を否定し，過剰な衝動が暴走しないように，方向づける水路を形成することによって，人間化（文化化・文明化・社会化）を押し進めること」[7]である．つまり，「「自然的存在としての人間」から「文化的・社会的存在としての人間」への移行として教育は理解されてきた」[8]のである．これは「最初の否定」である．「つまり動物性を否定することによって人間化するプロセスへの企て」[9]の段階である．

そして，この「発達としての教育」とその論理の特徴は，次に見る「生

---

5) 前掲拙著参照．
6) 矢野智司『自己変容という物語—生成・贈与・教育—』（金子書房，2000年）．
7) 同前書，15-16頁．
8) 同前書，15頁．
9) 同前書，40頁．

成」に比べて定義しやすいという.「発達」の論理は,客観的に観察可能な事象をとらえようとし,まさに「ある人が発達したかどうかは,さまざまなテストによってはかることができる.発達の観察可能性は,教育する側に確かな手応えを与え,評価を下すことを可能にさせる」[10].さらに重要なことは,「発達には最終の到達段階が存在していることである」[11].

つまり,発達では時間は閉じている.そして,最終の到達段階に向けてのプロセスが,いくつか特徴ある期間に区分されて,段階づけられている.このとき,過去の時間はただ過ぎ去るのではなく,蓄積されて次の段階を準備する.また,この発達段階の出現には,一定の順序があると考えられている.時には退行が起こるかもしれないが,正しく教育されるならば,最終の到達点へと定まった順序で人間は上向(発達)していく.言い換えれば,このプロセスで起こるさまざまな出来事は,より高次の自己を生みだす契機として理解されるのである[12].

これは,「労働(生産と蓄積)という近代において生じた世界へのかかわり方をモデルにしている」[13].

近代の学校教育システムになじみきった現代のわたしたちにとって容易に理解しやすい教育とは,矢野のいうように,まさに「発達としての教育」であり,その論理である[14].近代の黎明期に位置するメランヒトンの教育論も,その原理的特質を究明するに,ここでの「発達」もしくは「形成」の側面が,ますます鮮明になってくるであろう[15].これは,のちに見る彼の教育計画や,合理的な教科書の編著といった発想にも,すでにあらわれている.

---

10) 矢野智司「生成と発達の場としての学校」(『岩波講座・現代の教育2―学校像の模索―』岩波書店,1998年所収),104頁.
11) 同前論文,105頁.
12) 同前.
13) 同前論文,106頁.
14) 矢野前掲書,42頁以降参照.
15) 前掲拙著,171頁以降を参照されよ.

この総括は，最後に行うとして，では次に，「生成としての教育」とその論理とは何か確認しておこう．

「否定の否定」，つまり有用な生の在り方を否定して，至高性を回復する体験を，「生成としての教育」と名づけることにしよう[16]．

先ほど「発達としての教育」は，「労働」という近代特有の世界へのかかわり方をモデルとするとされたが，それは「有用性の原理が支配する世界である．この有用性の世界では，物はすべて労働のための材料・手段であり，したがって世界は目的―手段関係に分裂する」[17]．ここでは，人間は自他ともに，事物として扱うことを余儀なくされる．人間自身が「事物の秩序の一部となることによって，人間は，世界へと溶け込んでいく在り方としての「内奥性」の次元を喪失することになる」[18]．

しかるに「生成の論理は，遊びや芸術や宗教によって端的に体験されるような，人間の意識できない感情や無意識のレベルでの生の変容全体をとらえようとする」[19]．目的―手段関係によって把捉可能な「発達としての教育」の次元だけでは，それに還元しきれない人間の生の「至高性」や「内奥性」，いままで取り上げてきた基礎づけ主義の教育思想や，もちろんルター，メランヒトンによれば，霊性や魂といった次元が，否応なしに捨象されざるをえないのは明らかである．なぜなら，「生成は内的な体験であるため，生成したのかどうかなど外部の観察者に観察することも，まして判定し評価することもできない」[20]から．とにかく「生成の体験は，発達と違って，記述し定義すること自体が極めて困難である．深い生成でえられるのは，一義的で明晰な概念では表現できない恍惚や陶酔の体験，不気味なもの，慣れないものの体験であり，多義的で隠喩的な表現によってしか伝えることのできないも

---

16) 矢野前掲書，40頁．
17) 同前書，31頁．
18) 同前．
19) 矢野前掲論文，107頁．
20) 同前．

のである」[21].

ゆえに,「発達としての教育」の末,人間化をさらに否定した(「否定の否定」)さらに末の,脱人間化の非連続的プロセスである「生成としての教育」が,たとえそれが人間の「内奥性」を回復する,日常生活ではじつは非常に身近なものであっても,教育学において主題化されることはまずなかったのであった[22].むしろこうした「生成」に根ざす「自己変容という物語」は,「文学や美学,宗教学や文化人類学といった教育学以外のジャンルで語られてきたトピックである」[23].

さて,以上のような「発達」と「生成」という2つの視点から,人間の生を,そして教育を見るとき,次章でも詳しく見るように,メランヒトンの教育論が,まさにこの両視点を取り込んだところに成立していることがわかるであろう.

まず,ありのままの人間の動物性を否定し,これを社会化,そして文明化,要するに人間らしさ(フマニタス)をそなえた教養ある人間へと,人間化していこうとする教育の方向性＝フマニタスの形成.

次に,この人間の生の「内奥性」たる霊や魂の次元に働きかけ,これを信仰といった,外部からはとらえがたい「自己変容」へと向かわしめる教育の方向性＝キリスト教的生成への準備.

しかし,前者をベースにしながら,後者をより効率よく合理的に「企てる」瞬間に,信仰や宗教の世界はすぐにその神秘性や非合理性,すなわちいきいきとした「内奥性」を捨象させられ,退屈でつまらない1学校科目といったものに転落してしまう危険性をもつといえよう.学校での1教科に還元されてしまった信仰では,もはや後者の教育の方向性は,すでに挫折してしまっているといえなくもない.

---

21) 同前.
22) 矢野前掲書,43頁.
23) 同前.ただし,ボルノーなどは,こうした非連続の生成を「教育における非連続的形式の可能性」として,すでに取り上げていた.O.F.ボルノー『実存哲学と教育学』(峰島旭雄訳,理想社,1966年).ここでは,すでにルターに言及されている(18頁以降参照).7章参照.

すると，人文学者(フマニスト)メランヒトンの教育論の場合，これはあくまでも「キリスト教的-フマニタス」の形成論と考えられるため，じつは「生成としての教育」の深みは，やはり「発達としての教育」，つまり「形成としての教育」という明快な，換言するに学校的な次元へと，どんどん回収されてしまう傾向性が，どうしても否定できないと思われる[24]．(反対に，神学者ルターのテキストには，6・7章で見たように，表現しがたい「キリスト者生成」の物語が満ちあふれているのだが．) そこに，「宗教―教育」の最大の難問がある．これは，むろん「生成としての教育」を，いかにして「発達」や「形成」として明確にとらえられる教育の上に，正当に位置づけられるのかという問題でもある[25]．

ともかく，「合理的」精神の持ち主たるメランヒトンは，まずはこうした性格をもつ「発達」や「形成」という教育学的原理に基づいて，その教育活動を展開していったと考えられる．次に，その具体例を見るとしよう．

2節｜教育計画

メランヒトンは，ヴィッテンベルク大学はもちろんのこと，数多くの大学および中等教育機関（のちのギムナジウム）を公に組織し指導したが[26]，個人的にも多くの書簡を通じて，友人や知人の子弟の家庭教育に関するプランを進言している．ここでは，『2人の子どもの教授について』(*De instituendis duobus pueris*, 1554)[27] を取り上げてみよう．その内容は，ざっと次のように

---

24) Cf. W. Huber, "》Frömmigkeit und Bildung《 Melanchthon und das Schulfach Religion", in: *Melanchthon neu entdeckt*, hrsg. von S. Rhein und J. Weiß, Stuttgart 1997, S. 104-128.
25) 矢野前掲書，187頁参照．
26) 前掲拙著，207頁以降，および別府昭郎『ドイツにおける大学教授の誕生―職階制の成立を中心に―』（創文社，1998年），152頁以降そして261頁以降を参照．
27) *Corpus Reformatorum. Philippi Melanchthonis opera quae supersunt omnia*, hrsg. v. K. G. Brettschneider u. H. E. Bindseil, 28Bde. Halle u. Braunschweig 1834-60（Nachdr. New York/Frankfurt a. M. 1963）より第10巻，S. 100f.

なっている．

　冒頭メランヒトンは，2人の子どもの学識（doctrina）が同等ではないことを確認し，生徒の能力と必要に応じて教授内容を個々人に合わせるよう指示している．そして，一方が文法規則をすでに習い終えているのなら，他方はこれに従事しなければならない．午前中早くに，彼はこの文法を学び，それから選ばれた作家と取り組まなければならない．一方の，すでに文法を終えている生徒は，この作家と，語形変化や活用を通じて取り組み，これを忘れないようにしなければならない．

　次に，テレンティウス（Publius Terntius Afer, ca. B. C. 195-159）といった詩人は，早い時期に暗記するまで学習すべきとされる．ただし，過重負担にならないよう注意しなければならない．毎日10行ずつ刻み込む位で十分である．生徒が，テレンティウスを終えたなら，さらにプラウトゥス（Titus Maccius Plautus, ca. B. C. 254-184）の『アウルラリア』（*Aulularia*）に移る．

　昼頃には，ウェルギリウス（Vergilius Maro Publius, B. C. 70-19）に取り組む．そこでは，すでに語義を空で覚えていない限りは学ぶべきではない構文の規則を経験する．ここでは，構文構成の規則が，いかにして話の組み立てや考えを表現することにかかわるかについて学ぶ．

　金曜日と土曜日の昼には，何週間かにわたって，キケローの『書簡』（*Epistolas*）を説明する．ただし，簡単で関心をひくものを選ばなければならない．すでに進歩上達した生徒には，カトー（Marcus Porcius Cato Censorius, B. C. 234-149）を読むことが有益である．のちに，エラスムス（Desiderius Erasmus, 1466-1536）の『対話』（*Colloquia*）から少し読むのがいい．ここでのすべての努力は，できる限り包括的に文法を学ぶことに集中しなければならない（教師は通常これをなおざりにしがちである）．何週間かのち，熟達した生徒は，2通のラテン語の手紙を書く．他方の生徒にとっては，1通で十分である．有望なようであったら，ラテン語の詩を書くように取り組ませる．

　こうした事柄を，メランヒトンは2人の子どもの家庭教育計画として提示したのであった．また別のプランでは，より詳しいカリキュラムが記されて

いる[28]．

　小括するに，ここには次のような特徴が見出されよう．

　まず，生徒の学習の到達度に応じて，段階的に教授が行われるべきこと．そして，それが生徒にとって過重な負担を強いないように，十分注意すること．さらに教材は精選されたものを用い，生徒にとってできるだけ平易で関心をひく魅力的なものであること．最後に，あらゆる文学を通じた学習が，まずは文法の完全な習得に収斂されるべきととらえられていることである[29]．

　メランヒトンは，以上のような「合理的」教授を段階的に行うことを通じて，その成果，生徒のうちに，確固たるフマニタスの基礎を，連続的に形成しうると考えていたといえよう．

3節｜教科書編著者としてのメランヒトン

精選された教材を用いよというメランヒトンは，また自身が，その作成や編纂にも積極的に取り組んだことで知られている．ここでは，その活動を，レオンハルトの論考を基に[30]，確認しておきたい．

　先にも示したように，メランヒトンの教育史上の業績の1つとしてあげられる教科書の編集・著述であるが，これはそもそも，人文学者メランヒトンの「合理的」教授のための活動の「副産物」（Nebenprodukt）に過ぎなかった．およそ330を数える彼の著作のなかで，教科書は，そのタイトルからするに，せいぜい5％ほどである[31]．しかしながら，この「副産物」こそが，彼の名をヨーロッパに広めたのであった[32]．ただし，その内容と名声の理由

---

28)　前掲拙稿を参照されよ．
29)　この教育学的理由については，前掲拙著，とりわけ197頁以降を参照せよ．
30)　J. Leonhardt, "Melanchthon als Verfasser von Lehrbüchern" in: *500 Jahre Philipp Melanchthon（1497-1560）*, hrsg. von R. Friedrich und K. A. Vogel, Wiesbaden 1998. S. 26-47.
31)　*Ibid.*, S. 27.
32)　*Ibid.*

についての研究は，まだ始まったばかりである[33]．ともかく，次に見るように，多岐の学問分野にわたる教科書編著にたずさわったメランヒトンによって，決してその学問そのものが進歩・発展したわけではないが[34]，学問への導入としての教科書の役割を，ここに定着させたことは間違いなかろう．

目ぼしいものだけでも，メランヒトンは，1518年にギリシア語文法，1525年／26年にラテン語文法，1519年に修辞学（1521年／31年に新版），1520年に弁証法（1528年／47年に新版），1549年に自然学，1538年に倫理学（1550年に新版）と心理学，1540年に解剖学（1552年に改訂版）の教科書を著している[35]．これらはすべて，メランヒトン自身によって手を加えられたり，あるいはほかの誰かによってそうされたりしたものも数多い．また彼は，韻律論や地理学や算術や天文学や音楽といった教科書をも，前書きをつけて出版している．さらに，教授用に，古典古代の作家による作品を編集しなおして出版されたものも多数ある．

こうしたすべてが，まさにメランヒトンの「教育的ライフワーク」(ein pädagogisches Lebenswerk) と呼ばれるにふさわしいものといえよう[36]．これらは，とくに16世紀，各学問分野の模範教科書として，幅広く用いられたのであった[37]．

ただし，メランヒトンの全体の著作に比すれば，じつはそれほどのウエイトを占めるわけではないこれら教科書の位置ではあるが，彼はそれを，はじめから意図して書こうとしたのではなく，あくまでも自らの教授上の必要に迫られて著したことを確認しておきたい[38]．あるいは，先に見た書簡のごとき，ほかからの要請に応じて．また彼は，これらフマニタス形成のための教科書のみならず，難問をはらむ「宗教―教育」用のカテキズムをも数多く執

---

33) *Ibid*.
34) *Ibid*. 前掲拙著，204頁参照．
35) *Ibid*., S. 28. メランヒトンの「心理学」について詳しくは，11・12章で取り上げる．
36) *Ibid*., S. 29.
37) *Ibid*., S. 28ff.
38) *Ibid*., S. 31.

筆しているが，教科書と同様カテキズムの内容や構成の詳しい解明は，10章でつづけるとしよう．

＊　＊　＊

宗教改革とヒューマニズムとのあいだにあって，「キリスト教的-フマニタス」を形成しようとするメランヒトンの教育活動は，その教育学的原理においてすでに，連続的形成と非連続的生成という，教育の2つの論理をいかに統合するかという難問に直面しているといえよう．

　共同体形成という現世内的方面（人間の社会化）を第1目標とするフマニタスの形成を基礎としながら，キリスト教信仰という超現世的方面へも，子どもをして，いかに生成せしめていくのか．連続的なフマニタスの形成と同時に，非連続的な信仰の生成を「企てる」ことが，はたして可能なのか．畢竟するに，合理的な教授によって，信仰の生成を，人間たる教師は，いったいどこまで準備できるのか．振り返れば，プラトン以来の大きな課題が，ここに受け継がれているといえよう．

9章 | メランヒトンの学習計画

> 国家はランタンであり，
> 天の教えは光である．

　ルターによる宗教改革の精神から強烈に触発・喚起されつつも，人文学者(フマニスト)としての天分を大いに活かし，「キリスト教的-フマニタス」の立場より，当時の教育改革に積極的に取り組んだメランヒトン．なかでも，中等・高等教育機関，すなわち後のギムナジウムや大学の基礎を構築したことは，前章でも確認したように，その第1の業績としてあげられよう．宗教改革の混沌とした時代状況にあって，彼は，人間教育の機関つまり学校（Schule, schola）とはどうあるべきか，その究極の理念を究明すると同時に，これを実現するための具体的なプランを提案し，そして実行したのであった．

　では，メランヒトンの意図する学校とは，当時の世の中にあって，どのような役割を担うものとされたのか．本章は，その位置と理念とを，限られた資料をもとに再確認した上で，まずは彼自身による具体的な学習計画（Studienplan, ratio studiorum）の実例を明らかにすることを課題とする．

　このことを通して，結果は及ばずながらも，同じく混迷する現代日本の教育もしくは人間形成に対して，学校や学習，さらには学問のもつ本質的な意味や目的とはいったい何なのか．原点に立ち返って，若干の示唆をえたいと思う．

1節 | 子どもの教育の位置

　まず，メランヒトンは，ルターと同様，「神の国」（reych Gottis）と「この

世の国」(reych der welt) という2国論 (Zwei-Reiche-Lehre), もしくは「霊的統治」(geystliche regiment) と「この世の統治」(welltliche regiment) という2統治論 (Zwei-Regimente-Lehre) の枠内で[1], 現世(ヴェルト)における「子どもの教育(訓育)」(kinderzucht) 一般を, どのようにとらえていたのであろうか.『この世の義とキリスト教の義の違い』(Unterschidt zwischen weltlicher und Christlicher Fromkeyt, 1521 od. 22) のなかに探ってみよう.

メランヒトンによれば,「義しさ」(Fromkeyt) には,「神的」(götlich) なものと「この世的」(weltlich) なものとの2種類があり,「この世的な義」のことを, パウロは「この世の秩序」(der Welt Ordnung) と呼ぶとして, まず「この世的義しさ」と「秩序」とを同一視してとらえている[2]. そしてここには,「外的な規律」(ausserlicher zucht)・「行いの正しさ(立派さ)」(erberkeyt)・「振る舞い」(geberden)・「礼儀作法」(sitten)・「習慣」(breuchen) といったものが含まれ, すべては「理性」(Vernunfft) によって把捉可能なものとされる[3]. これらは, もともと木に植えつけられてあるように,「理性」のなかに神から植えつけられたもの (yngepflantzten) として, はじめから人間は, こうした「果実」(frucht) を担っているとされる[4]. また彼によれば, 人間には生まれつき, 他者を傷つけるべきではないとか, 平和をつねに保つべきであるとか, 他人に対して礼儀を示すべきであるとかいった「分別」(verstand) も植えつけられていて,「理性」と「分別」が自ら

---

1) 拙著『ルターとメランヒトンの教育思想研究序説』(渓水社, 2001年), 65頁以降, 273頁(注19)参照.
2) 本章では, メランヒトンのテキストとして, メランヒトン全集 (*Corpus Reformatorum. Philippi Melanchthonis opera quae supersunt omnia*, hrsg. v. K. G. Brettschneider u. H. E. Bindseil, 28Bde. Halle u. Braunschweig 1834-60 (Nachdr. New York/Frankfurt a. M. 1963)) およびシュトゥッペリッヒ版著作集 (*Melanchthons Werke in Auswahl*, hrsg. v. R. Stupperich, 7Bde. in 9 Teilbdn. Gütersloh 1955-83) によった. 引用に際し, まずメランヒトン全集には CR. の略記号を用い, つづく数字は, 巻・頁を示す. 次にシュトゥッペリッヒ版著作集には, StA. の略記号を用い, つづく数字は, 巻・頁を示す. また, 次の現代語訳も適宜参照した. *Melanchthon deutsch*, übersetzt v. M. Beyer…, hrsg. v. M. Beyer/S. Rhein/G. Wartenberg, 2Bde. Leipzig 1997. StA. 1, 171.
3) StA. 1, 171-2.
4) StA. 1, 171.

見渡せる限りが，同時に「人間の義しさ」(menchliche fromkeyt) の領域であり，すなわち「この世的な義」と「秩序」の領域に属するという[5]。

こうしてメランヒトンは，一方で，人間の「理性」や「分別」の力が及ぶ範囲を明確にし，この固有の能力の存在と効力を確信し，期待すると同時に，他方で，これらの力が及ばない範囲，すなわち「神」にかかわる領域を確保する[6]。「神の義」や「神」そのものについては，「理性」ではなく，「聖霊」(der heylig geyst) のみが，信仰をもつキリスト者の「謙遜する心」(eyn demutig hertz) に直接働きかけ，このなかで認識されるとするのである[7]。ゆえに，「キリスト者の心あるところに，神もいる」(Wo nu das ist, da ist Gott.)[8] と語られる。

さて，このようにメランヒトンが確定する，こうした2種類の義しさと領域において，「子どもの教育（訓育）」は，「外的な義」(ausserliche Fromkeyt) の範疇の2番目に組み込まれている。

ところで，この「外的な義もしくは規律は，人間をして神の前で義とするものではない」(ausserlich Fromkeyt oder zucht, die uns vor Got nicht rechtfertig macht)[9] のであって，もっぱらこれにしか関心がない人の場合には，ただの「偽善」(heucheley) にならざるをえないのであるが，とはいっても，メランヒトンによれば，これが不必要というわけでもなく，むしろ必要不可欠であるという。そこで彼は，「外的な義」の第1のものとして，「権力」(gewalt) もしくは（聖書における）「剣」(schwerdt) をあげる[10]。これは，「この世の当局」(weltlich oberkeyt) に対して，地上の「平和」(friden) を保つために神より与えられたものであって，「外的な規律と風紀」(eusserliche zucht und sitten) とを維持するとされる[11]。この場合，「この世の当局」

---

5) StA. 1, 172.
6) StA. 1, 172. 併せて前掲拙著，128頁以降も参照されたい。
7) StA. 1, 173.
8) *Ibid.*
9) *Ibid.*
10) StA. 1, 174.
11) *Ibid.*

が神に反することを命じない限り，これにしたがうことが求められているという (Und ist man weltlicher oberkeyt gehorsam schuldig, sofern sie nichts wider Gott gebeut zuthon)[12]．

そして，ようやく「外的な義」の第2のものとして，「・子・ど・も・の・教・育（・訓・育）」があげられる[13]．メランヒトンによれば，これは，「神的な義」といわれるものではなく，あくまでも「外的な実践」(ein eusserlich übung) であって，両親がその子どもを罪から守るために，・神・に・よ・っ・て・両・親・に・対・し・て・命・じ・ら・れ・て・い・る行いである[14]．

このように，この著作において，メランヒトンは，「神的な義」と「この世的（人間的）な義」あるいは「外的な義」とを，明確に区別しつつ，両者をある一定の緊張関係に保持しながらも，神によって立てられた「この世の当局（権力）」や「剣」といった考えを導入することを通じて，「平和」（「この世の秩序」）を維持することと，これに含まれる「子どもの教育（訓育）」とを，やはり神からの命令として受け入れ，神にしたがうこと，具体的にはまず「この世の当局」にしたがうことを，当時の人々（とりわけ子どもをもつ両親）の「・理・性」に対して訴えかけたことがわかる[15]．

2節 | 学校の位置と理念

「子どもの教育」あるいは「訓育」が，「この世的（外的）な義」の範疇に属し，これに「理性」をもってしたがうことが，メランヒトンに即して明らかになった．では，子どもの「訓育」に止まらず，いよいよ本格的な「教

---

12) *Ibid.*
13) *Ibid.*
14) *Ibid.* これは，ルターの場合も同様である．前掲拙著，82頁以降を参照せよ．
15) しかし，こうしたメランヒトンの考えがはらむ危険性についても，従来より指摘されている．たとえば，有賀弘『宗教改革とドイツ政治思想』（東京大学出版会，1966年），112頁以降や宮田光雄『宮田光雄集〈聖書の信仰〉IV―国家と宗教―』（岩波書店，1996年），88-95頁を参照されたい．

育」[16]を担うべき学校は，メランヒトンにおいて，どのように位置づけられるであろうか．

「神的な義」と「この世的な義」という先の図式に呼応して，教会（Kirche）と国家（Staat）（「この世の当局」）という機関が，すぐに対応するのは周知のとおりであるが，ここにさらに学校を加えて，〈国家・教会・学校〉を，メランヒトンにおける「教育的三角形」（pädagogisches Dreieck）とする見方が，シュテンペル（H.-A. Stempel）によりなされている[17]．そして，いうまでもなく，この三角形の中心には，イエス・キリストが立っている[18]．キリストを中心として，学校はもちろんのこと，国家も教会も，人間に対して，連動して教育的に作用するとは，いったいどういうことであろうか．『学校と説教職との必須の連結についての話』（*Oratio de necessaria coniunctione scholarum cum ministerio evangelii*, 1543）を中心に，見てみよう．

ここでメランヒトンは，学校のなかでも，特に「人文学校」（schola literarum）について語るとし，これが神の命によって，教会のために建てられていることを，冒頭に示す[19]．彼によれば，人間は生まれつき共同体に向けて作られている（ad societatem conditi sunt homines）が，この「人間共同体」（societas hominis）とは，すでにあたかも学校のようなものであって，ここではまず神や徳について（de Deo et virtute）熟考する（commentor）こ

---

16) ただし，ここでの「教育」の内実は，educatio というよりも，むしろ institutio すなわち「教授」を指している．ちなみに，後で取り上げるテキストと同じ頁にある，『子どもの教授について』（*De institutione puerorum*）でも，institutio が用いられている．エデュカティオやインスティチュティオの意味内容ついては，中内敏夫『教育学第一歩』（岩波書店，1988年），154頁以降および同『教育思想史』（岩波書店，1998年），14-15頁を参照．

17) H.-A. Stempel, *Melanchthons pädagogisches Wirken*, Bielefeld 1979. ただし，これは，W. Wiater, " „Es sollen die Kirch und die Schul gleiche Lehr haben. "Staat, Kirsche und Schule bei Melanchthon", in : *Luther und Melanchthon im Bildungsdenken Mittel- und Osteuropas*, hrsg. v. R. Golz u. W. Mayrhofer, Münster 1996, S. 72-84. を介した教示であって，残念ながら本章では，シュテンペルに直接当たることができなかったことを，ここに断っておく．

18) W. Wiater, *op. cit*., S. 81.

19) CR. 11, 606.

とが，構成員たる人間1人ひとりに求められているという[20]．そこで，「人間共同体」すなわち国家とは[21]，まるでラ・ン・タ・ン・のようなものであり，天の教えとは光のようなもの (politias similes laternae, doctrinam coelestem lychno) である[22]．つまり，暗闇のなかで，光がともらないランタンが無用の長物であるのと同様に，国家にあっても，天からの教えが欠けて，人間たちが神や徳について深く考えることがないとしたら，いくら固い城壁によってこれが守られようとも，国家には（同時に人間存在にも）意味がない．ゆえに，暗闇の国家・共同体に，（この世のではなく）天からの神による「光・」を灯す教会と（信徒による）集まりは必要不可欠であって，これらは神に仕え，神の本質と意志とを広める[23]．つまり，まずはこのような重大な役割を担う教会にとって，学校が建てられてあると，メランヒトンは主張する．

このように，教会はこの世の「光」とならなければならず，これを建設・維持する人間を[24]，学校が養成しなければならないわけであるが，そのために学校では，「学・芸・」(littera) 要するに「学問」が教えられねばならないとメランヒトンいう（そこで，この「学芸」を教える学校が「人文学校」とされたのであった）．では，教会とつねに連動してきた学校と[25]，残る国家との関係は，どうとらえられているのであろうか．

メランヒトンによれば，「神・の・知・を・人・間・の・な・か・に・保・つ・ことは，疑いも無く，支配者の最高の義務である」(Summum haud dubie gubernatoris officium est, Dei noticiam inter homines retinere.)[26]．「神の知を人間のなかに保つ」という

---

[20] CR. 11, 607.
[21] P. ルントグレーン『ドイツ学校社会史概観』（望田幸男監訳，晃洋書房，1995年），21頁以降を参照されよ．彼によれば，近代国家の成立以前には，「国家」と「社会」を，2つの異なる領域として考えることには，ほとんど意義がないという．
[22] CR. 11, 607.
[23] CR. 11, 608.
[24] 後にも見るが，周知のとおり，ルターとメランヒトンは，教会を世俗の権力に委ねることとし，ここに領邦教会制度が確立する．ルントグレーン前掲書，15頁以降参照．
[25] CR. 11, 609, 612. ルントグレーン前掲書，16頁参照．
[26] CR. 11, 612. 強調は引用者による．

ことのみが,「学芸」もしくは「学問」の究極の課題であって[27]，このために「支配者」(gubernator) すなわち国家や「この世の当局」は, 全力を尽くさなければならないという．そのような「学問」の最高府たる「大学」(Academia) が, すばらしい, 知的な, 学識ある, 徳にも知識にも秀でた学者たちによって栄えるよう, 細心の注意を払うことは,「支配者」の最大の義務であり責任 (officium) である[28]．メランヒトンのいう「支配者」とは, ここではあくまでも,「キリスト教的な支配者」であって, この神によって立てられた「支配者」は,「学問」を保護し, そのために「学校」を設立・維持することを通じて, 結果としてこの世での「光」たる教会を存続させることに寄与する責任をはたしている．

ことほどさように, メランヒトンにおいては, キリスト教的な国家の下, 学校と教会が連動し, この3者が互いに連結しあいながら,「神の知を人間のなかに保つ」(具体的にはキリストに向かって)という究極の目標に向け, 人間に対して教育的に作用する構図が想定されよう．これが先ほど,「教育的三角形」といわれたものである．この三角形を構成するのは, 無論人間1人ひとりであるが, この者たちが三角形の一部を担うことを通じて, 自ずと「神の知を保つ」ということのために互いに協働しあうという構想を, メランヒトンは抱いていたといえよう．この場合, ヴィアター (W. Wiater) もいうように,「メランヒトンにおいて学校は, キリスト教的な考えをもった国家による機関」(Bei Melanchthon ist die Schule eine Institution des christlich gesinnten Staates)[29] となるのであって, 彼にとって教育は, 単に両親による私事 (Privatsache der Eltern) の領域に止まることなく, 同時に公の課題 (öffentliche Aufgabe) でもあることが明らかとなる[30]．そこで, 学校での教育の目的は, 子どもと (訓育すなわち私事としての家庭教育ではない) 公の教育とを仲介し, あくまでも神の栄光(「神の知を保つこと」)と同時に,

---

27) Cf. W. Wiater, *op. cit*., S. 77f. ここでは,「学問」・「教会」・「国家」の役割が, 明解に整理されている．
28) CR. 11, 612. 傍点引用者．
29) W. Wiater, *op. cit*., S. 80.
30) *Ibid*., S. 78.

その結果としてすべての人々の公益（Allgemeinwohl），つまりは「平和」に向けられている[31]．「学校は，敬虔，宗教，さらに市民の，家庭の，そして政府の状態（秩序）を維持するのに必要」（scholas esse nesessarias ad pietatis, religionis, status civilis, domesticae etiam administrationis conservationem）[32] であり，要するに「国家とキリストの教会のために」（ut et Reipublicae et Ecclesiae Christi）あるのである[33]．

以上，私教育ではなく，あくまでもキリスト教的な公の教育目的に適う，国家による学校を（さらにこの学校は教会とも連結されていたが），メランヒトンは構想していたことが明らかとなった．人間教育は，「訓育（しつけ）」といった私事の領域に止まることなく，さらに「私」から開かれた「公」（「人間共同体」や国家）へ向けて踏み出さねばならず，この役割を担うのが，学校なのであった．しかも，この「公」とは，メランヒトンの場合，あくまでも「神的な義」との緊張関係にあるこの世の国を意味していたのであり，最終的には，神へ向けてという超現世的（überweltlich）な志向性を有する，巨大な「学校」のごときものとして，もともととらえられていたことを忘れてはなるまい．

では次に，メランヒトンは，このための具体的な教育プランを，どのように計画していたのであろうか．

3節｜『ポーランドのアンドレアにあてた学習計画』

先のヴィアターによれば，メランヒトンの教育理論（Bildungstheorie）は，形式陶冶の側面（formale Bildungsaspekte）（たとえば，文法・修辞学・弁証法）と実質陶冶の側面（materialen Bildungsaspekte）（たとえば，古典作家か

---

[31] これは，ルターの場合も同様である．彼は，こうした教育目的を，「神への奉仕に向けて」（zu Gottes dienst）という包括的概念で捉えている．前掲拙著参照．
[32] CR. 11, 616.
[33] CR. 11, 617.

らの選択）とが，信仰への入門教育に向けて（zu einer glaubenspropädeutischen Bildung）組み合わされているという[34]．ゆえに，彼の教育は，「聖霊」すなわち「神の恵み」（Gnade Gottes）が作用するまでの，そして，この世におけるキリスト教的人間が責任をもって行動できるようにするための，人間学的準備（anthropologische Vorbereitung）となる[35]．この具体例を，『ポーランドのアンドレアにあてた学習計画』（*Ratio studiorum praescripta Andreae Polono a Philippo Melanthone*, 1554）[36] に見てみよう．これは，メランヒトンの手による，典型的な学習プランである[37]．大学へ至るまでの，ちょうど中等教育（「人文学校」つまり「ラテン語学校」）[38]に相当する生徒にとって，1週間に，どのようなカリキュラムが想定されていたかがわかる．

月曜日と火曜日．早朝，『旧約聖書』のある1章から始める．それをテキストの順番にしたがって，出来事の経過が適切に認識できるよう，そして詩句の語に習熟できるよう読むこと．その後の月曜午前は，キケローの『書簡』と『演説』．火曜は，テレンティウス，あるいは他の詩人を，雄弁（eloquentia）に役立つように購読する時間．午前中の残る時間は，オルテリウス（Veit Örtel, 1501-1570）と弁証法に関する講義．午後は，『魂について』（*De anima*）とヘブライ語文法についての講義．残る時間は，あるときは文体の修練（exercitio styli）に，またあるときは，楽しみや交わりの材料ともなる，新しいもしくは古い作家の読書に当てる．

水曜日はすべて，ギリシア語と倫理学に用いる．ただし，このきまりに盲目的に従う必要はない．というのも，やる気を起こさせる講義と無味乾燥な文体演習とは交代すべきであって，その結果学習は，確たる終結へと導かれるからである．その際，君が学ぼうとしていることが，どんな場合でも，教会の教え，弁証法，ラテン語の書き方のスタイルについての方

---

34) W. Wiater, *op. cit.*, S. 80.
35) *Ibid.*
36) CR. 10, 99f.
37) *Melanchthon deutsch*, Bd. I, S. 102.
38) 前掲拙著，214頁以降参照．

法，ギリシア語，ヘブライ語の土台となる骨組み，倫理学そして自然学における基本的知識であることを考慮しなければならない．

　木曜日と金曜日の早朝は，先に記したのと同様に，『旧約聖書』より始まる．つづく時間は，リウィウスの購読．木曜か金曜のどちらかは，ウェルギリウスかオウィディウスの講義．その後，オルテリウスと使徒パウロの手紙について．午後は，ヘブライ語文法についての講義．残りの時間は，活発な講義と文体の修練．わたしは，君がそういう状態であると思うならすぐに，算術と天文学とを，独学でも，あるいは教えてもらうなどして取り組むよう希望する．この学習には，明確に区切られた領域が決められている．それによって，ただ遊びながら精神を知識でもって展開することができるだけでなく，学問のさまざまな領域が扱われ，君が歩もうと決心した道に合ったものが，ここから選ばれることにもなる．

　土曜日と日曜日は，『ローマ人への手紙』と『ロキ・コンムーネス』の購読に当てられる．どちらかの日，就寝する前の夜には，ラテン語でもギリシア語でも，『新約聖書』から1章を読みなさい．そして，そのとき十分慎重に，言葉の固有の意味を熟考しなさい．そうすれば，君は，教会の教えと同様にギリシア語の知識においても，多くのものを獲得する．

　以上，この私的な書簡において，メランヒトンによる学習計画の1つの具体例を見ることができた[39]．ここでは，まず新旧含めた聖書や『ローマ人への手紙』，そしてメランヒトン自身の手による『ロキ』が教材とされ，キリスト教（教会）の教えの学習が，ラテン語・ギリシア語・ヘブライ語という古典語の学習と同時に組み込まれている．それとともに，キケローやウェルギリウスといった，主にローマの古典的作家が取り上げられている．また，『魂について』など，アリストテレス（Aristoteles, B.C. 384-322）による書物までも含まれている[40]．そして，何といっても，こうした学習の基本とな

---

[39] これは，ほんの一部である．その他の「学校規則」（Schulordnung）等に関しては，同前書，222頁以降を参照されたい．

[40] メランヒトンは，この解説書を『魂についての書』（*Liber de anima*, 1553）とし

る言葉と文法の学習には，最大の注意が払われている．結果として「文体の修練」も重視されている．むろん先の文法も含め，弁証法や算術・天文学など，古来「7自由学芸」(septem artes liberales) といわれる基礎学科への配慮が，随所に見出される．

　こうして見てくると，ここでもメランヒトンの学習計画もしくは教育課程(カリキュラム)は，キリスト教信仰へ向けての超現世的志向性を中心としながらも，「人間共同体」の形成へ向けた志向性をも同時に兼ねそなえていることが明らかとなる．それは，まさに先の学校の位置と理念にも正確に合致し，これを実現するはずのものなのである．

＊　＊　＊

　メランヒトンにおける学校が，第1に「人文学校」(スコラ・リテラールム)すなわち「学芸」(リテラ)の学校であり，これが，「教育的三角形」の1要素として，超現世的方面（キリスト教信仰）と現世内的方面（「共同体」形成）の両面へ向けての人間形成を行う機関であることが，以上より明らかとなった．「子どもの教育」は，両親による「訓育」という私事に止まることなく，できればこれをさらに超え出て，ある者は，この学校において，国家へと，そしてキリストへと，公に開かれて (öffentlich)，自らがこの世のランタンに灯る「光」となるべく，学問という炎を点火させられて，より成長・発展していくはずのものとしてメランヒトンはとらえていたのである．つまり，あらためてメランヒトンにおける学校とは，あくまでもこうした「公の課題」を担う機関なのである[41]．

　さて，このようなメランヒトンの学校観ならびに学問観は，「神の国」と「この世の国」，「キリストの義」と「この世の義」といったとらえ方に見られるように，もともと現世とあの世との一定の緊張関係を前提するがゆえ

　　て自ら著している．メランヒトンの人間学を探る上でも重要なこの著作についての
　　考察は，11章で行う．
　41)　W. Wiater, *op. cit.*, S. 80.

に,「神の知」へ向かって,人間のすべての活動（生）が,ここに収斂しつつも,一方でこれを「人間のなかに」すなわち現世（「人間共同体」や国家）に「保つ」努力が惜しまれることなく,あくまでもこの世に一定の「秩序」をもたらすことを,大きな課題としていた．メランヒトンにおいて,この世とは,決してあの世（神とキリストの国）とは無関係のものではなく,むしろこの両者は,密接に結び合う緊張関係にあった．そうであるがゆえにこそ,この世は,つねにあの世という超越的視点からの厳しい検討の目に晒されていたといえよう[42]．こうした超越的視点もしくは天からの視点から,メランヒトンは,人間形成の場たる学校の位置や理念や学習内容,さらには制度をも再考していったのである．

しかるに,「神」といった基礎づけを喪失し,ポストモダンともいわれて久しい現代と教育．以上のような,キリスト教的神を元来もたぬ,ゆえに現世とあの世との緊張関係をもたぬわが国においては,とりわけ,超越的視点をまったく抜きにした人間形成やそのための学校が,はたすところいったい何のためにあるのか,いまあらためて問い求められているのではなかろうか[43]．

畢竟するに,天からの視点を欠いた,やみくもな現世内的活動や生が行き着くところ．人間の行く末は,はたしてどこなのか．メランヒトンは,わたしたち現代人に対して,いま一度「超越」（あるいはスピリチュアリティ）に目を向けるべきことを教え,ここから翻って人間の「共同体」（ソキエタス）とは,国家と

---

[42] この点,キリスト教文化圏ではないわが国との興味深い「違い」については,阿部謹也『学問と「世間」』（岩波新書,2001年）,102頁以降を参照されたい．

[43] いずれにせよ,「基礎づけ」を求めない「基礎（理由）」を求めることも含め,生と死とをトータルな視野に入れた,何らかの教育の「物語」が,人間存在にはやはり必要なのではないか．少なくとも,これについて考えつづける態度が肝要だと思われる．先の阿部は,結局「いかに生きるか」という問いに対する自らの答えが「教養」であるという（前掲書,123頁）．とするならば,教育にかかわる現在のわたしたちに求められているものも,まさにこうした「教養」を求める態度であろう．さもなければ,とくにわが国の教育は,「超越」とのかかわりを欠いた,すぐに目先の「世間」のみにかまけたものとなる危険性を,大いにはらんでいるのではなかろうか．

は何なのか．そして，そこでの教育とは，学校とは，つまるところ人生(レーベン)とは，どうあるべきかについて，再考を促しつづけているといえよう．

10章 | メランヒトンのカテキズム

キリスト教的生のはじまりとは，神の怒りを前にして，
わたしたちの罪に心から真剣に驚愕することである.

メランヒトン思想の基本構造は，つねにルターによる宗教改革の精神とフマニタスの伝統という，いわば垂直軸と水平軸によって成り立っている[1].

しかし，わが国では，彼の教育思想そのものについて深く入り込んだ本格的研究も少なく[2]，またキリスト教文化圏には属さない事情も手伝ってか，メランヒトンの人文学者（フマニスト）としての側面だけが着目されがちであった．比するに，欧米でも，教育史研究においては，やはりメランヒトンがフマニストとしてはたした業績のみが注目されやすく[3]，彼の思想と行動

---

1) Cf. A. Sperl, *Melanchthon zwischen Humanismus und Reformation*, München 1959. 拙著『ルターとメランヒトンの教育思想研究序説』（渓水社，2001年）参照．ただし，ここではその教育思想の基本構造が確認されたにすぎず，とりわけ「垂直軸」をいかに形成していくのかという，キリスト教教育の具体像については，ほとんど明らかにされていない．よって，本章は，この点をメランヒトンのカテキズムのなかに，解明しようとするものである．

2) たとえば，篠原助市『欧州教育思想史（上)』（玉川大学出版部，1972年），74-81頁を参照．管見するに，現在唯一まとまったものとしては，前掲拙著のみである．

3) メランヒトンの伝記および教育思想を扱った古典として名高い，K. Hartfelder, *Philipp Melanchthon als Praeceptor Germaniae*, Berlin 1889 (Nachdr. Nieukoop 1920). にしても同様である．わが国では，これまでメランヒトンを，ルター的な宗教改革理念の制度化—プロテスタント・ギムナジウムを作ったり大学改革をしたりなど—だけに才能を発揮した実務家として，その見える具体的側面のみを取り上げてきた．しかも，ルターの激しく強烈な個性の傍らで，メランヒトンの穏やかで温和な態度は相対的に影が薄くなり，もっぱらルターの忠実なスポークスマンとして評価されがちであった．それは，欧米でも同じく，ハルトフェルダーの指摘とも重なり合っている．「メランヒトンは，幾世紀ものあいだで世界史がたった1度だけ産み出すような，創造的な天才ではない．むしろ彼は，収集し，精選し，加工する精神である」(*Ibid.*, S. 551.). およそこうした見方から，メランヒトンの教育思想そ

の根底に横たわるキリスト教信仰については，もっぱら神学の分野で扱われてきたにすぎない[4]．

ところが，メランヒトンは自分自身を，とりわけルターとの出会い以降，あくまでもキリスト者と自覚し，彼なりの信仰を形成していくなかで，その神学思想を基盤に，フマニタスの伝統を再統合していった．そこで求められる教育の究極目標とは，いわゆる「教養ある敬虔」(pietas litterata)であって[5]，あらゆる「人文学（文字）」(littera) による「教養」(humanitas, Bildung)＝フマニタスの伝統が，すべてキリスト教の「敬虔」(pietas, Frömmigkeit)＝宗教改革の精神に収斂されるべきものととらえられていたのである[6]．この根本態度に基づいて，メランヒトンの教育活動全体は構成されていたといえよう．ゆえに，彼は人々を（とくに子どもや青年を），キリスト教的敬虔へと教導する直接的手立てとしてのカテキズム（教理問答・信仰問答）教育，すなわち現代でいう宗教教育にもむろん力を入れ，ルターと同様カテキズムを数多く執筆し，自らも実践したのである[7]．

しかるに，メランヒトン教育思想の中心的かなめを占める重要なカテキズ

のものに深く食い込んだ研究は，一見して面白みがないとされ，あまりなされてはこなかった．また，教育は元来，人間本性の「可能性」に目を向け，これ（人間性・フマニタス）を十全に展開させようと発想することからも，メランヒトンのフマニストとしての業績には，教育学の側からはアプローチしやすく，ここだけに関心が集中しがちであった．だが，そこでは，人間本性のむしろ「限界」に目を向ける神学の側からすれば，大きな違いが浮かび上がってくる．じつは，本章でも見るように，このまるで正反対の見方をする両者（教育学と神学）のあいだで，ユニークな思想を築き上げたのが，メランヒトンなのである (Cf. G. Müller, "Philipp Melanchthon zwischen Pädagogik und Theologie", in: *Humanismus im Bildungswesen des 15. und 16. Jahrfunderts*, hrsg. von W. Reinhard, Weinheim 1984, S. 95-106.).

4) とりわけ1997年がメランヒトン生誕500年に当たることから，以降たとえば，R. Friedrich u. K. A. Vogel (hrsg.), *500 Jahre Philipp Melanchthon (1497-1560)*, Wiesbaden 1998. など，神学界では数多くの研究文献が出されている．

5) E. ガレン『ルネサンスの教育―人間と学芸の革新―』（近藤恒一訳，知泉書館，2002年），200頁参照．

6) 前掲拙著を参照されたい．

7) E. L. タウンズ編『宗教教育の歴史―人とその教育論―』（三浦正訳，慶應通信，1985年），192頁以下参照．

ム教育（宗教教育）は，すでに触れたように，人文学者メランヒトンの陰にかくれて，意外にも，これまで詳しく検討されてきていない[8]．

ゆえに本章では，メランヒトン教育思想の核心と見られるカテキズムのほんの一端を取り上げ，この原典にそった考察を通じて，彼がどのような人間論と教育原理・方法や手立てに基づいてキリスト教的人間形成を試みたのか，その解明を主要課題とする．結果として，こうしたキリスト教的教育思想が含む現代的示唆についても，おわりに言及したい．

1節｜義認と聖化―キリスト教的人間の「再生」―

では，まずメランヒトンのキリスト教信仰に根ざす人間観は，いかなる特質をもっているのであろうか．カテキズムに入る前に，あらかじめ重要な点を確認しておきたい．

かつてボルノーが，実存哲学からの呼びかけに応えて，「教育における非連続的形式の可能性」を明らかにしたとき，これを表現する典型例としてあ

[8) 日本では，ルターとカルヴァンのカテキズムについてならば，詳細な研究が，すでに小林政吉によってなされているので，参照されたい（『宗教改革の教育史的意義』創文社，1960年）．欧文文献では，宗教教育の方法一般についても言及しつつ，H. Liedtke, *Theologie und Pädagogik der Deutschen Evangelischen Schule im 16. Jahrhundert*, Wuppertal 1970. S. 64f. は，メランヒトンのカテキズムに簡単に触れている．なお近年，アグリコラ（Johannes Agricola, 1494-1566）との論争の過程で，メランヒトンのカテキズムに触れた研究としては，J. T. Wengert, *Law and Gospel : Philip Melanchthon's Debate with John Agricola of Eisleben over Poenitentia*, Grand Rapids 1997. がある．ここでは，副題からも見受けられるように，人間の「悔い改め」（poenitentia）をめぐって律法無用を唱えるアグリコラに鋭く対立するメランヒトンの，激しい応酬と両者の違い（ディベート）が，両者のカテキズム以外の資料も用いて，明らかにされている．よって，メランヒトンのカテキズムには触れられているだけで，ここに的を絞った詳しい考察はなされていない．本章では，これを参照しながらも，とくにメランヒトンのカテキズムにだけ焦点をしぼり，その構造を精査することを通じて，彼の「宗教教育」の原理的・方法的特質を，ウェンガートが描くアグリコラとの必要以上のコントラストに振り回され引き摺られることなく，まずはそのままの形で浮き彫りにしようと試みている．

げたのが，7章でも見たように，「たえず更新される努力の必要を説く点において，ふるいキリスト教的見解のルター的定式化，すなわち，「ふるきアダムは日々の悔い改めと懺悔に没頭しなければならない．そして，日々に，あたらしい人間がよみがえらなければならない」というルター的定式化」[9]であった．あらゆる持続的な形成をこばむ「実存」(Existenz) という，人間の最内奥の究極の核心部分．この実存は，持続的連続的に形成されるのではなく，非連続的に，日々ある瞬間瞬間に，ただ「更新」(renovatio, Erneuerung) されるほかない．ボルノーがいうように，「人間には，そのつど，さまざまな〈層〉があり，それに応じて，さまざまな教育形式がこころみられる」[10]のだが，ルターが問題とし，かつメランヒトンもまた（宗教）教育の最終的な問題としたのは，まさに人間存在における実存的な核心層の「更新」，あるいは「再生（甦り）」(regeneratio, Wiedergeburt) であった．しかも，これは信仰による義認 (iustificatio, Rechtfertigung) に立つルター神学ならびに宗教改革の精神の真髄にもほかならなかった．が，ルターとメランヒトンとのあいだには，少し違いがある．

詮ずるに，「義人にして同時に罪人」(simul iustus et peccator) というのが，ルターのキリスト教的人間観を端的に示す言葉である[11]．つまり，「我欲」(Selbstsucht) を自己の本質とし，神の意志につねに逆らいつつ，自己愛を満たそうとする人間は，みな「罪人」(Sünder) である．そして人間の内にはすべからく，神への反逆的な意志すなわち「罪」(Sünde, peccatum) が，かのアダムとイヴによる「原罪」(Erbsünde, peccatum originale) 以降，内在してしまっている．しかし，人間は己れの「罪」を自覚して心底より悔い改め，キリストへの信仰 (fides) つまり信頼 (fiducia) によれば，たとえ「罪人」であっても，そのまま「義人」(義しい人) として神の前 (coram Deo) に認められる．ここで人間の側に要請されているのは，唯一「罪」の自己認識であって，あとはすべて神の側が，恵み (Gnade, gratia) による信

---

9) O. F. ボルノー『実存哲学と教育学』(峰島旭雄訳，理想社，1966年)，18頁．
10) 同前書，32頁．
11) 金子晴勇『ルターの人間学』(創文社，1975年)，133頁以下参照．

仰を通じて，救済に必要ないっさいのことがらをなしとげる．そして，こうしたルターによる信仰義認論を，メランヒトンはさらに今日「法廷的義認」(forensic justification) と呼ばれるものにまで展開させたのである[12]．

マクグラス (Alister. E. McGrath) がつとに指摘しているように，1515年から19年にかけてのルターは，「義認とは生成である」(fieri est justificatio) と語るごとく，義認を〈成る〉過程すなわち「生成」(fieri) のプロセスと理解し，「罪人」が内面的再生を通してイエス・キリストの姿に次第に一致するようになると考える傾向を示していた[13]．だが，メランヒトンは義認を，「罪人」たる人間の内的再生もしくはキリストへの「生成」とはとらえず，あたかも天の神を前にした法廷（フォーラム）において，「義人に数えられる」あるいは「義であると宣言される」と教えるようになったのである．これが「法廷的義認」である．結果，かつてアウグスティヌスが，義認において「罪人」が「義人」と成るというのに対して，メランヒトンは義と見なされると説くようになる．「アウグスティヌスにとって「義とする義」〔恵み〕は分与されるが，メランヒトンにとっては転嫁される．メランヒトンは，義と宣告される出来事と義となるようにされる過程とをはっきりと分ける．前者は「義認」と呼ばれ，後者は「聖化」あるいは「新生」と呼ばれる」[14]．つまり，いみじくも「義認は神の御前に罪人の外的状態を変え，他方，再生は罪人の内面的本性を変えるのである」[15]．

このように，義認と，聖化 (sanctificatio, Heiligung) もしくは「新生」や「再生」としての「生成」を明確に区別し，この両者をともに重視したところに，メランヒトン教育思想が依拠するキリスト教的人間観の重要な特徴が

---

12) A. E. マクグラス『宗教改革の思想』（高柳俊一訳，教文館，2000年），156頁以下，および同『キリスト教神学入門』（神代真砂実訳，教文館，2002年），623頁以下を参照．
13) マクグラス前掲『宗教改革の思想』，165-166頁．
14) マクグラス前掲『キリスト教神学入門』，625頁．
15) マクグラス前掲『宗教改革の思想』，166頁．なお，J. モルトマン『いのちの御霊―総体的聖霊論―（J. モルトマン組織神学論叢4）』（蓮見和男ほか訳，新教出版社，1994年），216頁以下も参照されたい．

あるといえよう．

2節 | カテキズムの構成・内容・方法

こうした義認と聖化，そして「再生」という人間生成のプロセスを踏まえ，メランヒトンは，これを具体的に実現するための手段として，カテキズム教育を推進する．

ところで，ルターやカルヴァン（Jean Calvin, 1509-1564）をはじめ，プロテスタント宗教改革者たちはみな，「自らの思想を伝えることと擁護することの必要を意識していた」[16] ため，とりわけカテキズムによる子どもの教育を重視した．教理問答あるいは信仰問答と呼ばれるカテキズムは，中世の教会においても見出されるが，これが一般に力強く用いられるようになるのには，やはり宗教改革によるところが大きい[17]．ウェンガート（Timothy J. Wengert）が詳しく示しているように，1529年にルターによる『大教理問答書』（*Der Grosse Katechismus*）そして『手引書　小教理問答書　一般の牧師と説教者のために』（*Enchiridion/ Der kleine Catechismus fur die/ gemeine Pfarher und Prediger*）という決定版が出されるまで，とくに1525年から27年にかけて，カテキズムの洪水（the flood of Catechisms）ともいいうる状況が，ドイツでは見られた[18]．なかでも，メランヒトンのそれも含めてめぼしいものが，コールズ（Ferdinand Cohrs）による『ルター手引書前の福音派カテキズムの試み』（*Die Evangelischen Katechismusversuche vor Luthers Enchiridion*）に集約されている[19]．本章では，これを主な資料として，メランヒト

---

16) マクグラス前掲『キリスト教神学入門』，110頁．
17) 同前．
18) T. J. Wengert, *op. cit*., S. 47ff.
19) F. Cohrs, *Die evangelischen Katechismusversuche vor Luthers Enchiridion*, 4 Bde., Berlin 1900-1902. 以下 Cohrs とのみ記し，つづいて巻数・頁の順に示す．同じくコールズ編集による *Supplementa Melanchthoniana*, Bd. 3., Leipzig 1915. には，1529年以降のメランヒトンのカテキズムが資料としてまとめられている．この邦訳

ンのカテキズムの一部を，考究してみたい．

　1529年までのあいだに，ここにはメランヒトンのトータル4つの作品が収められている．まず，①『メランヒトンの手引書とそのドイツ語訳』(Melanchthons Enchiridion und seine deusche Übersetzung, 1523)．次に，②『メランヒトンの注釈とそのドイツ語訳』(Melanchthons Scholien und ihre deutsche Übersetzung, 1523)．そして，③『すべてのキリスト教的生がまとめられているフィリップ・メランヒトンの言葉と，おそらく1529年につけ足された若干の部分』(Philipp Melanchthons Sprüche, darin das ganze christliche Leben gefasset ist, und einige 1529(?) ihnen beigefügte Stücke, 1527)．さらに，④『フィリップ・メランヒトンのカテキズム説教』(Philipp Melanchthons Katechismuspredigten, 1528) である．では，これらの構成および内容のポイントを，順に見ていこう．

①『メランヒトンの手引書とそのドイツ語訳』

　これは，まさにカテキズムの名にふさわしく，「福音派による最初の宗教教科書」(die ersten evangelischen Lehrbücher der Religion) とコールズはいう[20]．それは，はじめメランヒトンの私塾 (schola privata) 用に書かれたが，のちには学校でも用いられ，宗教教授と同時に読み書きを教える教科書として活用された[21]．

　このことは，「①序文　②文字（アルファベット）　③主の祈り，アヴェ・マリア，信仰告白，詩篇67　④十戒　⑤マタイによる福音書より5‐7章　⑥ローマ人への手紙より12章　⑦ヨハネによる福音書より13章　⑧エラスムス選集による賢者の言葉」という8部構成からも明らかである．

　序文でメランヒトンは，すべての子どもたちに至福(ゼーリッヒカイト)を願い，イエスの「子どもたちを私のもとに来させなさい」(paruulos ad me venire/ die kinder

---

　　も含めた詳細かつ全体的な検討は，稿を改めて行う予定である．本章は，その端緒を開いたにすぎない．
[20]　Cohrsl. 17.
[21]　Cohrsl. 17ff.

zuo mir kummen）という聖句を引きつつ，それが文字（littera, schrifft）すなわち聖書を抜きにしてはありえず[22]，ゆえに「人は文字〔聖書〕を最大の注意と関心とをもって学ばねばならない」（Summa cura et uigilantia litterae discendae sunt/ sol man die schrifft mit höchster sorgr vnd achtung lernen）と力説する[23]。よって，文字通りここではアルファベットの習得からはじまり，キリスト教の根本たる主の祈り・信仰告白・十戒などが学ばれた後に，聖書の重要部分へと実際に導入され，最後には，当時広く使用されたエラスムスのテキストも組み入れられて，主要な箴言・格言が効率的に暗記されるよう仕組まれている．

② 『メランヒトンの注釈とそのドイツ語訳』
　これは，十戒すなわち律法（lex, Gesetz）[24]について注釈したもので，そのドイツ語訳は，民衆教育，とりわけ子どもの教育に直接役立つように作られ，ラテン語版も，学校教育で用いられた[25]。それは，『子どものカテキズム』（CATECHISMVS PVERI）あるいは『小さな注釈』（Ain klaine Außlegung）といった表題からも明らかである[26]．
　内容は，「①律法の注釈―ⓐ第１の板ⓑ第２の板　②律法の力（Kraft）について　③律法の成就（Erfüllung）について」というように構成されている．
　ここでは，メランヒトンがのちにますます強調するようになる律法のはたす役割について，重要な考えが明記されている．「律法の認識（legis cognitio/ die erkantnuß des gesetz）はぜひとも必要である．わたしたちは律法の力と能力によってあらかじめ〔自己を〕知り認識することのほかには，わたしたちの心の内に（in cordibus nostris/ in vnsern hertzen）福音を経験す

---

22) Cohrsl. 30.
23) Cohrsl. 30.
24) 詳しくは，前掲拙著，178頁以下を参照されよ．
25) Cohrsl. 66f.
26) Cohrsl. 68f.

ることも見出すこともない．そして，良心に衝撃を与え，これを驚愕させるのは，まさしく律法のなせる働きである（legis opus est terrere conscientias/das ist das werck des gesetz das es die gewissen entsetzt vnd erschreckt）」[27]．メランヒトンによれば，律法によって自己を認識する者＝「罪」を自覚する者に，よりリアルには，律法という「雷」（tonitrua, Donner）に撃たれることを通じて「良心」（conscientia, gewissen）に衝撃と驚愕が走る結果，自身の欠陥と弱さを徹底的に認識する者にのみ，はじめて福音（Euangelium）＝「罪」のゆるしという神の慈悲（misericordia, barmhertzigkait）が注がれるという[28]．ゆえに，ここで彼は，いわば福音への準備として律法がはたす役割を重要なものととらえ，その内容をわかりやすく説明しようとしたのである[29]．ただし，行い（opera, werck）が先立つことによる「罪」のゆるし，すなわち行為義認はありえず，あくまでも信仰義認を確認した上で，全体を閉じている．

③『すべてのキリスト教的生がまとめられているフィリップ・メランヒトンの言葉と，おそらく1529年に付け足された若干の部分』

　これは，最初から子どもの教育のために編まれたものではないが，聖書全体より46にもおよぶ言葉の巧みな選択から，子どもの教授用に最適であったことがわかる[30]．ここでは，先の②につづいて，メランヒトンの宗教教育の骨子が，さらに奥ゆきと広がりをもって提示されている．

　内容は「①悔い改めと神の恐ろしい怒りの畏怖とキリスト教的生のはじまりについて　②信仰について　③十字架と信仰の鍛練と祈りについて　④暮らしの心配あるいは同様の世の心配事のなかで信仰を鍛練することについて　⑤善い行い・当局への服従・隣人愛・貞操について　⑥結婚生活について」につづいて，「メランヒトンのこの世とキリスト教的義しさ（Frömmigkait）

27）　Cohrs1. 82f.
28）　Cohrs1. 83.
29）　前掲拙著，175頁以下も参照されよ．
30）　Cohrs2. 229.

の違いについて，夜と朝の祈り，子どもの簡単な外的しつけ（eusserliche kinderzucht）を含むエラスムスのドイツ語訳対話」がついて構成されている．

　この作品からは，人間の義認と聖化さらに「再生」を目指すカテキズム教育の方法的手順を，かなり明確にすることができよう．

　その重要なスタートに位置するのは，神の怒りによる「良心」の震撼と，その成果としての悔い改めである．「キリスト教的生のはじまりとは，神の怒りを前にして，わたしたちの罪に心から真剣に驚愕することである」（Anfang des christlichen lebens ist hertzlich vnd ernstlich erschrecken vor dem zorn gottes vber vnser sunde）[31]．まずは「罪」の自覚から（良）心が震え上がらされること．この内的畏怖からの真の悔い改めを抜きにして信仰は来たらない．「畏怖のないところに信仰はありえない．というのも，信仰は驚愕した心をなぐさめる（trosten）べきものだから」[32]．「驚愕した心」（das erschroken hertz）に，次になぐさめの恵みとしてキリストによる信仰が与えられる．しかし，これだけではまだ（法廷的）義認の段階でしかなく，不十分である．この後には，生涯にわたる聖化すなわち「再生」の過程がつづかねばならないとメランヒトンは考えていた．それが「信仰の鍛練」（Übung des Glaubens）である．「今や心が信仰によってなぐさめられ，神の前に敬虔で義しい者〔義人〕となったとき，〔その後には〕試練のなかでの信仰の鍛練がこれにつづかねばならない」[33]．「試練における信仰の鍛練」（vbung des glawbens yn anfechtung）とは，わたしたちがこの世に生きるかぎり，さまざまな労働（arbeyt）を通じて日常の生活のなかに不可避的に生じる苦悩を，あたかもキリストの十字架の試練のごときものと見なし，この道程のただなかで，わたしたち自身も信仰のみを拠り所として，キリスト者としての完全（volkomen）へと日々徐々に接近し，究極的にはキリストとして「再生」することを意味している．つまり，義認につづいて信仰は，

---

31) Cohrs2. 243.
32) Cohrs2. 245.
33) Cohrs2. 247.

「試練〔アンフェヒトゥング〕」[34]を経ることで,より完全なものへと成長していかねばならないととらえられている[35].結果として,それは善い行い (bona opera, gutes werck) という目に見える形をとりながら,隣人愛の実践として,必ずや内面から外面へと――その反対では断じてない――,自ずと表出されてくるはずのものと確信されていた.

ここからもメランヒトンは,おおむね〈Ⓐ悔い改め(「罪」を自覚することによる「良心」の震撼)・Ⓑ信仰の到来〉=義認と,〈Ⓒ人生の「試練」のなかでの「信仰の鍛練〔ユーブング〕」・Ⓓ隣人愛の実践としての善き行い〉=聖化という2重のプロセスを通じてのキリスト教的人間生成を目論んでいたことが読みとれよう.むろん,これらの過程が,決して生涯で1回限りのスタティックなものではなく,もしかすると義認も含めてⒶからⒹまで,とりわけⒸとⒹの聖化のあいだでは,何度も何回も繰り返して,つねにキリスト者の完全を目指しつつ,いわばスパイラルな上昇あるいは深化となってダイナミックに生起してくるはずのものであることは,いうまでもない.絶えざる「再生」たる所以である.この作品は,まさしく「再生」を促すためのメランヒトンの,重要な言葉集である.

④『フィリップ・メランヒトンのカテキズム説教』

これは,1528年のいわゆる『視察官の教育』(*Unterricht der Visitatorn*)の規定に基づいた[36],メランヒトン自らのカテキズム説教の断片である.その内容構成のみ確認するに,やはり先のキリスト教的人間生成の基本型が一目瞭然である.

「序 神の言葉がわたしたちに示すごときキリスト教的な生は信仰と善い行いのなかに存すること (1)自らの罪について驚愕した心をなぐさめる信仰

---

34) 「試練」は,6章でも見たように,とりわけルター神学における重要概念である(5章で見たタウラーもしかり).金子前掲書,278頁以下を参照されたい.メランヒトンは,ここでも明らかにルター思想の刻印を受けているといえよう.

35) こういった考え方は,のちにウェスレーの「キリスト者の完全」(Christian Perfection)という思想にも影響をおよぼした.J.モルトマン前掲書,247頁を参照.

36) 前掲拙著,216頁以下を参照.

のなかに (2)神が十戒においてわたしたちに命じた善き行いのなかに.

① 第1の戒めは,いかにして心が神へと整えられ畏怖と信仰を促すのかを教える (1)神が罪を罰しようとするがゆえの畏怖 (2)神が恵みを示そうとするがゆえの信仰.

② キリストにおいてのみ成就されうる第2の戒めは,(1)神の名前を誤用することを禁じる (2)神の名前を正しく用いることを命じる ⓐそれはキリストにおいてのみ可能である ⓑそれは α 正しい祈りにおいてなされる β 正しい感謝の言葉においてなされる.

第3の戒め」[37].

以上より総じて,まずは律法による心もしくは「良心」の震撼,すなわち「驚愕した心」から,キリスト者の義認と,聖化としての「再生」が開始される.一連のカテキズムを見るに,つまるところメランヒトンのカテキズムとは,「再生」にとって必要不可欠な,心の驚きと神への畏れを引き起こすための,絶えざる嚆矢の試みととらえられよう[38].

3節 | 律法の第3用法(教育的用法)

このように,メランヒトンにおいては,キリスト教的人間の義認とともに,それにつづくべき聖化すなわち「再生」も,義認に劣ることなく重要であることが明らかとなった.そこで大きな手立てとなるのが,律法であった.彼の律法解釈,とくに律法の第3用法(教育的用法)といわれるものは,「再生」を,さらに確実に裏づけている.

---

37) Cohrs3. 55f.
38) Cf. Cohrs4. 371ff. ところが,のちにこれが徐々に形骸化し,悪しき教理教化(インドクトリネーション)へと変質していくことも忘れてはなるまい.吉岡良昌『キリスト教教育研究─信仰に基づく人間形成─』(聖恵授産所出版部,1994年),258頁以下,さらに,アメリカにおけるその弊害については,市村尚久・小林政吉・長井和雄『人間形成の近代思想』(第一法規,1982年),125頁以下を参照されたい.

3節｜律法の第3用法（教育的用法）　*177*

すでに見てきたように，メランヒトンのカテキズムでは，（たとえば②の作品においてはⒶからⒷへの）義認に際して律法がはたす重大な役目は，つねに強調されていた．これは，ルターにより通常，律法の「真正な神学的聖なる用法」（神学的用法）(usus verus, theologicus, sanctus) と呼ばれるものとして広く知られている[39]．メランヒトンは，この用法を，律法の第2用法 (der ander Brauch des gesetzes) と呼んだりもし[40]，やはり重視していることはいうまでもない．

また，従来「市民的，政治的用法」（市民的用法）(usus civilis, politicus) と呼ばれてきたものは，メランヒトンにおいては律法の第1用法 (der erst Brauch) として，文字通り一般的に「なんじ殺すなかれ，盗むなかれ…」というように，殺人や盗みなどを外的に禁じる法律のごときものと解され，重要な役割を担っていることも知られている[41]．

が，メランヒトンのユニークな点は，これらの用法に加えて，さらに律法の第3用法 (der dritt brauch) を明確にしたことであろう[42]．1553年のドイツ語版『ロキ（神学総覧）』(*Heubtartikel Christlicher Lere*) では，こう記されている．「律法を説教することの第3番目の用法は，いまや信仰をもつ者となり，神の言葉と聖霊とを通じて再生した，聖なる者たちにおける (in bey den heiligen, die nu gleubig sind und widergeborn durch gottes wort und heiligen geist) ものである．この者たちについて，こう語られている．わたしはわた

---

39) 金子前掲書，502頁以下参照．Cf. T. J. Wengert, *op. cit.*, S. 191ff.

40) Ph.Melanchthon, *Heubtartikel Christlicher Lere: Melanchthons deutsche Fassung seiner LOCI THEOLOGOCI, nach dem Autograph und dem Originaldruck von 1553*, Leipzig 2002, S. 228ff. なお，律法の第3用法を認めない場合，『ガラテヤ人への手紙』3章24節「こうして律法は，わたしたちをキリストのもとへ導く養育係となった」により，この用法のみをもって，信仰へと導く教育的用法 (usus paedagogus) という場合もある．

41) 前掲拙著，175頁以下参照．

42) これは，とりわけ1534年以降に顕著となる．詳しくは，T. J. Wengert, *op. cit.*, S. 177ff. 律法の第3用法について，より詳しくは，J. J. Witte, *Law and Protestantism*, Cambridge 2002, S. 103ff. S. 127ff., W. Matz, *Der befreite Mensch: Die Willenlehre in der Theologie Philipp Melanchthons*, Göttingen 2001. がすぐれているので参照されたい．

しの律法を彼らの心に与えよう (inn yhr hertz geben)」[43]. 義認までの過程に限らず,「再生した者において」(in renatis)[44], 聖化のプロセスのなかでこそ, 律法のはたす役割は, なおも重要と見なされる. これが,「再生しつつある者における律法の用法」(usus legis in renatis)[45], つまり律法の教育的な (educational, didactic, pedagogical) 用法である[46]. というのも, 義認後のキリスト者は, この律法からの教育によって, よりいっそう「日々に悔い改め, 神へと向かって成長していくべき」(soll teglich die poenitentia und bekerung zu gott wachsen)[47]であるから.

キリスト教的人間は, ただ1度の法廷的義認 (前節Ⓐ-Ⓑ) において一挙に誕生するのではなく, 信仰によって律法をより完全に心底より成就(エアフュレン)させようと努力する過程 (Ⓒ-Ⓓ) で, つまり実生活の「試練における信仰の鍛練」を通じて, 日々刻々と「再生」するのであり, 絶えず神へと成長 (wachsen) していくはずのものであると, メランヒトンは確信していたのであった. そこで, この「成長」をつねに促し, 教育する律法を指して, メランヒトンは, これを第3の教育的用法として強調するのである.

以後, メランヒトンのこうした思想を直接に受け継いだ, 1563年の『ハイデルベルク信仰問答』でも, 律法の第3用法 (教育的用法) は, ますますその役目を増したのであった[48].

---

43) Ph. Melanchthon, *op. cit.*, S. 233.
44) R. Stupperich (hrsg.), *Melanchthons Werke in Auswahl*, Bd. II/1. Gütersloh 1978. S. 358f.
45) W. Matz, *op. cit.*, S. 248.
46) J. J. Witte, *op. cit.*, S. 104.
47) Ph. Melanchthon, *op. cit.*, S. 233.
48) メランヒトンの愛弟子, ウルジヌス (Zachrias Ursinus, 1534-1583) らを中心に作成された, この有名な『ハイデルベルク信仰問答』(吉田隆訳, 新教出版社, 1997年) について, 詳しくは, 同訳書119頁以降の解説や, 高崎毅志『ハイデルベルク教理問答』(すぐ書房, 2000年), 125頁以降, E. J. マッセリンク『宗教改革のあゆみ—「ハイデルベク信仰問答」の成立—』(伊藤真也訳, すぐ書房, 1977年) を参照されたい. これは, 第1部・人間の悲惨さについて (律法), 第2部・人間の救いについて (福音), 第3部・感謝について (新しい服従), から成り立つ. ここでは, 第1部冒頭, 律法による人間の罪が暴かれるものの, 律法は本格的には第3部において初めて, 第3 (教育的) 用法の観点から叙述されるに至る (J. ロールス『改革教

会信仰告白の神学―その教義学的特質―』芳賀力訳, 一麦出版社, 2000年, 37頁以下参照). つまり, 人間の「再生」過程において律法が「教育的」に働きかけるしくみとなっているわけである. 比するに, ルターのカテキズムの構造や特質については, 小林前掲書および6・7章を参照されたい. メランヒトンとルターのカテキズムを比較するに, その最大の相違とは, ルターの場合, 律法の神学的用法がつねに強調され, メランヒトンが強調するような第3の教育的用法が出て来ない点にあろう. ルターは, 律法の第3用法を, メランヒトンのように組織的に解釈することは, 決してなかったのである (Cf. J. J. Witte, *op. cit.*, S. 103ff., T. J. Wengert, *op. cit.*, S. 192.). 要するに, ルターは, 律法を「再生」の過程で教育的に用いることには関心がなく, 絶えず神関係のなかで人間を実存的にとらえる厳しい見方 (義認論) にのみ注目する構造をとっている. これは, 義認論を中心とするルターの神学的人間観の基本構造からして, やむをえない性格であろう. ゆえに, ルターのカテキズムでは, つねに冒頭に律法が, 市民的および神学的用法として配列されることになる. 以降では, 律法は, もはや姿をあらわさない. こうしたカテキズムの構造からしても, 極言すれば, ルターにとっては, 神の前における義認が最大で一番の問題であったのに対して, メランヒトンは, それにつづく聖化を, 広く教育的に推進していくことに, より大きな関心があったと思われる. だから, ルターによる2つの用法だけでは飽き足らず, 第3番目の用法として, 律法を深く教育と結びつけてとらえ直したのであった. 彼が「ドイツの教師」と尊称される内的所以の一端でもあろう. ちなみにカルヴァンもまた, 律法の教育的用法を重視している (『ジュネーヴ教会信仰問答』外山八郎訳, 新教出版社, 1997年, とくに83頁以下参照). ここでカルヴァンは, 「再生」しつつある者において, 「律法はわれわれに向かうべき目標を示してくれる」とし, 「これはわれわれのひとりひとりが, そこを目指して神のお与えになった恵みによって, たゆまず努力し, 一日一日と前進するため」であると記している (84頁, 傍点引用者). それでは, 当時のカトリックのカテキズムの場合は, どうであろうか. 一瞥するに, プロテスタントにおけるルターらのカテキズムに対抗して, まずカニシウス (Petrus Canisius, 1521-1597) は, 3種類のカテキズムを作成した (詳しくは, J. フィルハウス「カニシウスと教理問答」上智大学中世思想研究所編『中世の教育思想 (下) (教育思想史4)』東洋館出版社, 1985年所収参照. さらに土屋吉正『典礼の刷新―教会とともに二十年―』オリエンス宗教研究所, 1985年, 196頁以下, 日本カトリック司教協議会教理委員会訳・監修『カトリック教会のカテキズム』カトリック中央協議会, 2002年, 8頁以下参照). 1555年にラテン語で出版された『神学大全』(*Opus catechisticum, sive, De summa doctrinae Christinae*) とも呼ばれるカテキズムは, 信仰そして使徒信条からはじまり, 全体は5部で構成されている. 内容としては, やはり宗教改革に対決するあまり, カトリック伝統の必要以上の強調が見られ (土屋前掲書, 53頁以下参照), 秘蹟(サクラメント)といった儀式 (ルターがその多くを廃止したもの) や, キリスト者の義しさ (Ivstitia Christiana), とりわけ善行 (bona opera) についての記述が多くを占める結果となっている. ルターにせよメランヒトンにせよ, 冒頭の罪認識からはじまるカテキズムの構造とは, 見るからに大きな違いである. なお, カトリックやプロテスタントのものを含め, カテキズムのより詳細な研究は, わが国では, まだまだ進んでいない. 今後の課題としたい.

ここでは，義認された（神へと立ち返った）人間は，律法を完全に守ることができるのか，という問いに対して，やはり答えは，きっぱり「否」とされる．

では，守ることもできない律法を，神はなぜ説教しようとするのか，という問いに対して，こう答えられる．第1に，人間がその全生涯にわたって，自らの罪深い性質を次第次第により深く知り，それだけより熱心にキリストを求めるようになるため．第2に，人間が絶えず励み，神の恵みによって，「この生涯の後に，完成という目標に達する時まで，次第次第に，いよいよ神のかたちへと，新しくされていくため」であると[49]．

つまるところ，メランヒトンによれば，キリスト教的人間にとって「完成」を目指した「再生」は，一生涯にわたってつづけられるべきものであり，またそれは，律法という手立てよって十分に可能である．このとき，律法は第3の教育的用法として，「再生」のプロセスに対して，漸次的かつ連続的に大いなる威力を発揮する．ここでのメランヒトンの発想は，きわめて教育的であるといえよう．

＊　＊　＊

以上，メランヒトン教育思想の中心的かなめであるカテキズム教育とは，律法を教えることをはじまりとして，もっぱら聖書の言葉を通じて人間の心にじかに働きかけ，まずは，その核たる「良心」を「覚醒」（Erweckung）させようとする，きわめて真剣な人間的努力であることが明らかとなった．ただ，ここで学校教師や牧師や親たちにできる最大限のことがら—人間的努力のことがら—とは，第1に，あくまでも義認への嚆矢，すなわち超越者＝神との畏怖に満ちた「出会い」たる「良心」の震撼へと子どもたちを準備し，このためだけに尽力することのみである．つまり，当人が本当に超越者と出会い，神との垂直的なかかわり＝信仰を形成するきっかけを与えられ，これ

---

[49] 前掲『ハイデルベルク信仰問答』，105頁参照．傍点引用者．表記を一部改めた．

が人々との水平的なかかわり＝愛の実践（善い行い）の流出となって具体化するかどうか，そして絶えず水平的なかかわりのなかで垂直的なかかわりを修練しつづけ―「試練における信仰の鍛練」―，メランヒトンの描くキリスト教的人間の完全性に到達できるか否かは，もはや人間による努力や能力の範囲外のことがらである．先のボルノーが，「出会いを教育学的に方法化することはできない」といい[50]，究極的にはブーバー（Martin Buber, 1878-1965）が，永遠の汝（神）は恩寵によってわたしに出会い，すべて出会いは恩寵であるといったように[51]，神との出会いへの準備の後は，はるか人間の力のおよばない「再生」の過程であるといえよう．要するに，人間のいわば内的変容―心の変容―の深層については，じつは誰もその真相を，教育学的に解明することなどできず，ましてや「再生」を直接的に惹起させることなどもできず，つねに不透明なままに止まらざるをえないということである．ここに教育の限界がある[52]．それ以降は，唯一神学的に恵みの成果といわざるをえない所以である．

しかしながら，なかでもメランヒトンの場合は，律法の第３の教育的用法にあずかり，キリストの恵みによって，少なくともカテキズム教育を行う人間自身のキリスト教的完全へ向けた努力と成長―教師自らの自己教育―には，大いなる期待と希望がかけられていることだけは確かであろう．その結果，メランヒトンにおけるカテキズム教育は，「教師」みずからの「再生」のあかしであり，その過程としても生起してくることになろう．こうして，「再生」しつつある人間教師おいては，宗教教育という他者へ向けた真摯な実践は十分に可能であり，もはや恵みとしかいいあらわしようのない「再生」への準備としての教育という希望のもとに，この祈りにも似た努力だけはたゆまずつづけられるべきであると，「ドイツの教師」メランヒトンは，キリスト教信仰のみを根底(グルント)に，使命感をもって確信していたといえるだろ

---

50)　ボルノー前掲書，204頁以下参照．
51)　同前書，143頁以下参照．
52)　広田照幸『教育には何ができないか―教育神話の解体と再生の試み―』（春秋社，2003年）は，この点を現代の視点から鋭くついていて興味深い．とくに200頁以下を参照．

う[53]｡

　さて，このような人間のきわめて内的な「再生」を核心テーマとする，メランヒトンのキリスト教的教育思想は，「罪人」としての人間観にはっきりと見てとられるように，人間存在につきまとう「悪」の認識において，きわめて敏感であり，むしろ意識的ですらあった．一方で，フマニタスという人間の水平的なかかわりにおける伝統を大切にし，人間の理性による「教養」というギリシア・ローマ以来の輝かしい伝統をしっかりと受け継ぎつつも，他方で，人間の意志にやどる「我欲」としての「罪」のリアリティからも少しも目をそらすことなく，信仰という神との垂直的なかかわりの必要性が強調されたのである．ゆえに，彼は，カテキズム教育にも力を入れた．フマニタス＝水平軸は，信仰＝垂直軸によって支えられ，かえって信仰はまた，フマニタスの地平で，目に見える愛の実践となって証明されねばならない．つまり，カテキズムによって育まれた信仰は，必ずやフマニタスの次元で，愛の行いとなって具体化されるはずである．つねに垂直軸と水平軸とが逆説的に呼応し，補い合う関係のなかで，メランヒトンは，人間教育をとらえていたといえよう．彼のフマニタスが，あくまでも「キリスト教的-フマニタス」[54]であるわけである．

　ところで，現代．結果的には，もっぱら垂直軸を欠いた水平軸ばかりでの平面的な人間形成に集中した挙句，近代教育学は，さまざまなほころびを見せはじめている．近代教育学は，垂直軸よりもむしろ水平軸において，あくまでも人間理性による合理主義や人間中心主義において成り立つため，これを抑制する垂直軸からの力をもたない結果，否応なしに極端な効率主義や実

---

53) 人間へ真に教えたり，これを変えたりできるのは，唯一の教師・キリストのみ〔人間を超越した何か〕であることは，聖書の言葉（一例として『マタイによる福音書』23章10節）をはじめ，じつはすでにアウグスティヌスによっても示されている．1・2章で見てきた通り．岩村清太『アウグスティヌスにおける教育』（創文社，2001年），とくに218頁以下を参照されたい．ここで，わたしたち人間は「超越」の「協働者」（cooperator, Mitarbeiter）である（前掲拙著，72頁以下参照）．なお，こうした考えは，メランヒトン以降，ドイツ敬虔主義や先のウェスレーらに発展的に継承されていく．

54) 前掲拙著，164頁以下を参照されたい．

用主義や開発主義へと走り，結局，いつのまにか人間性や人間の自然本性そのものをないがしろにするという，皮肉ではあるが，深刻で危機的な事態を引き起こしてしまったとはいえまいか．この点では，キリスト教文化圏にない日本の教育のほうが，欧米よりも，とくに戦後はるかに先行してしまったようにさえ思われる．

そこで，先のボルノーをして，実存哲学と教育学との真剣な対峙へとのぞまざるをえなくさせたのも，2度にわたる大きな戦争を経験した後によりいっそう明確になった，悪しき人間中心主義＝利己的排他主義〔ここに垂直軸はない〕の現実であった．だが，人間性を真に大切にする教育は，すでに己が人間性の内なる「悪」について敏感であり，しかしこの人間性をまるごとつねに超越とのかかわりにおいて愛するがゆえにこそ，「悪」から目をそらさずして，むなしい空論に陥ることなく教育を実践し，あるいはその叡智としての思想を展開することができるのである[55]．

畢竟するに，この点で，「罪」もしくは「悪」の立体的自覚をスタートとするメランヒトンのカテキズム教育は，そもそも人間の全人的な存在や教育にとって，垂直および水平の両軸がともに必要不可欠であること．とくに，人間と教育の問題を深くとらえようとする場合，キリスト教的な垂直軸から照明される「悪」は，現代に生きるわたしたちにとっても避けられえない課題であると同時に，じつはその「悪」あるがゆえにこそ，人間は，より成長し，さらに懐の大きく深化されたフマニタス（水平軸）を育みつつ，絶えず「再生」しうることを，示唆しつづけていると思われる．まさしく，こうした真のフマニタス「再生」への準備こそが，メランヒトンによるカテキ

---

[55] その最良の実例としては，やはりキリスト教的教育者・ペスタロッチ（Johann Heinrich Pestalozzi, 1746-1827）があげられよう（福田弘『人間性尊重教育の思想と実践―ペスタロッチ研究序説―』明石書店，2002年を参照）．だが，ヨーロッパの伝統的人間像そのものにも由来して（金子晴勇『ヨーロッパの人間像―「神の像」と「人間の尊厳」の思想史的研究―』知泉書館，2002年参照），やはりこれはきわめて困難な課題であるにはちがいない．E.ノイマン・G.デュラン『人間のイメージⅡ―（エラノス叢書4）』（久米博ほか訳，平凡社，1991年），111頁以下を参照されたい．

ズム教育の究極的ねらいだったといえよう。

11章｜メランヒトンのアニマ論

堕落によって失われたこの善は，
福音によって再生される．

「神学的観点からのアリストテレス著作の変容」(Umbildung der aristtelischen Schrift aus theologischem Gesichtpunkt)[1] と呼ばれる『魂についての書』(*Liber de anima*, 1553) は，その名の通り，アリストテレスの『霊魂論(プシューケー)』(*De anima*) を基とする，メランヒトンの魂(アニマ)論である．その源は，すでに1540年の『魂についての覚書』(*Commentarius de anima*) に遡り，双方とも当時より数多くの版を重ねているが[2]，とりわけ『魂についての書』の方は，18世紀に至るまで，大学の哲学部での「教科書(テキスト)」として用いられていた[3]．ここには，人間についての包括的な理論もしくは（とくに神学的）人間学とでも呼びうるような，彼の「心理学」が[4]，まとまった形で記されている．

1) *Melanchthons Werke in Auswahl*, Bd. III. hrsg. v. R. Stupperich, Gütersloh 1969. S. 305. 本章におけるメランヒトンのテキスト『魂についての書』からの引用は，すべて上記によった．引用に際しては，頁・行のみ記す．また，次の現代語訳も適宜参照した．*A Melanchthon Reader*, trans. by R. Keen, New York 1988.
2) 『魂についての覚書』は，1540年にヴィッテンベルクで出版されて以来，シュトラースブルク・パリ・リヨン・バーゼルそしてヴィッテンベルクで，1550年までの10年間に，11版が重ねられた．『魂についての書』は，1553年の初版から1576年に至るまで，12の新版が重ねられ，ライプツィヒ・バーゼル・チューリッヒからも出版された．1540年から1603年に至るまで，メランヒトンのアニマ論は，総じて約40版を重ね，それ以上の改訂版が出されたという．Cf. W. Matz, *Der befreite Mensch : Die Willenslehre in der Theologie Philipp Melanchthons*, Göttingen 2001. S. 214f.
3) 当時，自然哲学 (Philosophia naturalis) の一部たる自然学にアニマ論は属していた．ここには，医学（解剖学や生理学）も当然含まれていたから，『魂についての書』は，医学教科書と位置づけられていた．Cf. *Ibid.* なお，メランヒトンと多くの「教科書」については，8章3節を参照されたい．
4) Cf. G. Frank, "Philipp Melanchthons 》Liber de anima《 und die Etablierung der

本章は，この『魂についての書』を中心に，メランヒトンのアニマ論の要点を押さえることを課題とし，これを通じて，彼の教育論の基底となる神学的人間学の特質を明らかにしようとするものである[5]．

1節｜『魂についての書』の内容

内容は，「内的感覚とは何か」(Quid est sensus interior?)・「内的感覚はいくつあるか」(Quot sunt sensus interiores?)・「欲求能力とは何か」(Quid est potntia appetitiva?)・「ストア派による情意についての過ちとは何か」(Qui sunt errores Stoicorum de affectibus?)・「答え」(Respondeo)・「場所的運動の能力とは何か」(Quid est potentia locomotiva?)・「理性の能力あるいは精神について」(De potentia rationali seu mente)・「知性とは何か」(Quid est intellectus?)・「知性の働きとは何か」(Quae sunt actiones intellectus?)・「知性の対象とは何か」(Quod est obiectum intellectus?)・「ある知が生まれつきわたしたちに備わっているとは本当か」(Estne verum dictum notitias aliquas nobiscum nasci?)・「知とは何か」(Quid est notitia?)・「知性の他の部分につ

---

frühneuzeitlichen Antholopologie" in: *Humanismus und Wittenberger Reformation*, hrsg. v. M. Beyer u. G. Wartenberg, Leipzig 1996. S. 313. なお，ここでの「心理学」は，いうまでもなく，現代のそれからイメージされるものではない．むろんアリストテレスの場合も同様である．「このプシューケーという語は，従来，魂と訳されるならわしであったが，本来英語における soul（魂），mind（精神）などよりはるかに広い意味をもっている．つまりこの語は生殖機能から始まり感覚的認識や場所的運動の能力を経て知性活動に至るあらゆる生活機能（生命力の働き）を含んでいるのである．この問題を扱った『デ・アニマ』全三巻や『自然学本稿集』の名でまとめられているいくつかの小論文は，こんにちわれわれが心理学と呼んでいるものよりもはるかに広範な事柄を含んでいる」(G. E. R. ロイド『アリストテレス』（川田殖訳，みすず書房，1973年，154頁）．しかしながら，「心理学」(psychologia) という術語そのものが，心理学史上メランヒトンによって導入されたとするのは，定説である（J. ヒルマン『魂の心理学』（入江良平訳，青土社，1997年，325頁以降，336頁，原注47頁参照）．

5) 拙著『ルターとメランヒトンの教育思想研究序説』（渓水社，2001年）を併せて参照されたい．

いて」(Alia divisio intellectus)・「能動知性と受動知性について」(De intellectu agente et patiente)・「教義の確実性の源とは何か」(Quae sunt causae certitudinis doctrinarum?)・「意志について」(De Voluntate)・「意志の対象とは何か」(Quod est obiectum voluntatis?)・「自由意志について」(De libero arbitrio)・「欲性という語について」(De vocabulo concupiscentiae)・「精神と意志の偶有性について」(De accidentibus mentis et voluntatis)・「人間における神の像について」(De imagine Dei in homine)・「人間の魂の不死について」(De immortalitate animae humanae) という，計22項目より構成されている．これは，アリストテレスの『デ・アニマ』におけるプシューケーの諸能力・機能の6つの区別[6]，すなわち「栄養摂取・生殖の能力」・「感覚能力」・「欲求能力」・「場所的運動の能力」・「表象能力」・「知性(理性)」におおむね沿いつつも，とりわけ「教義の確実性の源とは何か」以降には，メランヒトン独自の神学的視点が盛り込まれ，その人間学を浮き彫りにしている．以下，順次この要点のみ，簡単に確認していこう．

(1) 内的感覚

メランヒトンによれば，まず「内的感覚」(sensus interior)とは，事物を認識するため頭蓋のなかに収められた「器官の能力」(potentia organica)であり，「外的感覚」(sensus exterior)による(事物の)単純な把捉の働きに優るものである[7]．その働き(アクチオー)には，大きく3つ，「対象の識別」(diiudicatio obiectorum)・「記憶」(memoria)・「構成」(compositio)もしくは「熟慮」(ratiocinatio)があり[8]，これはガレノス(Galenos, c. a. 129-199)[9]による，「共通感覚」(sensus communis)・「思考」(cogitatio)あるいは「構成」・「記

---

6) ロイド前掲書，159頁以下参照．
7) 307, 3-10.
8) 307, 13-14.
9) ギリシアの医学者・解剖学者・哲学者として著名で，とくにその解剖学は，中世に至るまでの標準とされたガレノス．彼のアニマ論については，二宮陸雄『ガレノス―霊魂の解剖学―』(平河出版社，1993年)を参照されたい．

憶」という区別に重なるものと見なされている[10]。

> 共通感覚は，外的感覚から提供された表象を受け取り，個々の感覚の対象を識別する．
> そして，もう1つの構成しわける力は，それがあたかも熟慮し判断するように，ほかのものからあるものを引き出す．
> 3番目のものは，記録された対象の記憶を保つ[11]．

別の箇所では，こう述べられている[12]。「外的感覚」である目は，白さと黒さを同じものとして見るけれども，それらが違うことを教えるのが，脳の前方に位置する「共通感覚」である．次の「思考」・「構成」は，アリストテレスはこれを，先の「共通感覚」と区別しなかったが，わたしたちはガレノスにしたがって，この器官を脳の中央に位置するものとする．3番目の「記憶」は，脳の残り最後の部分である．

このようにメランヒトンは，「内的感覚」を，とくにガレノスにならいつつ，脳の働きとして生理学的に解明し，大きく「共通感覚」・「構成」・「記憶」の3機能として把握していた．

(2) 欲求能力

次に，「欲求能力」(potentia appetitiva) とは，対象を求めるか避けるかする能力 (facultas prosequens aut fugiens obiecta) である[13]．これは，「(内的)感覚」がわたしたちの生にとって，何が助けとなり害となるかを示すように，「認識」(cognitio) と連動している[14]．そして「認識」とは，メランヒトンによれば，そこで神が知られ称えられるがために (ut agnoscatur et celebretur Deus)，人間のなかでもっとも卓越したもの (in homine est sublimior

---

10) 308, 8-12.
11) 308, 13-18.
12) 309, 4-18.
13) 309, 33-34.
14) 309, 35.

1節 │『魂についての書』の内容　　189

cognitio) である[15]．このような「認識」に「欲求」は従属している (Et servit huic cognitioni etiam appetitio)[16]．(この「認識」によって，人間は神を愛し，喜ばせられ，そのなかで安息する．こうつづけてメランヒトンは，この最高の欲求と認識についてはのちに述べるとしている[17]．)

　欲求は3重に成り立っている．自然的な，感覚的な，そして意志的なものである (Triplex est appetitus: Naturalis, sensitivus, et voluntarius.)[18]．

　「自然的欲求」(appetitus naturalus) は，いうまでもなく，石が自然に低い場所へ（求めて）転がるといったことを指している[19]．
　「感覚的欲求」(appetitus sensitivus) は，「感覚」に伴うもので，動物にふさわしく，これには，「接触」(contactus) を通じたゆえのものと，それを欠いたゆえのものとがある[20]．メランヒトンは，「快」(delecartio) と「苦」(dolor) を挙げ，その発生経過を，生理学的に説明している[21]．
　そして，さらにここでは，「情意」(affectus) についての説明が加えられる．メランヒトンよれば，「情意」は，「欲求」とは異なる段階 (gradus) にあるもので，「接触」を通じて惹起されるのではなく，「思考」につづくものであり，「心（臓）」(cor) に固有の場所をもつという[22]．これは，先の「快」や「苦」といった，生理学的に説明可能な「欲求」とは，区別されねばならない[23]．要するに，ここで「情意」とは，対象を求めようとするか避けようとするかにつづく，「心の動き」(motus cordis) である[24]．これには，わた

- [15] 310, 2-3.
- [16] 310, 3-4.
- [17] 310, 4-6.
- [18] 310, 11-12.
- [19] 310, 15-16.
- [20] 310, 32-34.
- [21] 310, 35ff.
- [22] 311, 22-23.
- [23] 311, 23-26.
- [24] 312, 8-10.

したちの「自然本性」(natura) を助けるものと滅ぼすものがある (Affectuum alii naturam iuvant, alii destruunt.)[25]。「喜び」(laetitia)・「希望」(spes)・「愛」(amor) は，何らかの「善」(bonum) を示す「知」(notitia) に由来する[26]。また反対に，「悲しみ」(tristita)・「恐怖」(metus)・「怒り」(ira)・「憎しみ」(odium) は，何らかの「悪」(malum) を示す「知」に由来する[27]。メランヒトンは，これらの「情意」を，「心の動き」として，順を追って（「恥」(pudor) や「羨望」(invidentia) といったものも加えながら）詳しく説明するが[28]，ともかく「心」こそは，「情意」の源であり，その「節度（中庸）」(temperamentum) を知ることが大切である[29]。「心」については，3節で改めて取り上げてみたい．

さて，残るは「意志的欲求」であるが，これはとくに2節で取り上げることにする．

(3) 場所的運動の能力

「場所的運動の能力」(potentia locomotiva) とは，身体の外の部分を，ある場所から他の場所に移す能力であり，動物にあっては「表象」(imaginatio)，人間にあっては「理性」(ratio) によって動かされるといわれる[30]。

(4) 理性の能力

ここでメランヒトンは，いよいよ人間自身も含め，この宇宙の全体が，神によって創造され，そのすべてに神の痕跡が見出され，それを神は，人間によって調査・研究されることを望んでいるのだという[31]。そこで重要なのが，

---

25) 313, 16.
20) 313, 17-19.
27) 313, 21-24.
28) 313, 30ff.
29) 316, 35-38.
30) 325, 17-19.
31) 326, 24-27. 詳しくは13章参照．

人間ならではの，その「魂」のなかで，もっとも卓越した能力としての「理性」もしくは「知性」(intellectus)である[32]．メランヒトンによれば，これは，身体を離れて活動する非有機的（inorganica）な能力である[33]．ちなみに，「意志」(voluntas)も同時に，「知性」とならんで，人間の最高の能力として挙げられている[34]．

(5) 知性

「知性」とは，わたしたちに生得的な「知」にしたがって，個々のそして普遍の事物について，認識し，記録し，判断し，熟考する能力であり，あるいは偉大なる学芸(アルス)の原理について，区別し判断するという働きそのものを反省し，誤りを正す働きによって，認識し，記録し，判断し，熟考する能力である[35]．ここには，「感覚」または「感性」と「知性」，もしくは野獣（動物）と人間との間に，3点の区別が見出される．

第1．感覚は個々の事物（個物）のまわりを巡る．それは，普遍をとらえることも，それに繋がることもない．
第2．感覚は，生得的な知ではない．動物が，数えることができないように．
第3．感覚も動物も，反省的な働きをそなえていない．ミツバチはすばらしい作品を作るが，それについて判断を下すことはない[36]．

換言するに，「知性」の働きとは，このようなことである．

個物を認識すること（Simplicium cognitio.）．
数えること（Numeratio.）．

---
[32] 328, 12-13.
[33] 328, 13-14.
[34] 328, 18-19.
[35] 331, 16-20.
[36] 331, 24-30.

構成し分割すること（Compositio et divisio.），

熟慮すること（Ratiocinatio.），

記憶すること（Memoria），そして

判断すること（Iudicium）[37]．

メランヒトンによれば，最後の「判断」は，クリテリア（kriteria）と古来よりいわれてきた基準，確実性の規範（norma）にしたがうものである[38]．

では，こうした「知性」が向かうべき究極の対象とは，何であろうか．「感覚は個物のものであり，知性は普遍のものである」（Sensus est singularium, intellectus universalium.)[39]．それは，神（Deus）である．

> 遠く広がる1つの存在（ens），すなわち神と全事物の世界（tota rerum universitas）が，知性の対象であり，わたしたちは，これを知るために作られている（ad cuius agnitionem conditi sumus.)[40]．

このように，人間は，そのアニマのもっとも卓越した機能である「知性」をフルに用いて，全宇宙を，そして究極的には神を知るべきであることを，否すでに人間は，そのように創造されてあることを，メランヒトンは，ここでも再説する．そこで問題なのは，こうした「知性」の働きの基ともなる，生得的な「知」とは，はたしてどのようなものかということである．

彼によれば，人間の「精神」（mens）の内には，生まれつき，数や，秩序や均整，3段論法の順序を認識するといった「知」がそなわっており，幾何学や自然学，そして道徳の原理（principia）が，すでに内在するという[41]．それは，「精神」に輝く「光」（lux）である．

---

37) 332, 1-6.
38) 前掲拙著，116-121頁を参照されたい．
39) 332, 12.
40) 332, 28-30.
41) 333, 21-26.

目には光があって，この光によって見ることができるように，精神にも光があって，それによってわたしたちは，数えたり，学芸の原理を知ったり，品位と下品とを区別したりするのである．正しくいわれているように，この光は，わ̇た̇し̇た̇ち̇の̇精̇神̇に̇ま̇か̇れ̇た̇神̇の̇知̇であり（notitias divinitus sparsas in mentibus nostris），わたしたちがその原型（archetypum）たる神に目を向けるとき，それがどのような光なのかわかる[42]．

そして，「罪」（peccatum）の後も，神は，こうして人間に与えられた「光」としての「知」を再̇び̇点̇火̇し̇（rursus accendat ipse notitias a se donatas），結果これは，なおも明るく強いものになったのだとメランヒトン述べる[43]．

こうして「知性」は，かような生得的（神から与えられ再点火された）「光」たる「知」を基として，はじめは「感覚」や個物によって動かされ刺激されながらも，普遍について判断し熟考するようになる[44]．メランヒトンは，このように，アニマの最高能力としての「知性」に，依然として確たる信頼を寄せていたことが明らかとなる．

2節 | 意志について

先に見たように，メランヒトンにおいて「意志」とは，「欲求能力」の一部である．

> 意志とは，最高の欲求能力であり，知性に対象が示されるとき，自由に行動する[45]．
> その働きは，欲する（volo）か，欲しない（nolo）かであり，ここに行動

---

[42] 333, 29-34. 傍点引用者．
[43] 334, 16-19.
[44] 334, 24-26.
[45] 344, 10-11.

(actio) がかかっている[46].

このように，「知性」にしたがう「意志」を唱えるメランヒトンにとって，では「意志」の向かうべき対象とは，何であろうか．「知性」の向かうべき対象が，「存在(エンス)」すなわち神や世界の事物(デウス レールム・ウニベルシタース)であるのと呼応して，もしも人間の「自然本性」が損なわれないままであったなら (si hominis natura integra esset)，まったく同じものが，「意志」の対象であるとメランヒトンはいう[47]．神こそは，求められ愛される存在のなかでは，最高のものである[48]．また，神は，人間のごとき理性的被造物を作り，「善」は共通の（伝達可能な）ものであるがゆえに，わたしたちにその「知恵」(sapientia) や「善」を伝達 (communicare) しようとしているという[49]．

太陽が，光と熱とを，大気にまき散らすように，神もまた，わたしたちの精神のなかに，ロゴスと聖霊とを，まき散らすのである (Itaque sicut Sol lucem et calorem in hoc aëre spargit, ita Deus in mentes nostras sparsisset logos et Spiritum sanctum.)[50]．

ロゴスは，「父」を明らかにし，たくさんの「知恵」は「精神」を輝かせ，そして「聖霊」(Spiritus sanctus) は，「意志」と「心」とを，永遠なる「父」と，「神の本性」(natura Dei) と調和する，相互の愛，喜び，（心の）動きと結び合わせる．つまり，ここで人間の「知恵」と生は，神の「知恵」と生との調和の内にある[51]．

---

46) 344, 12-13.
47) 345, 19-21.
48) 345, 21-22.
49) 345, 23-25.
50) 345, 26-28. 実際にメランヒトンは，「聖霊」の働きを（「悪霊」についても同様に），人体における物理的現実 (physical reality) と見ていた．Cf. S. Kusukawa, *The Transformation of Natural Philosophy : The Case of Philip Melanchthon*, Cambridge 1995. p. 120. 詳しくは次章で取り上げる．
51) 345, 28-33.

しかし,問題は「罪」である.神への愛が欠け,神への疑いが,人間の「心」のなかにある場合,わたしたちの「意志」は,すぐにほかの対象を求め始める[52].これをメランヒトンは,「欲性」(concupiscentia) として説明している.

しかし,このもっとも快い調和は,わたしたちの最初の両親の堕落によって,混乱させられてしまった (Sed haec suavissima harmonia turbata est lapsu primorum parentum.)[53].

こうした混乱がなければ,わたしたちの「欲求」も「能力」も,そして「情意」も,すべてが他のそれとの最高に心地よい「調和(ハルモニア)」のうちに安らい,そこでは,「精神」のなかで,ただ1つ永遠の「神の法」(lex Dei) のみが支配していたであろうに,現在では,「神への敵意」(inimicitia adversus Deum) が巣くうようになってしまった[54].

欲性とは,無秩序そして作られた本質の捻じ曲げである (ataqia et depravatio substantiae conditae)[55].

では,これによって,人間はもはや「調和」の状態を回復できないままなのであろうか.否,メランヒトンは,そうは考えていなかった.

堕落によって失われたこの善は,福音によって再生される (haec bona amissa in lapsu, per evangelium restituuntur.)[56].

わたしたちが,「福音」(Evangelium),あるいは「福音の光」(lux Evangelii) や

---

[52] 346, 7-11.
[53] 356, 20-21.
[54] 357, 8.
[55] 357, 20-22.
[56] 345, 33-34.

「福音の声」(vox Evangelii) に出会い,「信仰」(fides) において,これを喜び迎えるとき,神の子自身が,永遠なる父のロゴスが,わたしたちの「精神」のうちに「光」を点火し,「聖霊」によって「心」は,燃焼させられる.そして,人間は,神との調和のうちにあって,幸せであり,神を愛し,これにしたがい,神によって支配されることを求め,神の神殿 (templum Dei) へと還ってゆく[57].この過程を,メランヒトンは,「神の像」(imago Dei) の破壊と再生のプロセスとして,描き出している[58].

このように,『魂についての書』のなかでメランヒトンは,堕罪後 (post peccatum) も,「福音」と「信仰」とによって,人間の「意志」は,神へ向けて,十分に「再生」可能であることを,明らかにしている.

3節｜「心(臓)」の機能について

ここでは,「情意」が住まう場所としての「心(臓)」の機能に関するメランヒトンの考えを,『魂についての書』に先立つ『心(臓)の部分と動きについて』(*De partibus et motibus cordis*, 1550) のなかに,一瞥しておきたい.

メランヒトンによれば,「心臓」もしくは「心」とは,アリストテレスがいうように,まずは「生命の泉」(vitae fons) であり,「魂」の多くの固有な在り処 (sedes) であり住居 (domicilium) である[59].この「心(臓)」の働きは,ほかの身体部分に比べて明らかにしにくいが[60],それでもメランヒト

---

57) 348, 3-16.
58) 前掲拙著, 121-128頁を参照されたい.
59) 『心(臓)の部分と働きについて』からの引用は,メランヒトン全集 (*Corpus Reformatorum. Philippi Melanchthonis opera quae supersunt omnia*, hrsg. v. K. G. Brettschneider u. H. E. Bindseil, 28Bde. Halle u. Braunschweig 1834-60 (Nachdr. New York/Frankfurt a. M. 1963)) の第11巻によった.引用に際しては,頁のみ記す.S. 947. ところで,アニマが身体のどこに宿るのかという問題が古来あるが,先のガレノスは,「魂」の理性的部分は「脳」にあり,非理性的で情念的な部分は「心臓」にあるとした (二宮前掲書, 358-360頁).メランヒトンも,このガレノスにしたがっている.
60) S. 948.

ンは，先のガレノスにならって，この機能を3つに分類している．

「心臓」の第1の主たる機能とは，他の身体部分の泉であり，生命といきいきとした温熱の始原であることにある (reliquo corpori fons et initium est vitae et caloris vivifici)[61]．ここでメランヒトンは，アリストテレスを引用する．

> 心臓とは，すべての身体部分にとっての生命の根源であり，そのすべてが生きる上で必要な熱，ならびに脳や肝臓に精気(プネウマ)を分配する[62]．

次に「心臓」の第2の機能とは，そこに生起した「精気」(spiritus) すなわちプネウマが，脳や神経を活動させる直接の手段として働くことである[63]．メランヒトンによれば，人間はこの「精気」によって，感覚し，考え，行動することができる[64]．

そして「心臓」の第3の最も固有の機能とは，すでに見たように，それが「情意」の在り処であるだけではなく，その根源であり原因であるところにある[65]．

このように，メランヒトンは，人間の「情意」を，これだけは「心」もしくは「心臓」に宿るものとして，医学的に説明したのであった．そこではさらに，「脳」(cerebrum) と「心（臓）」とが，どのような関係にあるのか，という興味深い問題についても言及している[66]．ともかく彼は，神の「知」が「脳」の内に輝いて，それに「心（臓）」が共鳴し，ともに神を称えるよ

---

61) S. 951. 二宮前掲書，253頁以降も参照されよ．
62) *Ibid.* 同前書，597以降も参照．
63) *Ibid.*
64) *Ibid.* 古来「神経は心臓から出るとされ，霊魂の統御中枢は心臓にあると，広く信じられていました．プラトン以来，霊魂による肉体の統御が宇宙の整合性とのアナロジーで想定され，霊魂の統御の媒体として髄膜を考えたり，動脈内のプネウマこそが霊魂の統御力を実現すると考えられていました」（二宮前掲書，597頁，傍点引用者）．
65) *Ibid.*
66) S. 952. 注59を参照されたい．蛇足ながら参考までに，メランヒトンが「人間の魂

うであればよいのにと語るのだが，しかしこうした「脳」と「心（臓）」との「調和」(harmonia) は，（むろん「罪」によって）すでに壊れているという[67]．だからこそ，この「調和」の回復が，やはり求められることになる．

* * *

メランヒトンは，人間が完全に「神の法」にしたがうようになり，「罪」や死から自由になれるとは，もうとう考えていない[68]．だからこそ，「福音」が，キリストへの「信仰」が必要なのである．しかしながら，神は，「わたしたちが自身のある程度の注意と努力とによって，外的な行動を支配する（正しく導く）こと」(nos aliqua nostra vigilantia et labore actiones externas regere)[69] を求めているのだという．

人間のこの無力な自然本性，再生していない者においてさえ，運動を支配する自由は，依然として残されている．つまり，神の法に敵対する外的行

の不死について」と語るように，アニマが「脳」や「心臓」といった身体部分に還元しきれないことを，序章で取り上げたエックルスらが唱えている．エックルスは，神による魂の創造について語る．さらに，ユング心理学の流れを汲む元型的心理学の現代の代表者ヒルマンも同様に発想する．むしろ「人間は心のただなかに存在するのであり，その逆ではない．したがって魂は人間によって包みこまれてはおらず，心は人間の本性をはるかに超える．魂は非人間的なものにまで広がっているのだ．魂は私「のもの」であり，私「の中」にあると経験される．だがこのことが示すのは心的な生のプライバシーと内面性であって，字義的な所有でも，字義的な内包性でもない．内-在性（インネス）の感覚は，魂の局在ではなく，物理的な包含でもない．（中略）人間が心の器官を所有するほど大きくなることはありえない．それはただ心の活動を反映できるだけなのである」（ヒルマン前掲書，328頁，傍点引用者）．換言するにこれらは，じつにヨーロッパ伝統の「霊性」の思想に連なるものであるが，いわゆる近代以降は，こうした発想が世俗化されることになる．この問題の詳細については，金子晴勇『近代人の宿命とキリスト教―世俗化の人間学的考察―』（聖学院出版会，2001年）を参照されたい．ヒルマンらの試みとは，世俗化した心理学を批判し，プシュケーのロゴスとしての「心理学」を再提唱しようとするものである．

67) *Ibid.*
68) 351, 13-15.
69) 351, 22-23.

為をしないように，外的な四肢を御する自由が，残されていることは，まさに確実である (Certissimum est in hac infirma natura hominum, etiam in non renatis, adhuc reliquam esse libertatem regendae locomotivae, id est, frenandi externa membra, ne faciant externa facta pugnantia cum lege Dei.)[70].

このように，当時の社会的に不穏な時代にあって，メランヒトンは，「外的行動」(actio externa)(「外的行為」(externa facta)・「外的行い」(externa opera))，すなわち「肉の義」(iustitia carnis)のもつ積極的意義を強調し，これが「神の法」にも，一致すると述べている[71]．そして，ここにはあくまでも，わたしたちの「外的四肢」(externa membra)を制御し，これを正しく導くという「自由」(libertas)が残されているという[72]．

そこで，彼は，人間がこの世のなかで社会的存在として生きていく上で，最低限必要とされる，こうした「外的四肢」の支配，つまり「外的行動」の統制を，「規律」(disciplina)と呼んでいる[73]．これによって，人間は，「罪」を贖う「福音の義」(iustitia evangelii)への功績(メリット)を積むわけでは決してないのであるが[74]，しかしこの「自由」と「規律」とは，この世の生において，どうしても必要不可欠とされる．

以上，メランヒトンは，キリスト教的人間の「自由」を，「外的行動」，換

---

70) 351, 24-28.
71) 351, 37ff.「律法は福音ではない．しかし，それは福音のメッセージを確立するのに必要であった」とクスカワは述べている (S. Kusukawa, *op. cit.*, p. 202.)．彼女によれば，メランヒトンにとって自然哲学とは，神の摂理によって成り立ち，維持されているこの秩序ある自然世界のなかに，その聖性を明らかにしつつ，現実の社会的な不穏事態に対抗して（またこれに突き動かされて），ルターの運動を強力に援護する役割を担うものであった．「メランヒトンは，自然哲学を市民的・倫理的価値へと方向づけることによって（自然哲学の「道徳化(moralizing)」の側面），その射程を変容したのであった」(*Ibid.*)．
72) 352, 2-4.
73) 352, 19. そして，もちろん「規律」と教育とは，メランヒトンにおいて深く関わり合っている．前掲拙著，171頁以降や9章を併せて参照されたい．
74) 352, 19-20.

言するに「人々の前」(coram mundo) の領域に, しかと限定していることが明らかとなった[75]. そしてこのことは, 彼が, 人間のアニマを, 医学的・生理学的に解明し把捉しようとする一方, 終始「神とのかかわり」のなかで, これを神によって「創造された存在」(Geschöpf-Sein) としてとらえようとする人間観によるものと考えられよう[76]. 彼にとって, 人間とは, 単に「自由」と「規律」によって「自律する存在」(autonomes Wesen) などではなく, つねに「神とのかかわり」にあって, 「人々の前」と同時に「神の前」(coram Deo) に生きる,「神律」(Theonomie) する存在と見られていたのである.

畢竟するに,『魂についての書』は, 医学的・生理学的, そして哲学的, さらに神学的な角度から眺められたメランヒトンの人間学を鳥瞰しつつ, これが, やはり最終的には神に照準されていることを, 明示しているといえよう[77].

---

75) W. Matz, *op. cit*., S. 224.
76) *Ibid*., S. 230-231.
77) *Ibid*.

12章｜メランヒトンにおけるスピリトゥス

スピリトゥスは義人のなかで,
神的なスピリトゥスそのもの（聖霊）と混ぜ合わされる.

　前章において，メランヒトンの魂(アニマ)論を見たなかでは，「心（臓）」の3つの機能が指摘されていた．

　とくに「心臓」とは，他の身体部分の泉であり，生命といきいきとした温熱の始原であって，心臓から，すべての身体部分が生きる上で必要不可欠な熱，ならびに脳や肝臓へとプネウマ（精気・生気・霊気）もしくはスピリトゥス（spiritus）が分配されるのだとメランヒトンは説いていた．メランヒトンによれば，心臓こそは，人間としてのトータルな生命(いのち)の中心であって，わたしたちはスピリトゥスによって生かされ，感覚し，考え，行動することができるのであった．

　さて，メランヒトンの人間学のなかで，このように重要な位置を占めるスピリトゥスではあるが，『魂についての書』（*Liber de anima*, 1553）において，この言葉のもつ意味内容は，まだ詳しく明らかにされていないままであった．

　本章は，引きつづき『魂についての書』をメインにしながら，メランヒトンにおけるスピリトゥスとは何かを解明しようとするものである．その際，人間のスピリトゥスと聖霊（Spiritus sanctus）とのかかわりが必然的に問題とされる結果，聖霊による人間の再生に，彼の人間学の最終目的があることも，あらためて明らかにされるであろう．

1節 | スピリトゥスとは

ヘルム（J. Helm）もいうように[1]，メランヒトンの自然科学に対する関心は，これをより大きく包み込む神学的・宗教的枠組みのなかに根づいていた．その典型的な事例が，メランヒトンにおける医学的知識と神学的認識との結合としての「スピリトゥス」論（die 》spiritus《-Lehre）であるという．このスピリトゥス論が，『魂についての書』では，かなりまとまって展開されているというわけである．

では，メランヒトンに至るまでの伝統（医学的なものも含めて）のなかで，スピリトゥスは，どのようにとらえられてきたのであろうか．まず簡単に確認しておきたい．

周知のように，聖書における「霊」（スピリトゥス）概念は，ヘブライ語のルーアッハ（ruah）に由来し，これのギリシア語訳がプネウマ（pneuma）[2]．さらにそのラテン語訳が，スピリトゥスである．それは，そもそも神から来る生命の「息」にほかならない．「霊は風や息を意味しており，神は人間を生かす力として鼻に命の息を吹き込んでいる」[3]．「息としてのルーアッハは自然力であり，また人間の生命力」[4]なのである．

この点に関してトレモンタンは，次のように述べていた．「われわれが「霊」と訳すルーアッハでもって，聖書の人間学は聖書に特有の一つの新しい次元を開く．これは超自然的次元であって，聖書の啓示に固有のものである．聖書の霊とは人間の中の超自然的部分であり，超自然的秩序への参与で

---

1) J. Helm, "Die 》spiritus《 in der medizinischen Tradition und in Melanchthons 》Liber de anima《", in: *Melanchthon und die Naturwissenschaften seiner Zeit*, hrsg. v. G. Frank u. S. Rhein, Sigmaringen 1998. S. 219.
2) 金子晴勇『人間学から見た霊性』（教文館，2003年），71-72頁参照．同『人間学講義―現象学的人間学をめざして―』（知泉書館，2003年），64-66頁も参照されたい．
3) 金子前掲『人間学から見た霊性』，71頁．
4) 同前．

ある」[5]と．さらに「人間の霊，彼のプニューマは，人間の中にあって神のプニューマとの出会いが可能なところのものである．それは人間の中にある部分であって，この部分のお蔭で神の「霊」の内在ということが異質的な侵入とはならないで，異邦の地における大使館のように，準備され，欲せられているものとなるのである．〔中略〕霊は人間における，変化，超自然化への永続的かつ実体的な招きであり，それは創られた人間をして〈創造者〉の創造されずして始めから存在している生に参与せしめる」[6]．トレモンタンのいう聖書の人間学によれば，人間とは，まさしくその内なるスピリトゥスの存在によって，絶えず「自然の秩序から超自然的秩序への移行」[7]の最中にある．「人間の本質は移行中であるということにある」[8]．つまり「人間の本性は，言うなれば，被造物と〈創造者〉の連結線(トレデュニオン)であることである」[9]．

このように，伝統的な聖書の人間観のなかでは，人間はスピリトゥスを有するがゆえに，つねに「〈創造者〉の創造されずして始めから存在している生」への変化と移行，すなわち参与のただなかにあって，一言で不断に生成(ジェネシス)しつつある存在ととらえられてきたことが明らかとなる[10]．

さて，「人間の中にあって神のプニューマとの出会いが可能なところ」＝超自然的部分としての「霊」であって，なおかつ神による自然力・生命力としてのプネウマには，メランヒトンにも大きな影響を及ぼした古代の医者・ガレノスによって，さらなる解釈が施されてきている．一瞥しておこう．

ガレノスにおいてプネウマとは，まさしく人間の生を根底で支える精気にほかならなかった．一般にそれは，「吸気によって心臓の左側へと入り込み，ここで自然的，生命的，心的 (psychic) なプネウマへと変えられる．そしてこれが〔血液と混ざり動脈を伝って〕次には脳に至って，そこから神経系

---

5) C.トレモンタン『ヘブル思想の特質』（西村俊昭訳，創文社，1963年），179頁．
6) 同前書，179-180頁．
7) 同前書，180頁．
8) 同前．
9) 同前．
10) 同前書，180頁以降参照．

を通じて配分される」[11]と考えられる.

そして,このプネウマには,「生命精気」と「精神精気」の2つがあり,とりわけ精神プネウマは,アニマ(霊魂)の統御手段と見なされていたのであった[12].ガレノスは,次のように述べている.

さて動脈内のプネウマは生命精気(プネウマ・ゾーチコン)と呼ばれ,脳内のプネウマは精神精気(プネウマ・プシコン)と呼ばれる.それは実体であるという意味ではなく,その実体が何であろうと,脳内に棲む霊魂の主要な道具(第一手段)であるという意味からである.生命精気は,吸気と体液の気化からその生成材料を得て,動脈と心臓の中で生じ,その生命精気の一層の精錬により精神精気は変成されるのである[13].

このようにガレノスは,聖書の伝統的なプネウマ説を,古代医学的な枠組みのなかで,彼なりに再解釈したのであった.

それでは,メランヒトンはこれをスピリトゥスとして,どのようにとらえていたのであろうか.ヘルムの論考を手がかりとしながら,見てみるとしよう.

『魂についての書』の原型である『魂についての覚え書』(Commentarius de anima, 1540)[14]のなかの「スピリトゥスについて」(De spiritibus)という章では,ヘルムも引用しているように,こう述べられている[15].

スピリトゥスとは,微細な蒸気である.それは,心臓の力でもって血液から熱せられて点火される.すると,あたかも小さな炎のようなものとな

---

11) ガレノス『自然の機能について』(種山恭子訳,京都大学学術出版会,1998年),105頁.
12) 二宮陸雄『ガレノス―霊魂の解剖学―』(平河出版社,1993年),430頁参照.
13) 同前書,431頁.
14) Cf. S. Kusukawa, *The Transformation of natural Philosophy : The Case of Philip Melanchthon*, Cambridge 1995. pp. 85-100.
15) ヘルム前掲論文にラテン語テキストがすべて掲載されているので,『魂についての覚え書』からの引用には,以下これを用いた.

り,〔身体の〕それぞれの部分で異なった作用をもつようになる[16]．

「微細な蒸気」(subtilis vapor) としてのスピリトゥス．メランヒトンによれば，ガレノスと同様，これには2種類あるという．「生命精気」(spiritus vitalis) と「動物精気」(spiritus animalis) である．

要するに，まずスピリトゥス・ウィターリスとは，先にも述べられたように「小さな炎」(flammula) であって，これは心臓のなかで純粋な血液によって生成され，動脈を伝って，身体の各部分に，活動のためのエネルギーと，生きるための熱を伝達するとされる．

次にスピリトゥス・アニマーリスとは，生命スピリトゥスと同様，心臓のなかで生成されるが，これが一部脳に運ばれて，ここで脳と混合し，これと適応される．そして，神経に燃え盛るような光を注ぐ．こうして動物スピリトゥスは，神経を駆動させ，知覚や場所の移動といった活動を引き起こす．

生命精気と動物精気によって，とても重要な活動が引き起こされる．つまり，生命を維持していくこと．養育と繁殖．とくに，知覚と運動と思考と，心における情動である[17]．

このように，生命維持 (vitae conservatio), 養育 (nutritio), 繁殖 (生殖) (generatio), 知覚 (sensus), 運動 (motus), 認識 (cogitatio), 心における情動 (意向) (adfectus in corde) など，総じて人間が人間存在として生きていく上で必要不可欠のものは，すべてこれらのスピリトゥスによって支えられているとメランヒトンには考えられていた．ガレノスとの表現の違いはあるものの，彼が「生命精気」・「精神精気」と呼んだものと同じような内容を，メランヒトンもまた想定していたと考えてよいであろう[18]．

さて，問題はこれ以降．つまり，これらのスピリトゥスに加えて，スピリ

---

[16] J. Helm, *op. cit*., S. 219.
[17] *Ibid*., S. 220.
[18] Cf. *Ibid*., S. 221-226.

トゥス・サンクトゥス（聖霊）があらわれるところからである．

2節｜スピリトゥスと聖霊

つづいてメランヒトンは，こう述べている．

> このスピリトゥスは義人のなかで，神的なスピリトゥスそのものと混ぜ合わされる．すると，これは神的な光を通じてますます力強く輝くように働き，それによって神の認識はより鮮明となり，神への賛同はさらに強くなり，神への動きがいっそう燃え立つようになる[19]．

この「神的なスピリトゥス」（divinus spiritus）こそ，聖霊にほかならない．メランヒトンによれば，義人のなかに聖霊が注ぎ込まれると，これが持ち前のスピリトゥスと心臓のなかで混合されて（miscetur），彼はより義しいキリスト教的人間へと，絶えず生成し再生し始めると考えられている．

ゆえに，逆に心臓のなかに悪魔（diabolus），すなわち悪しき霊が入り込めば，それは心臓や脳のスピリトゥスをかき乱し，確信を混乱させ，激情に満ちた情動を引き起こして，心や他の四肢をして，残酷きわまりない行動へと駆り立てるようになるという．たとえば，メディアがその息子たちを殺し，ユダが自ら命を絶ったように[20]．

つまり，人間の心臓のなかでは，つねに聖霊（神的なスピリトゥス）と悪魔（悪しきスピリトゥス）とが戦闘状態にあって，そのどちらかに傾くことによって，（次節で詳しく見る）情動・意向＝アフェクトゥスはいかようにも燃え上がらされ，その結果，どのような非道な行動にも人間を駆り立てるというわけである．メランヒトンにおいては，聖霊の働きも，また悪しき霊の働きも，ともに人間の身体における「物理的現実」（physical reality），つま

---

19) *Ibid*., S. 220.
20) *Ibid*.

り紛れもない事実だととらえられていた[21]．すると，自ずと次のようにいわれるようになる．

したがって，わたしたちの自然本性をよく観察して，これをよく制御するようにしよう．そして，わたしたちのスピリトゥスが聖霊の住居でなければならないと考えるようにしよう．さらに，神の子に祈るとしよう．彼〔イエス・キリスト〕ご自身がわたしたちの内から悪魔を追い出し，神的なスピリトゥスをわたしたちのスピリトゥスのなかに注ぎ込むようにと[22]．

人間が自然本性としてもつ2種類のスピリトゥス．こここそが，「聖霊の住まい」(domicilium Spiritus sancti) でなければならない．そのために，人間は，自然本性 (natura) を自らよくコントロールする (rego) ように努力し，さらには神の子・イエスに対して，悪魔をここから追い払い，聖霊を豊かに注ぎ込むよう，熱心に祈らなければならない．

このように，メランヒトンにおいては，自然本性としてある，いわば人体的・医学的なスピリトゥスと，宗教的・神学的な理論としての神的スピリトゥス（聖霊論）とが，わかちがたく，当時の自然科学の枠内で結び合っていることが明らかとなる[23]．

では，いましばらく，メランヒトンの他のテキストを参照しながら，聖霊がどのようにとらえられているかを確認しておきたい．

まず，1559年版『ロキ』(*Loci Communes*) では，こう記されている．

反対に霊 (spiritus) は，聖霊が，心における新しい光や知恵や正しさや，永遠に神に喜ばれる生のまさに始まりであって，次いでこれを完成させるものであることを示している[24]．

---

21) S. Kusukawa, *op. cit.*, p. 120.
22) J. Helm, *op. cit.*, S. 220.
23) *Ibid.*, S. 221.
24) *Melanchthons Werke in Auswahl*, Bd. II-2., hrsg. v. R. Stupperich, Gütersloh 1980. S. 652.

あるいは，1553年版『ロキ』では．

> しかし「霊」(geist) は，神による聖霊そのものがわたしたちの内にあって，わたしたちのなかで生き，神への光や喜びを引き起こすのを示している．その結果，心は，神への畏れ，慰め，信仰，祈禱，試練のなかでの強さを感じるようになるのだ[25]．

かように，メランヒトンにおいて聖霊は，人間本性に元よりそなわるスピリトゥスに加わり，これに新しい光を点火し燃焼させることを通じて，絶えず義人へと人間を再生させていく物理的・具体的パワーであると見られていた．

しかも，この再生の力としての「聖霊は福音を通じて与えられる」(der heilig geist durch das evangelium geben wirt)[26] という．

> したがって，わたしたちは，外的な説教やサクラメントの執り行いを軽視してはならない．そう，神の息子，永遠なる父の永久の御言は，あなたに慰めを，外的な御言葉を通じてあなたの心に語られるのであり，なおかつその聖霊を与えられるのである．アタナシウスもいうように．聖霊はまた人間の内にある．御言葉を通じて[27]．

聖霊が，あくまでも人間の外側から「外的な御言葉を通じてあなたの心に」(durch das eusserlich wort in dein hertz) 語るというのは，メランヒトンのつねに変わらない主張である．

聖霊とは，メランヒトンによれば，決してやみくもな得体の知れないスピリトゥスなどではなく，あくまでも神の言葉を通じてのみ，人間に与えられる力であることに注意しなければなるまい．

---

25) *Philipp Melanchthon Heubtartikel Christlicher Lere*, hrsg. v. R. Jenett u. J. Schilling, Leipzig 2002. S. 316.
26) *Ibid.*
27) *Ibid.*

3節｜聖霊による再生

メランヒトンによれば，生命維持，養育，生殖，知覚，運動，認識，そして心における情動(アフェクトゥス)など，人間が生きていく上で必要不可欠な活動は，すべてスピリトゥスによって医学的にも支えられているのであった．

なかでも，心におけるアフェクトゥスの生起に際して，スピリトゥスの働きは重要であるという[28]．ヘルムは，対象の知覚もしくは表象に対する心の反応（Reaktion）がアフェクトゥスであり，脳による判断であるとする．そして，脳内で成立した動きは神経を介し，またそのなかにあるスピリトゥスを通じて，心に伝達されるという[29]．すると，ここにじつにさまざまなアフェクトゥスが生起してくることになる．これぞ，まさにメランヒトンの心理学である[30]．

心におけるもう1つの動きは，アフェクトゥスと呼ばれている．それは認識にしたがい，表象によって刺激される[31]．

アフェクトゥスとは，心もしくは意志の動きである．それは認識にしたがい，自然本性を傷つけたり喜ばせたりする対象を，求めたり避けたりする．それはいつも，過激な動きに伴われている．悲しみは自然本性が傷つけられるとき，快さや喜びは自然本性を慈しむとき〔こうした心の動きが生じる〕．そして，心の動きには，緊張と弛緩とがある．悲しみ〔苦悩・苦痛・憎悪…あらゆる否定的なもの〕のなかで，心とスピリトゥスは同時にひからびてしまい，スピリトゥスはさらに力のない弱々しいものとされ

---

[28] J. Helm, *op. cit.*, S. 232.
[29] *Ibid.*
[30] Cf. *Ibid.* S. 235.
[31] *Ibid.* S. 232.

てしまう．要するに，卑しく，苦く，不快で，まるで黒い煙のようなものとなる．しかし，喜びのなかでは，弛緩〔リラックス〕が生じる．そして，気に入る対象を受け入れようとしたり，手に入れようとしたりする．ちょうど，心地よい味を感じ取ったときに，舌が広がるように．というのも，喜びとは心の生命であり，スピリトゥスは〔これによって〕豊かに生じ，魅力的で輝かしいものとなる[32]．

このようにメランヒトンは，人間の「心の動き」(motus cordis) を注意深く考察した結果，そこにさまざまなアフェクトゥスを見出す．が，なかでも悲しみや憎悪 (dolor) などネガティヴな認識や観念は，心を緊張 (constrictio) させ，スピリトゥスを黒煙のごとく汚し，最終的には心ともども乾燥させて，死へと追いやってしまうという．

反対に，喜び (laetitia) といったポジティヴな認識や観念は，心をリラックス (laxatio) させるように作用する．それは，まさしく「心の生命」(vita cordis) にほかならず，結果としてスピリトゥスは，より美しく輝かしい生き生きとしたものに再生していくという．

つまり，喜びや悲しみなど，人間が生きていくなかでいろいろと生じてくるアフェクトゥスに振り回されて，普段のわたしたちは生きざるをえないわけであるが[33]，メランヒトンが理想とするのは，いうまでもなく，できるだけポジティヴなアフェクトゥスとともに，わたしたちが義人として生きることである．そのためには，黒煙のごときスピリトゥスではなく，むろん絶えず聖霊が注ぎ込まれた，光り輝くよう点火されたスピリトゥスが，求められている．

そこで，どうしても必要なのは，やはり聖霊である．メランヒトンは，こう述べている．

---

[32] *Melanchthons Werke in Auswahl*, Bd. III. hrsg. v. R. Stupperich, Gütersloh 1969. S. 360-361.

[33] 拙著『ルターとメランヒトンの教育思想研究序説』（渓水社，2001年），157頁以降参照．

聖霊とは，永遠の父ならびに息子から現われ出てくる本質的な愛であり，喜びである．それは，意志と心〔もしくは心臓〕のなかのスピリトゥスと調和する．これは，〔心の〕動きの炎であり，道具である[34]．

神に起源する「本質的な愛と喜び」(substantialis amor et laetitia) としての聖霊．これが，心（臓）のなかで持ち前のスピリトゥスと調合させられ，意志とも調和するようにならなければならない．すると，これがよき心の原動力としての「炎」(flammae) となり，「道具」(instrumenta) になるという．聖霊には，じつに大きな力があるとされる．

〔永遠なる父のみ言としてのイエス・キリストは〕聖霊を，わたしたちの心のなかに注ぎ込み，永遠の父とキリストとともに，真実の愛と喜びとが，固く結び合わされるようにする．すると，わたしたちのなかで永遠の生命と正義とが再生され，神の像は，精神のなかで輝く御言葉とともに更新される．そうなると，神を認識することは，ますます明晰で堅固なものとなり，聖霊によって点火された運動は，意志においても心においても，神と一致するものとなる[35]．

このように，御言葉とみ言とを通じて，わたしたち人間の内には，何としても聖霊が，つねに豊かに注ぎ込まれなければならない．その結果，人間の意志と心とは，神と一致し調和したものとなる．つまり，わたしたちもまた「神の像」(imago Dei) として，日々刻々と再生され (restituitur) 更新される (renovatur) ようになるのである．

かつ，それはまた，換言するに，わたしたちの心における新しいアフェクトゥスの誕生をも意味している．この点を，ヘルムが端的に指摘している．「聖霊は心のなかで新しいアフェクトゥスを点火する．この新しいアフェク

---

[34] *Melanchthons Werke in Auswahl*, Bd. III. hrsg. v. R. Stupperich, Gütersloh 1969. S. 362-363.
[35] *Ibid.*, S. 364.

トゥスは，その人間全体を包み込み，その作用は身体において展開されていかねばならない．そのためには，古いアフェクトゥスを媒介するもの，心のなかの「スピリトゥス」を新しくすることが必要である．この更新（Erneuerung）は，「スピリトゥス」と「スピリトゥス・サンクトゥス」とが混ぜ合わされるなかで生じる」[36]．

聖霊によるトータルな人間の再生．これこそが，メランヒトンのスピリトゥスが目指す最終目標であり，彼のスピリトゥス論とは，まさしく「霊の作用による心理学」（Physiologie der Geistwirkung）[37] なのである．

* * *

以上のような特質をもった，メランヒトン人間学の中心ともいえるスピリトゥス論をベースとしながら，彼はドイツの教師として，周知の通り，教育論にも熱心に向かっていった[38]．

たとえば，10章で見たように，聖霊を人間の心の内に，豊かに招き入れるための祈りへ向けた教導．御言葉を通じた聖霊の注入を念頭におくカテキズムの作成や実践など．アフェクトゥスを含めた人間の「心」の全体的変容を目論みながら，メランヒトンは，その教育思想を展開したといっても過言ではなかろう．ここには，ルターに満ち溢れる霊性が[39]，静かに，しかし確実に，人間論や教育論の次元にまで着地されてきている．

畢竟するに，人間におけるこうした霊性（スピリチュアリティ）への確信が，いわゆる近代教育思想の源流に存在していたことは，明らかである．

---

36) J. Helm, *op. cit.*, 237.
37) *Ibid.*, S. 236.
38) 前掲拙著参照．
39) ルターらの霊性については，S. E. Ozment, *Homo Spiritualis*, Leiden 1969. や，金子晴勇『ルターとドイツ神秘主義―ヨーロッパ的霊性の「根底」学説による研究―』（創文社，2000年）を参照されたい．

13章 | メランヒトンにおける神と自然と教育

> *神は，世界全体に確かな痕跡を刻印された．*
> *そこから人は，賢い造物主を知ることができる．*

　これまで見てきたように，メランヒトンの教育思想は，あくまでも先にキリスト教ありきの「人間らしい在り方・生き方」の形成を目指すのであり，決してキリスト教という超越の次元を欠いた自然のままの人間から，連続的に理想の人間性を追求したり，ましてやキリスト教に到達しようとしたりするものではない．メランヒトンにおいては，つねにキリスト教の「神」が，その思想と言葉と行動（すなわち全人生）の中心を占め，もちろんここから彼の教育論も展開されていることを，再度忘れてはなるまい．

　では，メランヒトンにとって，そもそも神とはいかなる存在としてとらえられていたのであろうか．また，この神によって創造された世界や自然とは．そして，さらに神による世界や自然の創造と人間存在の位置と意義とは，詰まるところ教育という営みに向けて，どのように意味づけられ，方向づけられているのであろうか．

　本章では，メランヒトンの教育思想を根底で支える神観と自然観との本質の一端を，若干のテキストを基に究明することを通じて，これと人間教育との深い内的原理的連関を指摘しておきたい．

1節 | 神 と 自 然

　メランヒトンは，その神学の集大成たる1559年版『ロキ（神学総覧）』（*Loci praecipui theologici*）の「神について」（De Deo）の章で，プラトンの説を受

け容れつつ，神を次のように定義している．

神とは，永遠の知性，自然における善の原因である（Deus est mens aeterna, causa boni in natura.）[1]．

「知性としての神」（Gott als Mens）とは，メランヒトンが一貫して用いる神の自然的概念（natürliche Begriff Gottes）であり，非キリスト者のみならず，キリスト者にも当てはまるものである[2]．そして，ベルッチィ（D. Bellucci）がいうように，「「知性」としての神という規定はメランヒトンのすべての自然学的企ての基礎となっている」[3]．メランヒトン思想の最終局面を示し始める1555年版の『ロキ』[4]に遡って，少し詳しく見てみよう．彼は，こう述べる．

1） 本章では，メランヒトンのテキストとして，メランヒトン全集（*Corpus Reformatorum. Philippi Melanchthonis opera quae supersunt omnia*, Hrsg. v. K. G. Brettschneider u. H. E. Bindseil, 28Bde. Halle u. Braunschweig 1834-60（Nachdr. New York/Frankfurt a. M. 1963））およびシュトゥッペリッヒ版著作集（*Melanchthons Werke in Auswahl*, Hrsg. v. R. Stupperich, 7Bde. in 9 Teilbdn. Gütersloh 1955-83）によった．引用に際し，まずメランヒトン全集にはCR.の略記号を用い，つづく数字は，巻・頁を示す．次にシュトゥッペリッヒ版著作集には，StA.の略記号を用い，つづくく数字は，巻・頁・行を示す．なお，今後引用に際しての括弧内の補足は，すべて引用者による．StA. 2-1, 199, 10-11. 併せて，倉松功「プロテスタントの場合」（『岩波講座　宗教と科学1―宗教と科学の対話―』岩波書店，1992年所収），205頁も参照．

2） D. Bellucci, "Gott als Mens. Die 〉physica aliqua definitio〈 Gottes bei Philipp Melanchthon", in : *Melanchthon und die Naturwissenschaften seiner Zeit*（*Melanchthon-Schriften der Stadt Bretten : Bd. 4*), Hrsg. v. G. Frank u. S. Rhein, Sigmaringen 1998. S. 59. なお，この『メランヒトンとその時代の自然科学』には，メランヒトンの神観や自然観に関わるさまざまな学問についての，きわめて興味深い最新の論考が凝縮されている．本章でも，そのいくつかから多くの示唆をえている．

3） *Ibid*.

4） Ph. Melanchthon, *Melanchthon on Christian Doctrine : Loci communes 1555*, trans. and ed. by C. L. Manschreck, Introduction by H. Engelland, New York 1965. pp. xxiii-v. この翻訳の原本は，ブレッテン（Bretten）のメランヒトン博物館所蔵の1555年の2つのドイツ語版と，ハイデルベルク大学図書館所蔵の1558年版である．1555年版『ロキ』は，本章でも，この英訳を用いる．

神は，天や地や他の元素といったような自然物理的存在ではない．反対に，神は霊的な存在であり，全能かつ永遠，知恵と善と正義において無限であり，真実で，純粋で，独立した，そして慈悲深い方である[5]．

この点，1559年版『ロキ』でも「神は霊的な存在である」(Deus est essentia spiritualis) と繰り返されている通りである[6]．そして，こうつづけられる．

これが神，すなわち永遠なる父，そして息子つまり父の像，さらに聖霊である．これら3つのペルソナが，天と地と他のすべての被造物を創造した[7]．

このように，知性としての，かつまた霊的な存在としての神は，メランヒトンにおいて，あくまでもキリスト教的に，父と子と聖霊という三位一体のペルソナを具えた存在としてとらえられている．では，この「神について」の章の冒頭でも記されているように，「どのようにして神は知られ，どこでどのようにして自らを顕す」[8]のであろうか．

神は慈悲深くも自らを，律法と福音の宣告，そして決定的な奇跡を通じて顕にされた[9]．

この証を，メランヒトンは聖書から複数の引用に求める．が，しかしここで重要なのは，神が自らを顕現するのは，決して聖書に記された律法と福音や奇跡的な出来事のみではない，とメランヒトンが述べる点である．それは，「創造について」(De Creatione) の章に示されている．
　神は，自らを顕そうとされた．そして，美しい数々の作品―天や地や，空気や水や，天使や人間―を作られた．

---

5) *Ibid*., p. 7.
6) StA. 2-1, 200, 3.
7) Ph. Melanchthon, *op. cit*., p. 7.
8) *Ibid*., p. 3.
9) *Ibid*., p. 7.

それは，神が知られるためであり，神はご自身の知恵と善とを，天使や人間にわけ与えられたのである．わたしたちはこうした創造の起原と目的について真面目に考えるべきである[10]．

メランヒトンによれば，神が創造したすべての被造物，すなわち神以外のもの―天，地，空気，水，天使つまり理性的精神，木，植物，理性をもたない動物，そして人間―は，どれも神による美しい作品である[11]．

〔ゆえに〕人間は，神がこれらの美しい作品をご自身の証として認められるのを欲しておられることに，しばしば思いを馳せるべきである．まさにわたしがいったように，神は自らを顕すために，すべてを創造された[12]．

すべての被造物，すなわち自然に，神自身が顕れている．人間も含めて，こうした自然を創造した神を，メランヒトンは，「賢い全能の建築家」(a wise, omnipotent Architect) とも呼んでいる[13]．自然は，神という最高かつ最善の「建築家」によって設計され，建設（創造）された作品である．では，創造後に，もはや神は不在なのであろうか．

人間の盲目は，神を，船を作り，それが出発し，水と天候のなかに見捨て，もはや何の関係ももたなかったような大工のように思いなす[14]．

創造後は，被造物と何らかかわりをもたないような神を，しかしメランヒトンは，はっきりと否定する．

---

[10] *Ibid*., p. 39.
[11] *Ibid*.
[12] *Ibid*.
[13] *Ibid*., p. 40.
[14] *Ibid*., p. 41. 同様の比喩は，メランヒトンのほかの著作でも，しばしば見出される．拙著『ルターとメランヒトンの教育思想研究序説』（渓水社，2001年），134-135頁参照．

神は確かにすべての場所におられ,すべての存在を支えている.存在もしくは生命をもつものすべては,その存在と生命に止まる限り,神によって保持されている[15].

世界と自然のすべてが,いま現在も,神によって維持されている.この神の働きを,メランヒトンは,「神の普遍的な活動」(actio Dei generalis)と呼んでいる[16].神は,すべての被造物とともにあり,自由に活動する.が,しかし自然の秩序や必然性に固定されているわけではない[17].あくまで全能の「知性」そのものである.

このように,メランヒトンのとらえる神は自然のすべてを創造したのであり,それは人間存在の側からすれば,神自身を知るという唯一の目的のために維持されていると考えられよう.神は自らを顕すために世界を創造したが,それはほかならぬ人間によって知られるためである.そして,この「神を知る」(cognitio Dei)ための原理も,メランヒトンによれば,すでに神によって人間のなかに内在されてあるという.

神は,人間のなかに徳の知を正確に植えつけられた.それは,わたしたちが,徳にあふれた賢い存在,わたしたちを愛し,わたしたちが彼のごとくあるように望む神を知り,意識するためである.すなわち,わたしたちの内にそなえつけられた光にしたがって,彼に服するためである[18].

こうして,「自然の光」(lumen naturale)によって,人間は,神を知ることが原理的にも可能であることを,メランヒトンは力説する[19].

---

15) *Ibid.*
16) *Ibid.*
17) *Ibid.*
18) *Ibid.*, p. 5-6.
19) 詳しくは前掲拙著,115頁以降を参照されたい.

2節｜自然学—占星学を中心に—

こうした「神の作品」（opus Dei）としての自然（ナトゥーラ）を探究することは，ゆえにメランヒトンによれば，人間にとっては神聖な義務と責任でもある．それには科学，とりわけ自然科学，メランヒトンにおいては自然哲学（philosophia naturalis）や自然学（physica）が主に従事することになる[20]．エンゲルラント（H. Engelland）も述べているように，メランヒトンにとってすべての「（科）学」（science）は，神学的な課題を担っている．「メランヒトンのあらゆる（科）学に対する関心は，すべての学が共通の神学的課題（common theological task）をもっているという彼の信念（belief）によって究極的に動かされているのであって，単なる人間への関心からではない．この共通の義務において，諸学は互いに出会う．つまり，それぞれの学は，人間が神を知ること〔神の知〕（Knowledge of God）へと導くよう義務づけられている」[21]．自然学・医学・弁証法・数学・地理学・天文学・占星学・歴史・文献学・道徳哲学（倫理学）…といった諸学が[22]，メランヒトンにおいてはすべて，「神を知る」ことへと収斂している．「総じて学は，すべての側〔おのおのの学〕から〔登頂を〕熱望する巨大な山のようなものであり，神の知という完全なたった1つの頂上（ピーク）をいただいている．個々の学は，知の円環（サークル）のなかにそれ固有の場所をもっているが，しかしすべては共通の中心（common center），すなわち神の知へと向かっている」[23]．

さて，このような諸学のうちの重要なものの1つとして占星学（astrogia）が数えられる．周知の通り，メランヒトンは，占星学や天文学（astronomia）

---

20) Cf. C. Augustijn, "Melanchthons Suche nach Gott und Natur", in: Hrsg. v. G. Frank u. S. Rhein, *op. cit*., S. 23f.
21) Ph. Melanchthon, *op. cit*., p. xxvi.
22) メランヒトンの諸学については，前掲拙著，195頁以降を参照されよ．
23) Ph. Melanchthon, *op. cit*., p. xxviii.

に傾倒していた[24]．そのまさに神学的理由を，『占星学の価値』(*Dignitas astrogiae*, 1535) に見てみよう．ただし，占星学の前提となる天文学について，あらかじめ一瞥しておこう．

メランヒトンによれば，天文学は，天体の観測を通じて，神による創造と予定との思考へとつながり，次のような確信へと最終的に至らしめる（『天文学と地理学について』(*De astronomia et geographia*, 1536 ?) より）．

〔星の〕動きの法則は，世界が偶然に始まったのではなしに，永遠の知性によって創造されたという事実を証明している．そして，人間本性は，この造物主の心に由来することを[25]．

この天文学と占星学は，密接に結びついている．というのも，かくも正確に秩序づけられている星の動きは，地上や当然そこに住む者たち（人間）にも，大きな影響を及ぼさざるをえないと考えられるからである．彼は，こう語る．

占星学は自然学の一部である．それは，星の光が，元素と混合された身体に，どのように作用するかを教えてくれる．〔その人間が〕どのような気質で，どんな変化があって，どうした傾向を招くかを．(Astrogia pars est Physices, quae docet, quos effectus astrorum lumen in elementis et mixtis corporibus habeat, qualia temperamenta, quas alterationes, quas inclinationes pariat.)[26]

---

[24] P. クーデール『占星術』（有田忠郎ほか訳，白水社，1973年），137頁参照．しかし，これは何もメランヒトンだけに限ったことではない．ルネサンス期の知識人には，往々にして見られる傾向である．詳しくは，S. ドレスデン『ルネサンス精神史』（髙田勇訳，平凡社，1983年），77頁以降や，名著として知られる E. カッシーラー『個と宇宙―ルネサンス精神史―』（薗田坦訳，名古屋大学出版会，1991年），122頁以降を参照せよ．ちなみに，西洋占星術の長い歴史と伝統については，S. J. テスター『西洋占星術の歴史』（山本啓二訳，恒星社厚生閣，1997年）に詳しい．

[25] CR. 11, 297.

[26] CR. 11, 263.

メランヒトンは，星の動きを「天の記号」(heavenly signs) として，そこに神からの神託を聞き取ると同時に[27]，これを独自の人間理解や，必然的に医学 (medica) とも関連させていった．占星学は，星の配置が人間に及ぼす重要な意味を教えてくれるが，それはあたかも「医者の予言」(praedictiones Medicorum) のごときものである．

このように，星の動きや配置は，人間に対して大きな影響力を有している．それは，そもそもその人の生まれもった「気質」(temperamenta) や「傾向」(inclinationes) といった性格までも支配している，とメランヒトンは見なしていたのであった．そこで，ハルトフェルダー (K. Hartfelder) によれば，わたしたち人間の行動 (Handlungen) は3つの原因より成り立っているとメランヒトンは考えていたという[28]．第1に，その人の「星による気質と傾向」(Temperament und Neigung von den Sternen)．しかし，わたしたちはこれに対して，「人間の意志」(menschliche Wille) によって抗うことも同調することも可能である．人は気質と傾向に対して逆らうことも可能とされる．第2に，「神」(Gott)．神は，間接的な原因に結びつくものではなくして，いつも完全で自由に，人間の心や気質や傾向を導くとされる．第3に，「悪魔」(Teufel)．

こうして見てもわかるように，重要なのは，メランヒトンが，自然学の一部分たる占星学を，つねにキリスト教と固く結合させてとらえていた点である．『自然学への導入』(Initita doctrinae physicae, 1549) に，これが如実にあらわれている[29]．ケーン (R. Keen) のすぐれた論考を参照しつつ，確認してみよう．

ケーンによれば，この書の最初の章は，「神について」(De Deo) と題され，それは2つの意味内容に解釈されるという[30]．1つは，「知の対象である神」

---

[27] Ph. Melanchthon, *op. cit.*, p. xxvii.
[28] K. Hartfelder, *Philipp Melanchthon als Praeceptor Germaniae* (*Monumenta Germaniae Paedagogica : Bd. 7*), Berlin 1889 (Nachdr. Nieukoop 1920). S. 193f.
[29] Cf. J. G. H. Hoppmann, *Astrologie der Reformationszeit : Faust, Luther, Melanchthon und die Sternendeuterei*, Berlin 1998. S. 83.
[30] R. Keen, "Naturwissenschaft und Frömmigkeit bei Melanchthon", in : Hrsg. v. G. Frank u. S. Rhein, *op. cit.*, S. 76.

(Gott der Gegenstand des Wissens). より重要なもう1つは,「そうした知の原因としての神」(Gott als Ursache solchen Wissens) である. つまり,「神についての教え」(doctrina de Deo) とは, 同時に「神に関する教え」(Lehre von Gott) と「神に由来する教え」(die Lehre, die von Gott kommt) の両方を含意するというのである. すると,「自然の小宇宙としての人間」(Mensch als Mikrokosmos der Natur) は, すでに1節の終わりで見たように, 神から与えられた「自然の光」すなわち「理性」(ratio) を用いて, 自然のなかに, 神を看取する (beobachten) ことができるし, またそれは人間にとっての責務でもあるととらえられる.「人は自然世界のなかに神を探究し, 心において神を経験する. メランヒトンによれば, 経験の神と探究の神〔経験による神と探究による神〕とは同じ, 敬虔なる慈悲深い神なのである」(Man studiert Gott in der natürlichen Welt und erfährt Gott im Herzen. Nach Melanchthon ist der Gott der Erfahrung und des Studiums derselbe: der barmherzige Gott der Frömmigkeit.)[31]. あくまでも創造の目的は神の示現にあり, 星や自然一般の観察 (総じて自然学) は, やはりこの「神を知る」(神を経験する) というただ1つの目的に, 集約される[32]. メランヒトンいわく. 神は自然の世界にはっきりと認識することができる. そして, 諸学の価値と尊厳とは,「神の痕跡を自然のなかに看取すること」(Spuren Gottes in der Natur zu beobachten) のみにある[33]. それでは, メランヒトンにおいて,「信仰」(Glaube) とこうした探究(ストゥディウム)とは, どのような関係にあるのであろうか.

3節｜キリスト教信仰と自然探究

人間のあらゆる知的活動が, 神を知ることに照準されているメランヒトンにとって, ケーンの指摘にもあるように,「神の知恵と好意に関する知識は信

---

31) *Ibid.*
32) *Ibid.*
33) *Ibid.*, S. 77.

仰を前提としている」(Kenntniss von Gottes Weisheit und Güte hat Glaube zur Voraussetzung.)[34]. 彼において，自然科学的な事実を理解することは，神についての敬虔な (fromm) 知を強化する (verstärken) のであって，つねに探究する者の敬虔さ (Frömmigkeit) が，すべてに先行している.「自然科学は信仰に仕えるが，しかし信仰がより重要である．自然現象に関する知識は信じる者にとって必要ではないが，しかし信仰は，神の働き〔自然現象〕についての知識を通じて，完全なものとされる．そして，神は事態物事がそうであるように望まれる (Gott will, daß es so ist.)」[35].

こうしてメランヒトンにおいては，神を知ること—この中心はもちろん神学 (theologia) —の重要な補足として，自然学や占星学などの諸学がとらえられていることが明らかである．その研究の目的は，必ず神への愛 (Liebe zu Gott) にある．『ガレノスの生について』(*De vita Galeni*, 1540) で，彼はこう語る．

> 自然の規則を観察し考察することは，精神を，じつに中庸や敬虔へと向け，神への賛嘆へと刺激する (Imo et mores naturae inspectio consideratioque flectit ad moderationem, et ad pietatem, ac mentes ad Dei admirationem exuscitat.)[36].

そして，このようなストゥディウムでなければ，それはもうとう無駄 (inutile) である，とつづけて断言している[37].『医学という学芸の価値について』(*De dignitate artis medicae*, 1548) では，このように述べる．

> かくのように物事の自然本性そのものが，神は存在し，神は知恵にあふれ，善であり，慈悲深く，不敬虔な者を罰し，人間の社会を守ることを叫

---

34) *Ibid*. S. 77-8.
35) *Ibid*. S. 78.
36) CR. 11, 497.
37) CR. 11, 497.

んでいる (Clamat igitur ipsa rerum natura, et esse Deum, et esse sapientem, bonum ac beneficum, scelerum vindicem, custodem humanae societatis.)[38].

このように，メランヒトンにとって自然学の一部たる占星学が，究極的には神学へとつながる学であり，「占星学の古典的な伝統は，メランヒトンにとって，聖書が語るところの補足（Ergänzung）なのであった．つまり，科学的事実と聖書の記述とのあいだの葛藤は，問題外であった」[39]．メランヒトンにとって自然科学や自然学は，あくまでもキリスト教的敬虔に仕えるものなのであり，またそうでなければ無意味と考えられていたのである．この点，ルターと同様に，彼がコペルニクス（Nicolaus Copernicus, 1473-1543）の地動説を，ゆえに聖書と矛盾するものとして否定したのは有名である[40]．メランヒトンに学んだ一学生ランツァウ（H. Ranzau）は，のちに占星学の教科書を著し，こう記しているという．

星は人間を導く．しかし，神は星を導く．星は神にしたがう．しかし神ご自身は敬虔なる者の祈りに耳を傾けて下さるのだ．(Die Sterne lenken den Menschen, aber Gott lenkt die Sterne. Die Sterne gehorchen Gott, aber Gott selber hört auf die Gebete der Frommen.)[41]

占星学とキリスト教との不可分の結びつき．ここには，紛れもなくメランヒトンの思想が見出される[42]．

よって，先のケーンがつとに指摘している通り，わたしたちはメランヒトンを，科学者（Wissenschaftler）としてではなく，あくまでも自然科学の推

---

38) CR. 11, 808.
39) R. Keen, *op. cit*., S. 81. 同時に，注26のドレスデンとカッシーラーの箇所も参照されよ．
40) W. パネンベルク『自然と神―自然の神学に向けて―』（標宣男ほか訳，教文館，1999年），55および86頁以降を参照されたい．
41) J. G. H. Hoppmann, *op. cit*., S. 84.
42) *Ibid*.

・・
進者 (Förderer der Naturwissenschaften) として見なすべきであろう[43]. むろんその自然科学とは, すでに見たように, 特殊メランヒトン的に「神」へと方向づけられた自然学なのであった. そして, その目的は彼の神学とまったく同じで, 神を知ることのみを通じて, 「人間の生をよりよくすること」 (Leben von Menschen zu verbessern) に終始向けられていたのである[44]. メランヒトン自身の言葉でもって, 小括しておこう[45].

　神は, 世界全体に確かな痕跡を刻印された. そこから人は, 賢い造物主を知ることができる.
　惑星の動きや軌道を導く学芸そのものが, わたしたちに, 物事が偶然に生起したのではないことを示している.
　そして, 神は存在することを. わたしたちの判断力たる生まれつきの光〔自然の光：理性〕は, 善き行いと悪癖とを区別し, 犯してしまったわがままな罪について, その責任を知る心が, 復讐する神の義しき怒りに直面して震えることを教えてくれる.

＊　＊　＊

このようなメランヒトンの自然観について, フランク (G. Frank) は, これを「形而上学的楽観主義」(metaphysischen Optimismus) と名づけ, 次のような特徴を見出している. これまで詳しく見てきたように, 「1. 世界が生起してくること (machina mundi) の説明としての自然学的原因連関という観念は, 2. ある秩序をもった, 知性ある理性に由来し, そして 3. すべての自然が, 人間の利益のためにある限りにおいて, この観念は, 人間中心へとつながる」[46]と. 神を中心とするメランヒトンの自然観が, その実は, 人間

---

43) R. Keen, *op. cit.*, S. 82.
44) *Ibid.*
45) B. Bauer, "Philipp Melanchthons Gedichte astronomischen Inhalts im Kontext der natur-und himmelskundichen Lehrbücher", in : Hrsg. v. G. Frank u. S. Rhein, *op. cit.*, S. 175.
46) G. Frank, "Gott und Natur : Zur Transformation der Naturphilosophie in

のはたすべき，決して小さくはない課題を重大にとらえることから，これが本質的には「人間中心」(Anthropozentrik)に行き着く特性（可能性）をもつことが，ここに示されている．

ただし，わたしたちは，メランヒトンにおける「人間の利益」(Nutzen des Menschen)が，あくまでも「神を知る」ことによる利益であり，神を抜きにした人間だけの利益ではなかったことを看過してはならないであろう．メランヒトンにとって「人間の生をよりよくすること」，すなわち人間存在が幸福を目指し，また幸福であることは，また幸福とはそもそも何であるかは，彼の全学究生活をかけて終生追求すべき「人生の目的」(finis hominis)であった[47]．それをメランヒトンは，学問を通じて，一生涯なしつづけたのである．ゆえに，これまで参照してきた彼の数々の「講演」(Oratio)の冒頭では，ほぼ決まって，こうした諸学が，人間のよりよい生にとって有益であること．さらに，とくに若者（学生・生徒）が，このような学芸の発端に触れて，研究意欲を触発されることが，いかに重要かつ必要であるかを，訴えかけている．諸学芸について残された，彼のおびただしい数の講演は，そのすべてが，若者をして「神を知る」ための学への導入としてなされた，メランヒトンの教育活動そのものにほかならなかったといえるであろう．

以上，メランヒトンにおいて神と自然とは，人間存在がよりよく幸福であることを望み，そのためにこそ人間は，このような神の愛に応えるべく，この神へと照準された恵みとしての諸学を教育すると同時に，聖書の教えをも伝えていかねばならないと，彼に確信されていたのである[48]．

畢竟するに，メランヒトンの神と自然とは，人間に対して，その幸福にとっての必要不可欠な前提として，必然的に教育という営みを，絶対的に要請

Melanchthons humanistischer Philosophie", in : Hrsg. v. G. Frank u. S. Rhein, *op. cit.*, S. 57. なお，ルター神学によって根本的に方向づけられたメランヒトンの自然哲学について，詳しくは，S. Kusukawa, *The Transformation of Natural Philosophy : The Case of Philip Melanchthon*, Cambridge 1995. を参照されたい．

[47] 前掲拙著，121頁以降参照．ここでは，「神の像」(imago Dei)としての人間の目的が，明らかにされている．

[48] C. Augustijn, *op. cit.*, S. 19ff.

していた．蓋し彼を「ドイツの教師〔プラエケプトール・ゲルマニアエ〕」と尊称する深い内的所以といえよう．

14章｜17世紀教育思想の地下水脈

目覚めるためにわれわれは生まれたのだ．
眠るためではない．

次に，メランヒトンにつづく17世紀を代表する教育思想家といえば，コメニウス（Johann Amos Comenius, 1592-1670）である．

ここでは，『大教授学』（*Didactica Magna*, 1657）の著者として有名なコメニウス教育思想の，あまりかえりみられることのない地下水脈を照明してみたい．それは，これまでと同様，やはりスピリチュアリティに根ざしている．

1節｜汽水域としての17世紀

まず，相馬伸一がいうように，ヨーロッパ17世紀が「相反するモチーフに満ちた多義的な対象」であるという事実から[1]．この典型例として取り上げられているのが，コメニウスである．端的にいって，次の18世紀啓蒙主義は，この雑多な17世紀を克服しようと試みた．いわばコメニウスを．

彼の思考のなかには，中世やルネサンス以来のじつに雑多な思考，すなわち啓蒙合理主義の立場からすれば，無知蒙昧で非合理的な「魔術」的思想が多く含まれている．と同時に，そこにはのちの「科学」的思考の種も，内包されている．

18世紀以降さらに現代でも，ある一部の者は，こうした雑多な複合体・コ

---

1) 相馬伸一「17世紀の教育思想―その再解釈のためのいくつかのアプローチ―」（『近代教育フォーラム（教育思想史学会紀要）』12号，2003年所収）．

メニウスの「科学」的側面にだけ注目しようとした．そして，17世紀のなかに，こぎれいに整理整頓された，いわゆる近代的人間像や教育論の萌芽を見出そうとする．

ところが，現在．「相反するモチーフに満ちた多義的な対象」は，まさに雑多であるがゆえに，相馬のいうとおり，再び注目されつつある．それは，中世と近代とのまるで汽水域のようだ．古代や中世，そしてルネサンスをへて受け継がれる潮流と，デカルトのようなラディカルな近代人とが並存しはじめる時代である．しかし，事はそう単純ではない．

中世・ルネサンスから脈々と流れつづける「魔術」的水脈は，啓蒙主義に対するロマン主義．20世紀からは，シュタイナーに見られる思想や，現代のホーリスティック，ディープ・エコロジーなどといった思考へと，いまでも確かに流れつづけている．

17世紀とは，それまで伝統的ですらあった「魔術」的思想が，18世紀以降の啓蒙主義と科学の時代に突入し，いよいよ本格的に地下の水脈へと奥深くもぐりはじめる時代であったといえるかもしれない．その地下水脈が，いま再び注目されている．

なぜであろうか[2]．

それでは，コメニウスに体現されてある，この栄養タップリな水脈（雑多なもの）は何なのか．ときに，それは肥沃な土壌のようなものであり，そこには灰や毒も含まれるかもしれない．だが，ここには，近代人や，あるいは近代教育思想が切り捨ててしまった，本当は人間にとっての自然な成長のために必要不可欠な栄養素（ミネラル）が，豊富に含まれていたかもしれない．この予感が，再注目の理由だと思われる．相馬は，「類似」（アナロジー）を，ミネラルの主なものとしてあげている．

2） ところで，こうした思考は，現代ではあくまでも地下水脈であるがゆえに大きな潜在能力をもつともいえる．「魔術」が現在において，地表を流れる大河のごときものとなってしまっては，これまた恐ろしいことになりはしないか．

2節 | アナロジーが根ざす自然観

以下，相馬によるコメニウスからの引用である[3]．

> ・自然はあらゆる活動を最深部から始める．（中略）ゆえに，青少年の形成者も知識の根である知性を最大限に重視すれば，活力は容易に幹つまり記憶力に伝わり，ついには花や果実つまり言語の流暢な使用やさまざまなことがらの実践があらわれてくるだろう．

こうした類比が，当時の知識人からも批判されたという．
　が，「コメニウスは「事物は並行しており，またその並行のおかげで無限に調和している」という世界理解をとっており，類比は世界理解の方法であると考えられていた．近代は，デカルト的ないし数学的な分析の方法が地歩を固めた反面，類似の方法が非科学的であるとして追いやられた過程ともみなされる」[4]．同感である．「コメニウスがあえてルネサンス科学的な類比の方法に固執したのは，デカルト的近代と意識的に距離をおくものであったと見なされるかもしれない」[5]．
　相馬も指摘しているように，わたしもコメニウスは，「中世的な宗教性やルネサンス科学的な方法論に深く根ざしている」と考える．つまり，コメニウスは，中世と近代との汽水域に生息する，本来は海水魚のようなものではないか．広大な海から，ときおり汽水域に顔を出す魚．さながら，デカルトあたりは，もう真水の川に生息する魚．そこからどんどん，生き物は地表へと上がっていく．川や地面すらも捨てて，挙句のはてには空へと，宇宙へと．
　これが，古代・中世からルネサンスをへてモダンへと向かう，人間の歴史

---

[3] 同前論文，49頁．傍点引用者．
[4] 同前論文，49-50頁．
[5] 同前．

ではないか.

　要するに,コメニウスは,近代人などではなく,中世・ルネサンス人なのである.

　それは,彼が依拠するルネサンスの自然観を概観すれば,一目瞭然である.また,当時「医学のルター」(Lutherus medicorum)と呼ばれたパラケルスス(Paracelsus:本名 Theophratus von Hohenheim, 1493-1541)のなかに,コメニウスの根ざす大地が髣髴と見てとれると思う.もちろん,メランヒトンのなかにも.

　では,簡単にアナロジーが根ざす「土壌」について見てみよう.

　これを扱った文献は無数にあるが,ここでは,次の2つに依拠して整理してみたい.

　A.G.ディーバス『ルネサンスの自然観—理性主義と神秘主義の相克—』とC.ウェブスター『パラケルススからニュートンへ—魔術と科学のはざま—』である.

　両者とも,複雑怪奇なルネサンス期の自然観や科学観,そして人間観を,見事クリアーに解明してくれる入門書であり,とくに前者には,巻末に,懇切丁寧な文献解題が付加されているので,参照されたい.

　コメニウスや17世紀を語るには,それに先行する時代についての理解が必要不可欠であり,先に地下水脈ともいったように,それはたとえ18世紀以降の近現代を語るについても同様である.すでに一般教養として常識であるが,重要な点を確認しておきたい.

　われわれの近代科学の形成に貢献した学者のなかには,魔術や錬金術や占星術が,数学的抽象や観察や実験に劣らず刺激的であると考える者がいた.今日われわれは,「科学」と魔術とを区別することは容易であり,かつまた必要であると考えているが,当時多くの人々はそれらを区別することはできなかったのである[6].

---

6) A.G.ディーバス『ルネサンスの自然観—理性主義と神秘主義の相克—』(伊東俊太郎ほか訳,サイエンス社,1986年), 2-3頁. 傍点引用者.

その代表例として，ニュートン（Sir Isaac Newton, 1643-1727）とケプラー（Johannes Kepler, 1571-1630）があげられている．

この点，ウェブスターは，「パラケルススとニュートンは，互いにまったく異質の知的世界に存在していたのではない．パラケルススもニュートンも，個人的救済の確証を自らの最優先課題としていた．人間と創造主との関係の本質を探り出すことが，彼らの第一義の知的使命となっていたのだ．パラケルススが身を捧げた改革神学の潮流にニュートンは浸っていた．16世紀前半も17世紀後半も，彼らと同じ時代の人々の間では新プラトン主義がその活力になっていた」[7]と，明言している．

ならば，「魔術」とは何であろうか．それは，「本質的には知恵の探求であり，「自然の全過程を概観」しようとすることにほかならない」[8]．パラケルススは，魔術を自然そのものと同等視し，探求者を創造主の偉大な知識へと導くような宗教的探求という観点から魔術について語った．「このような人々にとって，自然魔術は魔法とはおよそ異なるものであった．神に創造された自然のなかに神の真理を捜し求めることにより，魔術はむしろ宗教と密接な関係があったのである」[9]．つまり，「魔術」とキリスト教といった宗教—なかにはヘルメス主義などいろいろあるが—は矛盾するどころか，むしろ信仰が「魔術」を根底で支えていたのである．

> 天と地を生み出した全知全能の創造主は（中略）二冊の非常に重要な書物をわれわれの前に提示した．一冊は自然という書物であり，別の一冊は聖書である．（中略）自然という書物についての知識を人は普通自然哲学とよぶ．それはかの偉大なる無限の神についての熟考へと誘うのに役立った．われわれが神の御業の偉大さのなかに神の栄光をたたえるように．（中略）というのは，惑星の規則的な運動（中略）元素の結合，一致，力，

---

7) C.ウェブスター『パラケルススからニュートンへ—魔術と科学のはざま—』（金子務監訳，平凡社，1999年），19頁．
8) ディーバス前掲書，24頁．
9) 同前．

効能，美などは，この世界に存在する数多くの自然（現象）であり，被造物であるが，これらは，神がこれらの動力因であること，また神がこれらもまたそれへと向かう目的因として，これらのなかに，そしてこれらによって明示されている，ということをわれわれに教えてくれる解説者なのである[10]．

まさに，然り．

科学や自然の観察は神への奉仕の一形式であり，神との真のつながりであった．ある意味で自然研究は神の追求であった[11]．

おおむね，こうした宗教的・キリスト教的自然観にしっかりと基づいて，ケプラーもニュートンも，勝義の「魔術」的意味において—それは彼らにとっての「科学」でもあった—世界という自然の書物を探索していった．むろん，コメニウスも同様である．

さて，ディーバスは，ルネサンスの科学と医学に多大な影響を及ぼした6人の人物をあげている．16世紀の3人と古代以来の3人である．前3人は，コペルニクス，ヴェサリウス（Andreas Vesalius, 1514-1564），パラケルスス．後3人は，アルキメデス（Archimedes, ca. B.C. 287-212），ガレノス，プトレマイオス（Ptolemaios Klaudios, 不明）．

なかでも，やはりパラケルススは，科学革命の先駆者とみなされている．ゆえに，このパラケルススのなかに，今度はいよいよアナロジーの「種子」を探り当ててみたい．

---

10) 同前書，25-26頁．傍点引用者．
11) 同前．傍点引用者．

3節 | パラケルススにおける「種子」

ここでの「種子」(semina, sperma) とは，決してアナロジカルな用語ではなく，れっきとした概念を示している．

この「種子」の概念や理論については，平井浩が詳論している[12]．これをコンパクトに圧縮したのが，「ルネサンスの種子の理論—中世哲学と近代科学をつなぐミッシング・リンク—」[13]である．

コメニウスやメランヒトンのなかにも，じつはそのほか多くの思想家のテキストに，「種子」というタームがしばしば登場するが，それはいったいどこに由来するのか．単なるアナロジーとしての「種子」ではなく，明確な概念としての「種子」の理論．この点を，平井が，種あかししてくれている．

たとえば，コメニウス『大教授学』5章のタイトル．「あの三者〔学識・徳性・神に帰依する心〕の種子 (semina) は，自然に (a natura) 私たちの中にある (nobis inesse) こと」[14]に見られる「種子」は，明らかに古代・中世以来の種子概念を引き継いでいる．詳細は，平井論文に譲るとして，ひとつのかなめは，アウグスティヌスの「種子的理性」(rationes seminales)．そして，これを継承するパラケルススである．

もともと「古代ギリシア，特にソクラテス以前の哲学者の間では，事物の起源を「種子」sperma と呼ぶことが普及していたようである」[15]．つまり，事物=存在のアルケーを尋ね求めることと「種子」のイメージとは，古代人の思考のなかでは，ごく自然に結び合っていたといえよう．これが，思想史

---

12) Hirai, H., *Le concept de semence dans les théories de la matière à la Renaissance de Marsilie Ficin à Pierre Gassendi*. Ph. D. Diss., December, 1999; Universite de Lille 3 (France).
13) 平井浩「ルネサンスの種子の理論—中世哲学と近代科学をつなぐミッシング・リンク—」(『思想』No. 944. 岩波書店，2002年所収).
14) コメニウス『大教授学1』(鈴木秀勇訳，明治図書，1974年)，66頁.
15) 平井前掲論文，130頁.

上，さまざまなヴァリエーションをかなでながら，現代にまで流れつづけている．

そこで，いまはパラケルスス．

パラケルススが継承するアウグスティヌスの「種子的理性」の趣旨のみ記せば，それは，「天地創造の後に続くものは，初めからその諸要素が決められている物語の有機的な展開に過ぎず，非物体的な種子的理性は創造主と被造物を結ぶ絆」[16]ということになる．

これをパラケルススは受け継いだ．

パラケルススも古代人と同じように，事物の起源を究明しようとする．それは，事物の始点（プリマ・マテリア prima materia）である．そして，彼は強調する．事物の終点（ウルティマ・マテリア ultima materia）を知ることが始点を知ることだと．つまり，事物の終点は，すべてプリマ・マテリアのなかに潜在的に存在するというわけである．その終点に位置するものとして，彼は，地下から掘り出された鉱物をあげるのであった．

しかも，プリマ・マテリアからウルティマ・マテリアまでの自然な展開は，天地創造時に神から与えられた「予定」(praedestinatio) に忠実に則するという．

> 大地に蒔かれた植物の種子が成長し，決まった季節に果実をつけるように，鉱物の種子も鉱物の果実を決まった時節に結ぶ．植物に生物学的な時間 tempus が与えられているように，鉱物の種子にも神から予め定められた時間が与えられているのである．パラケルススは，自然を全ての事物の種子を納める種蒔く人の袋と想定する[17]．

彼によれば，人間もまた，同様である．

> 種子は三重である．一つの種子の中に三つの実体が共存し，成長するので

---

16) 同前論文，131頁．
17) 同前論文，136-137頁．

ある.（中略）木，皮，根が一つの木の実の中にあり，これら三つのものは実際非常に異なるのであるが，一つの種子の中に共存している．同様に，人間はもともと一つの種子であり，精液はその殻でしかない[18]．
・・・・・・・・・・・・・・・・・・・・・・・・・・

　この根底には，次のような考えがゆるぎなく横たわっていた．「神は全ての事物を創造した時，まず何か etwas を無 nichts から創造した．この何かは，種子である」[19]．すべての現存在の根拠は，まずは「種子」に宿ること．しかも，「神は，固有の種子から事物が日々生まれるように世界を創造した」[20]．
　ここには，「神の言葉＝種子」というキリスト教神学の伝統が，意識的に踏まえられている．「こうして，神の意思は，天地創造から現在まで種子によって時代を超えて伝達されている」[21] と考えられる．
　こうして，ごくおおざっぱにパラケルススにおける「種子」を見ただけでも，このような思想および思考法が，コメニウスにもまた，紛れもなく影響していたことが明らかであろう[22]．西洋に伝統的として脈々と流れつづける「種子」の理論．それは，コメニウスにおいてしばしばアナロジーとして登場する種子でもあり，本来は，一切の事物存在の根源を説明しようとする根本原理（プリンキピア）である．
　パラケルススには，こうした原理に関する興味深い物語があふれているが，その原典に即した本格的な考察は，別の機会にするとしよう．ここでは，教育に関連して，少し長いが，ひとつだけ彼の言葉を引用しておくに止めたい．

　ある人の肢体は太く，他の人のはこれに反してか細くか弱い．このどちらが賞賛され，どちらが非難されるのか．どちらも違う．なぜならこの二人は胃と心臓を，赤い血と赤い肉を，骨と髄と毛髪をもっている．彼らの脳

---

[18] 同前論文，137頁．傍点引用者．
[19] 同前論文，138頁．
[20] 同前．
[21] 同前．
[22] たとえば，ウェブスター前掲書，132頁以降参照．

も発達しているがまだ賢明さに欠ける．だから諸君は人間をその形姿をもって判定してはならず，すべて同じく称えるべきだ．君の内部にあるものは，あらゆる人の内部にもある．誰の中にも，君が自分の内にもっているものがある．貧しい者にもその庭には，富める者と同じものが生えている．人間にはあらゆる手職やあらゆる技術への能力が生来そなわっている．ただそれらはまだ日の目をみないでいるのだ．（中略）人間のうちに顕わとなるべきものは，まず彼自身の内で目覚めさせられなくてはならぬ．ひとが他人から学びうるものは，本来の学習ではない．なぜならすべてはすでに幼児のうちにあらかじめ形成されているからだ．ひとはそれを自己のうちに目覚めさせ，呼びかけねばならぬ．（中略）子供はまだ曖昧な存在であり，君が彼のうちに目覚めさせるものに従って，その形をとってくる．靴を作る能力を呼び覚ますなら，その子は靴屋になるだろう．彼の中の石工を目覚めさすなら，その子は石工となる．学者を呼び起こすなら，彼は学者になるだろう．あらゆる能力が彼の中にあるのだから，そのようになるだろう．君が彼の中に目覚めさすものが，彼から現れてくる．残りのものは目覚めることなく眠りに沈んでいる．（中略）目覚めるためにわれわれは生まれたのだ．眠るためではない[23]．

貧しい者の「庭」にも富める者と同じ，適切で自然な発芽を待つ「種子」が包含されている．それを覚醒させること．そして，目覚めること．

ここでも，パラケルススは，見聞する者にいきいきとしたイメージを喚起する豊かなアナロジーを駆使して，存在の存在理由(レゾン・デートル)を物語る．「創造されたもののうち，人間によって探知されるべきでないものはない．万物が創られた所以は，それによって人間が怠惰な生活を送るためではなく，神の道を歩まんがためである」[24]という確たる信仰に基づいて．

---

[23] J.ヤコビ編『パラケルスス　自然の光』(大橋博司訳，人文書院，1984年)，151-152頁．傍点引用者．
[24] 同前書，155頁．

＊　＊　＊

　以上，相馬の論考から，とりわけ「類比(アナロジー)」という表現に注目し，なかでもコメニウスが根ざす豊穣な思想史的背景について，ごく簡単な素描を試みた．

　結果として，ここには，近代が「非科学的」で「不合理」として超克しようとし，捨象されるべきであるとした雑多なミネラルが，じつは多く埋蔵されてあることが明らかとなった．

　確かに，「汽水域」17世紀に生きた近代人の典型であるデカルトは，ベイコン（Francis Bacon, 1561-1626）をも抜いて，もっともラディカルな超克派であった[25]．たとえば，彼の宇宙論．

　　デカルトの宇宙は「機械的」であり，当時の人々のあいだに流行していた
　　生気論的説明を斥けた．彼は，宇宙における運動の総量が一定であるとい
　　う前提を立てた[26]．

　だが，問題は，こうした宇宙の機械的な見方が，人間に当てはめられた場合である．

　　デカルトの機械論哲学は人間や生物学に適用されたとき，以前には支配的
　　であった「生命」力を捨て去ることになった．デカルト独自のこの業績は，
　　17世紀後半の医療物理学派の発展に重要な役割を果たすことになった．（中
　　略）デカルトにとって人間は，心と，機械のような動物の身体とが結合した
　　ものであった．そして，身体の動きを，17世紀初期の富豪の庭園によくみら
　　れた水力を用いた仕掛けになぞらえ，非常に満足していた[27]．

---

25)　ディーバス前掲書，175頁．
26)　同前書，175-176頁．
27)　同前書，176頁．傍点引用者．

デカルト的発想が，近代医学（科学）の発達に寄与した貢献は大きい．しかし，一番の問題は，何といっても「生命力」の枯渇である．アナロジカルにいえば，「生命力」を豊かに育む「土壌」のコンクリート化である．「生きた自然」との断絶であった．

これが極端に行き着くところの現代．その弊害の大きさが身にしみて感じられはじめているとでもいえようか．

コメニウスをはじめ，パラケルススなど，「彼らの見る自然は，決して，人間の分析を受動的に待っていて，支配されることを望んでいる機械の如き存在ではなかった．自らの原理に従って活き活きと自己展開する「生きた自然」であった．おそらく，この時期のほとんど唯一の例外が，デカルト及びその周辺の人びとであった」[28]．

相馬は，むすびにかえて，「教育思想というのは，そもそも近代的な思考に対して批判的距離をとることで成立するのではないか」という．わたしは，17世紀のみならず，近代から現代にまで，地下水脈として脈々と流れつづけている「生命力」．すなわち，「いのち」の神秘として，じつは完全には永遠に種あかしすることのできない「種子」の理論に注目することからも，コメニウス思想がもつ大きな魅力と価値に惹きつけられる．

すると，きわめて大味で単純かつ乱暴ないい方になるが，近代的な教育思想とは，本質的にデカルト的な機械論から無意識的にも影響を受け，これに根ざしたドライな人間論を基とするものともとらえられよう．

しかし，これは，いわばアスファルトで塗り固められた上に，そのじつはごまかしでしかなかった植木鉢をおいて，このなかで人間を育てようとするようなものかもしれない．

植木鉢にも，むろんいろいろな大きさがある．近ごろでは，かなり改良も加えられ，昔よりは，はるかによくなってきている．まるで，ビルの屋上に水田ができるように．が，それはたとえどこまでいっても植木鉢にすぎないのだ．ちなみに，肥やしは化学肥料，光は人工ライト（これも，かなりの進

---

[28] 同前書，261頁．

歩をみせているが）．

　近代教育思想とは，こうして，しょせん植木鉢の植木を相手にするにすぎない，といっては過言であろうか（せいぜい Kindergarten で子どもの庭）．

　そして，いまやようやく，植木鉢栽培そのもののもつ根本的限界と欠陥に思い至ったとでもいおうか．

　しかるに，コメニウスの場合は，「自然」との生きたつながりがあった．いわゆるミ・ク・ロ・コ・ス・モ・ス・と・し・て・の・人間である[29]．むろんメランヒトンらもしかり．

　畢竟するに，17世紀教育思想の再解釈は，そのかくれた地下水脈を，より緻密に丁寧に探り当て，ここからじかに「生命(いのち)」の水をくみ上げるとき，近代の教育思想にとっても，これを甦生させる「恵み」の嚆矢になりうるのではなかろうか．

---

[29] 中井章子『ノヴァーリスと自然神秘思想―自然学から詩学へ―』（創文社，1998年），138頁以降参照．

15章 ベーメにおける神と悪の意義

いかなるものも対抗性なしには,
それ自身顕わになることはできない.

　じつは,幼児教育に偉大な功績を残し,とりわけ幼稚園 (Kindergarten: 子どもの庭)の創始者としてあまりにも有名な教育者フレーベル (Friedrich Fröbel, 1782-1852) にも,前章で見たような地下水脈が,やはり流れている. それは,パラケルススから大きな影響を受けた,同じくドイツのキリスト教神秘家ヤーコブ・ベーメ (Jacob Böhme, 1575-1624) を経由して[1].
　フレーベルは,ベーメから多大な霊的感化を被っている. 詳しく見てみよう.

　ヤーコブ・ベーメは,私にとって,長く第二のメシアであった.

兄クリストフへ宛てた1807年2月16日付の手紙でフレーベルはこう語り,ベーメの著作が彼にいかに深い印象を与え,神秘的なものへの傾向をさらに目覚ましたかが窺える[2].
　むろんフレーベルが,ベーメのみならず,ノヴァーリス (Novalis, 1772-1801),ヘルダー (Johann Gottfried von Herder, 1744-1803),シェリング (Friedrich Wilhelm Joseph von Schelling, 1775-1854) といった多彩な人物から影響を受け,彼らの神秘的自然観と接触し,宇宙の統一性・法則性への関心や努力を増大させたのは,周知の通りである[3]. ボルノーも,フレーベルを

---

1) 　むろん,ここには1章2節で見たプロティノスの用語もしばしば登場する.
2) 　小笠原道雄『フレーベルとその時代』(玉川大学出版部,1994年),112頁参照.
3) 　同前.

こうしたドイツ・ロマン主義の潮流のなかにとらえることが，彼のより深い理解につながるとしている[4]．が，そこでもやはり「ヤーコプ・ベーメとキリスト教神秘主義へのフレーベルの大いなる愛着と精神的親近性が，時代の流れを越えて認められる」[5]と述べられるように，ベーメはフレーベルの思想的・精神的基底にある自然神秘的なるもの―自然神秘思想―の形成にきわめて重要な意味を担ったと考えられる．

たとえば，フレーベルの全思想の核心たる「球体法則（das sphärische Gesetz）」には，明らかにベーメからの影響が看取されよう[6]．

ここでは，とくに1811年の「球体法則」に関する命題「1 全宇宙を通じて，ただ一つの原理のみが支配している」につづく「2 この法則は，プラス（＋）とマイナス（－）の法則，あるいは対立の法則である」[7]という箇所に注目したい．宇宙や存在の創造・生成に関するこのようなとらえ方は，その「法則」をダイナミックでいきいきしたものとしているが[8]，しかしこうした「対立」を通じた創造と生成による宇宙の把捉こそ，まさしくベーメが試みたものにほかならない．

本章は，フレーベルとベーメとの精神史的連関を深く探った論考が管見するに未だ見当たらないなかで，フレーベルの自然神秘思想を，ベーメというさらなる根源的地下水脈から理解しようとするものである[9]．

4） O. F. ボルノー『フレーベルの教育学―ドイツ・ロマン主義の華―』（岡本英明訳，理想社，1973年），42頁．
5） 同前．
6） むろんベーメのみがフレーベルの自然神秘思想形成に影響を及ぼしたわけではない．フィヒテ（Immanuel Hermann Fichte, 1762-1814）や先のシェリングといった人物からの影響も大いに窺うことができる（小笠原前掲書120頁以降，193頁ならびに H. ハイラント『フレーベル入門』小笠原道雄ほか訳，玉川大学出版部，1991年，69頁以降参照）．しかし，シェリングらいわゆるドイツ・ロマン派の思想家たちそのものに対して，すでに当時ベーメは多大な影響を与えていたのであった．岡村康夫「シェリングとベーメとドイツ・ロマン主義」（伊坂青司・森淑仁編著『シェリングとドイツ・ロマン主義』晃洋書房，1997年所収）を参照されたい．
7） 小笠原前掲書，126頁．
8） 小笠原前掲書，130頁参照．
9） フレーベルの「宗教性と宗教教育理解」に関するドイツでの研究についてはハイラントの文献解題（H. Heiland, *Literatur und Trends in der Fröbelforschung*,

1節｜ベーメにおける神

ベーメにおける神を詳しく探っていく前に、フレーベルにおける神について簡単に確認しておきたい。『人間の教育』（*Die Menschenerziehung*, 1826）には、フレーベル教育思想の出立点となる「神への信仰」が、冒頭から記されている。

> すべてのもののなかに、永遠の法則（ein ewiges Gesetz）が、宿り、働き、かつ支配している。この法則は、外なるもの、すなわち自然（Natur）のなかにも、内なるもの、すなわち精神（Geist）のなかにも、自然と精神を統一するもの、すなわち生命（Leben）のなかにも、つねに同様に明瞭に、かつ判明に現れてきたし、また現に現れている。（中略）このすべてのものを支配する法則の根底に、すべてのものを動かし、それ自身において明白である、生きた、自己自身を知る、それゆえに永遠に存在する統一者が、必然的に存在している。（中略）この統一者が神である（Diese Einheit ist Gott）。すべてのものは、神的なもの（das Göttliche）から、神から生じ、神的なものによってのみ、神によってのみ制約される。神のなかにこそ、すべてのものの唯一の根源がある（in Gott ist der einzige Grund aller Dinge）。すべてのもののなかに、神的なものが、神が、宿り、働き、かつ支配している。すべてのものは、神的なもののなかに、神のなかに、神的なものによって、神によって、安らい、生き、存続している。すべてのものは、神的なものが、そのなかに働いていることによってのみ、はじ

Weinheim 1972. S. 75-79.）を参考にしたが、これによればフレーベルを神秘主義の視点から扱う論考はシュプランガーをはじめ若干あるものの、ベーメとの詳しい思想的連関について掘り下げたものは見当たらない。なおこの文献解題は、畠山祥正「フレーベルのキリスト教理解と神観」（東北大学教育学部教育行政学・学校管理・教育内容研究室『研究集録』11号、1980年所収）にも簡潔にまとめられている。併せて参照されよ。

めて存在する．このそれぞれのもののなかに働いている神的なものこそ，それぞれのものの本質 (das Wesen) である[10]．

ここにフレーベルの神が端的に示される．神とは「永遠の法則」の根底に在る「統一者 (die Einheit：一なるもの・一者)」であり，宇宙の万物にいまもつねにいきいきと宿り働き，かつこれを支配する「神的なもの」である．(そしてこのような神＝「神的なもの」は，ほかならぬ人間自身のなかにも「本質」として内在し，これを純粋かつ完全に表現させ，そのための方法や手段を提示するのが「人間の教育」とされる[11]．) それは「永遠なるもの」「一なるもの」「一者」そして何ら差異をもたぬ「無差異のもの」である．

しかしながら，万物の創造と生成は，この一なる神を除き，先の「球体法則」2のごとき「対立」の内で行われる．

神の本質は，とりわけ創造に，自ずから法則となるところの自由な自己活動にある．神は自己を外化することによって自己を認識し，客体となる．しかし，神は完全には自己を外化しえず，従って神の認識も無限の過程である[12]．

神は永遠にわたって自己自身の「神的なもの」を表出しつつあって，この表出あるいは現出 (Hervortreten) において逆に自己の神性を認識する．これが神の自己認識である．そして，このような神の自己外化もしくは自己現出の結果，そこに自然・精神・生命が (この宇宙を含めて) 誕生する．これが万物の創造と生成である．

だが，この「創造は対立を作り出す．自然とは，神的なものから生じた神

---

10) *Friedrich Fröbel Ausgewählte Schriften*, Hrsg. v. Erika Hoffmann, Bd. 2, *Die Menschenerziehung*, 1951. S. 7. 邦訳は『人間の教育（上）』（荒井武訳，岩波文庫，1964年），11-12頁によった．
11) *Ibid*., S. 8. 邦訳，13頁．むろん，この教育の実践に教育家フレーベルの主眼がある．
12) 小笠原前掲書，132頁．

的なものの対立である.」[13] 創造と生成は「対立」なしにはなしえない. これらはいったい何を意味しているのであろうか. その解読の鍵をベーメのなかに求めてみたい. というのも, フレーベルの神観および創造・生成に関する見解には[14], ベーメのそれときわめて類似した箇所を指摘できる上, さらにベーメのなかにはフレーベル思想の原種を, より根源的なもっと突き詰めた形で見出すことが可能のように思われるからである.

　ベーメにおいてもフレーベルと同様, 一切の存在＝「有」は神に由来すると考えられている. が, その神は, すべての創造と生成の「対立」前にあって, 時間や空間の軸をたどって行き着く「底（Grund：根拠・根底）」をも突き抜けた,「底無し」としての「無底（Ungrund）」としてあらわされている. そこには何ら「対立」もなく, 区別も差異も闘争もない.

　実際, 神について, 神はこれであるとかあれであるとか, 悪であるとか善であるとか, 神は自己自身のうちに区別をもっているとか言うことはできない. 神は自己自身のうちに自然をもたず, また情動も被造物ももっていない. 神は何かあるものへの傾向性をもたない. なぜなら神に先立っては, そこへと神が傾きうる何ものも, 悪も善も存在しないからである. 神は自己自身においては無底（Ungrund）であり, 永遠なる無として自然や被造物に対する意志すらもたない. 神のうちにはいかなる原質（Qual）もなく, また神へと傾きうるようなものも, あるいは神からそこへと傾きうるようなものも, なんら存在しない. 神は唯一なる存在者であって, 神の先にも後にも, そこにおいてはまたそのうちで神が自らに対して一つの意志を汲み出したり, 捉えたりできるような何ものも存在しない. 神はまた, 神を産んだり与えたりする何ものをももたない. 神は無にして一切であり, そして世界と全創造（Creation）がそのうちに存する唯一なる意志

---

13) 同前. ハイラント前掲書, 69頁以降も参照.
14) ことにフレーベルの神観やキリスト教理解については, 前掲畠山論文のほか, 同じく畠山による一連の論考を参照されたい（主なものとして「フレーベルの宗教教育論の特質」（同『研究集録』12号, 1981年所収）,「フレーベルのキリスト教理解の特質」（キュックリヒ記念財団『乳幼児の教育』18号, 1982年所収）などがある.

である．神のうちでは一切が無始にして等しく永遠であり，また等しい重み，尺度，そして目標のうちにある．神は光でも闇でもなければ，愛でも怒りでもなく，永遠なる一者である[15]．

一切の「有」に先立って〈在る〉神は，一切の「底」をさらに突破しており，それは「無底」としかいいようのない原-状態（神性：Gottheit）[16]の内にある．神とは「無にして一切（das Nichts und das Alles）」であり，世界と創造のすべてがそこに起源する「唯一の意志（ein Einiger Wille）」をもつ「永遠の一者（das Ewige Eine）」である．そして「この無底的で不可捉な，非自然的にして非被造的な意志（ungründliche, unfaßliche, unnatürliche und nucreaturliche Wille）は，ただ一つのものであり，その前にも後にも何ものをももたない．それはそれ自身においてただ一つのものであり，無としてあり，しかも一切である．その意志は唯一の神であり，またそう呼ばれる．それは自己自身のうちで自己を捉え，見出し，そして神から神を産む」[17]．このようにベーメは，神を「無底」に「無」として〈在る〉ものとまずとらえる．すべての「有」はこの「無底」たる神に起源している．そこで，ベーメは述べる．

> 無底（Ungrund）は，永遠の無である．だがそれは，一つの欲動（Sucht）として永遠の始源をなす．実際，その無は，あるもの（Etwas）に向かう欲動なのである．しかもそこには，あるものを与えるような何かがあるのではなく，むしろその欲動は，ただ渇望する欲動としてそれ自体そのまま，またしても無であるようなものを与えることである．そしてこのこと

---

[15] ベーメからの引用はすべて次の原典によった．Jacob Böhme, *Sämtliche Schriften*. Faksimile-Neudruck der Ausgabe von 1730 in elf Bänden, begonnen von Augst Faust, neu herausgegeben von Will-Erich Peuckert, Stuttgart 1955-1961. 邦訳は『ベーメ小論集』（薗田担ほか訳，創文社，1994年）による．あとは原典の巻・頁につづいて，邦訳の頁のみ記す．6 (XV), 4-5. 164-165頁．

[16] 6 (XV), 6. 167頁．

[17] 6 (XV), 5. 165頁．

が魔術（Magia）の永遠なる根源態（Urstand）である．魔術はそこには何ものもないのであるから，それ自身のうちではたらく．魔術は無からあるものをつくり，そのことをただそれ自身のうちでなす．しかもこうした欲動はまた無でもあって，ただの意志（Wille）としてのみある．それゆえこの意志は，何ものをももたず，自らになにかを与えるようなものでもなく，また自らを見出したり差し出したりするようないかなる場所ももたない[18]．

神の「無底」の内にベーメは，「欲動」としての「意志」を見出し，これが「魔術」としかいいようのない仕方で動き始め，そこに初めて「無」から「有」が，あるいは「一」から「多」が，すなわち自然や世界や人間，そしてあらゆる生命や宇宙が本源的に生じてくる（urständen）というのである．
　その上さらにベーメは，自然と被造物を超えた外なる始源としての神をあたかも太陽のごとく見立て，これを唯一の「善」ととらえている．

ちょうど太陽はただ一つの意志をもち，それは太陽が自己自身を与え，その渇望（Begierde）をもって万物のなかに進み入り，成育し，そしてすべての生命に力とそれ自身を注ぎ込まんとする意志であるが，それと同じように自然と被造物のそととなる神は，神あるいは善以外の何ものをも与えることはできず，また与えようともしない唯一の善（das einige Gute）なのである．神は自然のそとでは最大の柔和さと謙虚さであり，そこには善き傾向性への意志も，悪しき傾向性への意志も感知されない．というのも，神のまえには悪も善もないからである．神は自らが永遠の唯一なる善であり，あらゆる善き本質と意志の始源である（Er ist selber das Ewige Einige Gute, und ein Anfang alles guten Wesens und Willens）．神がこの唯一なる善である限り，何らかの悪が神のうちへ入り込むということも不可能である．なぜなら神は，彼ののちにあるあらゆるものにとって無だからである．

---

[18] 4（VIII), 97. 5-6頁.

神は自己自身において現実的な，本質的で霊的な一つの力（Kraft）であり，至高にして至純なる謙虚と善意である．あるいは愛の感触，愛と善意の味覚であり，甘美な産出の感覚のうちに快く好んで聞くことである[19]．

このようにベーメの「無底」の神において，そこでは「善」とか「悪」とかいった一切の価値の基準も，それへの傾向性（Neiglichkeit）も，あらゆる差異や分離による「対立」も皆無である．

あなたがたは，主であるわれわれの神はいかなる悪を欲することもできず，また欲しない，唯一なる神であることを知るように．というのも，もしも神が自己自身のうちで何かある悪を欲し，ついでまたある善をも欲するのであれば，神のなかに分離があることになり，かくしてまた一つの対立の原因であるような何ものかもなければならないことになるからである[20]．

始源の神―神の言葉の力強い顕示のそとにある顕わでない隠れた神（der verborgene, unoffenbare Gott）[21]―たる「永遠の一者」は，「光も闇も，善も悪も，すべてが「均しい重み」のうちにあり，いまだそこに，たとえば闇を通して光へ，あるいは悪を通して善へといった目的論的動きが生じていないあり方ないし状態」[22]としての「和合（状態）（Temperatur, Temperamentum）」の内にただ〈在る〉のみである[23]．

そこで問題は，では何故そのような神，「永遠の一者」の「和合状態」から，「有」や「多」が，自然や精神や生命や人間が，そしてこれらのなかで差異や分離や敵対といった「対立」が本源的に生じてきたのかということである．これこそベーメの実存をかけた退っ引きならない問いにほかならなか

---

[19] 6（XV），9. 170-171頁．
[20] 6（XV），10. 172頁．
[21] 6（XV），17. 181頁．
[22] 前掲『ベーメ小論集』，343-344頁．
[23] 6（XV），17. 181頁．

った[24]．

2節 | 悪 の 意 義

「永遠の一者」が「和合状態」のまま永遠に止まり，「隠れた神」でありつづけるならば，その神は神自身にとっても永遠に隠されたままであり，神は神自身を知ることすら永久にありえないであろう．それは「永遠の静寂（die ewige Stille）」即「無」である．ゆえに「神は，その力が光と尊厳のうちに顕わになり，歓喜が生ずるように（sine Kraft im Licht und Mjestät offenbar, und ein Freudenreich werde），自己の意志を自然に向かう知慾へ（in eine Scientz zur Natur）と導き入れる．実際，もしも永遠なる一者のうちに自然が生起しないならば，すべては静寂のままであろう．けれども永遠なる静寂が動くものとなり，言葉へと向かう諸力が聞き取られうるものとなるために，自然は苦痛性（Peinlichkeit），感覚性（Empfindlichkeit），発露性（Findlichkeit）へと導き入れられるのである．したがってそれは，（光が火によって苦痛をもつようになるごとく）永遠なるものが苦痛をもつようになるためではなく，むしろ火の特性が苦痛を通じて静寂なる喜悦（die stille Lust）を動かすためである」[25]．

この知慾あるいは収縮する渇望（おそらくこう理解できるであろう）のうちで，永遠の自然（die ewige Natur）が始まり，そしてその自然のうちに存在（das Wesen）が始まる．これを一つの霊的な存在（ein geistlich Wesen），すなわち大いなる神秘（Mysterium Magnum），顕わな神（der offenbare Gott）（あるいは望むなら神的顕示（die Göttliche Offenbarung）と言ってもよい）と理解してほしい[26]．

---

[24] 福島正彦『ベーメ倫理思想の研究』（松籟社，1984年），44頁以降を参照されたい．
[25] 6（XV），16-7. 180頁．
[26] 6（XV），18. 181頁．

「隠れた神」たる「永遠の一者」―父なる神―の「永遠の静寂」の内に，自己において自己それ自身をとらえんとする（神が神自身を把捉しようとする）「知慾（Scientz）」もしくは「収縮する渇望（inziehenden Begierde）」が生じ，それによってとらえられた神―子なる神―を，さらに「永遠なる意志（それはすべての存在と根源態の父である）は，一つの心情（Gemüthe）のうちで知恵において自己の座へ，また力へと自己を捉え込み，そしてこの内＝把捉（Infassen）をそとへと吐き出す．このようにして，その意志は，和合においてある自らの力を吐き出し，自己自身を発出（Ausgehen）させながら，諸力の分開性（Schiedlichkeit）と顕示（Offenbarung）への知慾のうちへと自己を把捉するのである．かくして一者のうちに，諸力の無限なる多性が永遠の眼差しとして現れるが，それは永遠なる一者が分開され，感覚され，見られ，感じられ，また本質的となるためである」[27]．この結果生じ来たったものこそ，最初の「永遠の自然」である．

　自然は静寂なる永遠性の道具である（Die Natur ist der stillen Ewigkeit Werckzeug）．永遠性はこの道具によって形造り，作動し，分開し，そして自然のうちでそれ自身を一つの歓喜へと把捉する．永遠なる意志は，自然を通じてその言葉を顕示する（der ewige Wille offenbaret sein Wort durch die Natur）からである．言葉は知慾のなかで自然をわがものとする．しかし永遠の一者たる神ヤハウェは，自然をわがものとするのではなく，自然を貫いて（durch die Natur）住まう[28]．

このように「隠れた神」たる「永遠の一者」＝「永遠の静寂」は，「永遠の自然」を産み出し，それを「知慾」することにおいて初めて己れの神性を知り，その神性は動くものとなる．すなわちこれが，「無底」の内なる「欲動」としての「意志」が，まさに「魔術」としかいいようのない仕方で動き始めるということである．ここに「一者」からの「力」の「分開（Scheidung）」

---

27) 6 (XV), 17-8. 181頁.
28) 6 (XV), 17. 180頁.

と「顕示」が開始され，神の「言葉（Wort）」が語られ[29]，「隠れた神」から「顕わな神」が出現してくる．そしてもはやこの自然ならびに世界の内にあっては，様々な差異・分離・分裂・敵対・闘争などは避け難く，むしろ必然ですらあって，ここでは「善」に対して「悪」が，「意志」に対して「反意志（Wiederwille）」——フレーベルによれば，プラスに対してマイナス——が，ある積極的な目的意義を担って「対立」しているとされる．それは何か．

> 自然のなかではつねに一つのものが他のものに対置され，一方が他方の敵となっている．とは言え，それは互いに敵対するためではない．そうではなくて，むしろ大いなる神秘が分開性へと進み入り，永遠なる一者のうちに高揚と歓喜が生ずるように，また無があるもののうちでかつあるものとともにはたらき，戯れる（spielen）ように，一方が他方を闘いのうちで動かし，自己のうちで顕示するためなのである．そのとき神の霊は自己自身の観照のために（zu seiner selbst Beschaulichkeit），知恵を通じて永遠よりそうした霊的な神秘のうちへ自己を導き入れた．そしてこの神秘を，神の霊はまた創造と時間の始源へも導き入れ，四元素の本質と活動のうちへと把捉して，目に見えない霊的なものを時間とともに，また時間のうちで，目に見えるようにしたのである[30]．

端的に神の「無」は，いわば「戯れ（Spiel：遊戯）」によって，ただ神が神自身を永遠にわたって顕示し，唯一これを知ろうとせんがために，自然を産み出し，ここにありとあらゆる「対立」を認めるという．これは「隠れた神」にとっての必然ですらある．

> 神は永遠なる太陽であり，永遠の唯一なる善である．しかし神は，永遠の自然としての永遠の知慾のそとでは，太陽の力という尊厳をもってしてもその永遠の霊的な自然なしには顕わにはならないであろう．というのも，

---

[29] 6（XV），14ff. 177頁以降．
[30] 6（XV），18. 182頁．

自然をほかにしては，神がそこで自らの力で顕わになりうるものは何ものもないであろうからである．実際，神は自然の始源である．とは言え，神が永遠なる一者から自然の永遠なる始源へと自己を導くのは，神が何か悪しきものであろうとするからではなく，むしろ神の力が分開性と感覚性という尊厳に到りうるように，そして動きと戯れ（Bewegen und Spielen）が神のうちに生ずるようにである．ここでもろもろの力は互いに戯れ合い（mit einander spielen），その愛の戯れと競い合い（Liebespiel und Ringen）のうちに自己を顕示し，見出し，感覚する．そしてまたそこから，測りがたいほどの大きな愛の火が，聖なる三重性の絆と誕生のなかで現実的となるようにである[31]．

つまり，ベーメによれば，「永遠の一者」たる神は「愛の戯れ（Liebespiel）」によって，ただ「愛」のみによって自然を産み出し，世界を創造した．そしてこのようないわゆる「神の遊戯」は，いまここでもあらゆる存在の生成し消滅していく過程でも展開されているのである．たとえば人間の身体についてベーメは，こう語る．

それは目に見える世界であり，世界である一切のものの一つの像にして，本質である．この目に見える世界は，内的な霊的世界の顕現であり（die sichtbare Welt ist eine Offenbarung der innern geistlichen Welt），しかも永遠なる光と永遠の闇との，いわば霊的な織物として生ずる顕現である．またそれは，永遠性がそれによって自らを目に見えるものにした永遠性の対像（Gegenwurf der Ewigkeit）であって，そこでは我意と放下した意志とが悪と善として相互に作用し合う（da eigen Wille und gelassener Wille untereinander wircket, als Böses und Gutes）[32]．

ほかならぬわたしたち人間自身の内でただいま，「我意」と「放下した意志」

---

[31] 6 (XV), 20. 184-5頁．
[32] 4 (IX), 158. 286-7頁．

が「善」と「悪」として闘争しあい、その「対立」において、「永遠性」が顕わとなる。ここに「悪」の意義と「対立」の積極的な目的が存する。

理性は語る。——なにゆえ神は苦痛にみちた苦難の生を創造されたかのか。神は万物の根底であり始源であるのに、その生は苦難も苦悶もないより良い状態にあることはできないのであろうか。なにゆえ神は反意志（Wiederwille）を容認されるのか。なぜ神は悪を破砕して、善のみが万物のうちにあるようにされないのか[33]。

始源に〈在る〉神を唯一の「善」と見るベーメにとって、にもかかわらず人間の現実世界においても、否のみならず自然界においても、ありとあらゆる「対立」が絶え間なく、そこに「悪」が現存する必然的理由とはいったい何なのか。これがベーメ思想の根本問題であった。

答え。いかなるものも、対抗性（Wiederwärtigkeit）なしにはそれ自身顕わになることはできない。というのも、もしそれが自らに対抗するものをもたないならば、それはたえずそれ自身からそとへ出るばかりで、再びそれ自身へ還ることがないからである。だがそれがそれ自身のうちへ、すなわちそれがもともとそこから出てきたところへ再び還ることがないならば、それは自らの根源態について何も知らないであろう[34]。

もしも自然的な生命がなんらの対抗性をももたず、めざす目標もないままであるならば、それ自身がそこから由来した自らの根底を決して問わないであろう。だとすれば、隠れた神は、自然的な生命にとって識られないままに留まるであろう。またいかなる対抗性もこの生命のうちにないならば、そこには感覚も意欲も働きもなく、さらに理知も学知もないであろう。実際、ただ一つの意志しかもたないものは、いかなる分開性ももたな

---

[33] 4 (IX), 167. 298頁.
[34] 4 (IX), 167. 299頁.

2節｜悪の意義

いのではなかろうか．そのものが，それを運動へと駆り立てる反意志を感知しないならば，それは静止したままであろう．というのも，単一なるものは一なるもの以外を知らず，またそれはたとえそれ自身において善であろうとも，それは悪も善も識らないであろう．なぜなら，それは自らのうちに，それを感覚的にさせるものを何ももたないからである[35]．

わたしたちは，わたしたちの内に相対する様々な矛盾や対立を識るがゆえに，かえってこれら「対立」の根源へと，すなわちわたしたちの因って来たる始源の「無底」へと思いを馳せ，この根源へ還ろうと真剣に渇望することができる．また，このことによって「隠れた神」も，初めてわたしたちにとって識られるものとなり，生きて動くものとなる．「意志」（一なるもの）はつねに，これに対抗する意志（「反意志」つまり二のもの）に出会って初めて自己を識る―あるいはいわゆる自己意識（Identität）となる―ことができる．これは人間の意志にとっても，さらに神の意志にとっても同様である．

そこで理性は語る．―善のもとに一つの悪がなければならないということは，何のために良く，あるいは有用であるのか．答え．―悪あるいは反意志的なものは，善である次のような意志を惹き起こす．すなわち，意志が再びその根源態たる神へと突進し，善き意志として善を熱望するものとなるということを惹き起こす．ところが自己のうちでただ善であるだけで，何の苦悶をももたないものは，何ものも渇望することがない．というのも，そのものは自己のうちにあるいは自己のまえに，熱望できるようなより善いものを知らないからである[36]．

同様にまた，われわれは神の唯一なる善き意志についても哲学的に語ることができる．その意志は，それ自身において何ものをも渇望することができない．なぜなら，神は自己のうちあるいはまえに，そこから自分に何か

---

35) 4 (IX), 167-8. 299頁．
36) 4 (IX), 169. 300頁．

が与えられうるようなものを何ももたないからである．それゆえ神は自己のうちから分開性へ，すなわちそれぞれの中心へと自己を導き出す．それはこの流出（Ausfluß）において，流出したもののうちに対抗性が成り立ち，善が悪において感覚され，作用し，意欲するようになるためである．つまりそれは，善が自己を悪から分かち，再び神の唯一なる意志のうちへ還って行こうとすることである[37]．

このようにベーメは「善」と「悪」とを，始源に〈在る〉神の「意志」の永遠の流出と無限の還帰という勝義の弁証法的思考のもとにとらえ，この世における「悪」に対して極めてポジティヴな意味を賦与するのであった．

万物は―それが悪であれ善であれ，好ましいものであれ嫌わしいものであれ―その始源を神的な意志の流出にもつ[38]．

こう信じるベーメは，この世の「悪」の歴然とした存在にもかかわらず，神の「意志」のもとに，究極的には「すべて善し」の態度を貫くのである[39]．

3節｜フレーベルとのかかわり

以上，ベーメにおける神および「悪」の意義について，ごく限られた著作を基に，その輪郭をたどってみた．これらは，自然・精神・生命すなわちわたしたち人間を含む全世界・宇宙の創造と生成を巡る，神秘家ベーメの壮大な「物語」のほんの一部分に過ぎない．このベーメよりフレーベルは思想上多

---

[37]　4 (IX), 169. 300-1頁．
[38]　4 (IX), 170-1. 303頁．併せて四日谷敬子「J. ベーメにおける神の自然と悪の起源」（京大中世哲学研究会編『中世哲学研究』4号，1985年所収）参照．
[39]　福島前掲書，194頁以降も参照されたい．キリスト教一般が「悪」をどうとらえたかについては，宮谷宣史編『悪の意味―キリスト教の視点から―』（新教出版社，2004年）を参照されたい．なお補遺1も参照されよ．

大な示唆をえると同時に，精神上でも大いにその霊的インスピレーションをかき立てられたと考えられる．たとえば「すべての矛盾が消え去ったユリの時代」といわれるユリの象徴とは，まさしくベーメに由来するものである[40]．ベーメによれば，「永遠の一者」から流出して来るところのわたしたち人間の生命には，それが再び「一者」の元へと還帰せんがために，必ずや「対抗性」との「対立」が存する．

このように，善と悪が存在するのはすべて避けがたいことであるのを理解してほしい[41]．

善悪の混じり合った生命から再び神のうちに，かつ神から生まれる者は，誰もこうあるのである．神の生命のうちに生まれたこの新たな像は，あらゆる自然的な生命を観るが，この像にとって見慣れぬもの，あるいは困難なものは何もない．というのもその像は，自分がそこから成育してきた自らの根（Wurtzel）を観ているに過ぎないからである．このことはわれわれには，一本の美しい花が荒れ果てた大地から育つさまからも認識される．その花は大地に似ているようには見えないが，その美しさによって大地のもつ能力と，いかに大地が善と悪で混じり合っているかを説き明かしている．獣的な荒々しい地上的なあり方と特性から再び神の正しい像へと生まれる人間は，すべてこれと同じである．今やこのように成育して，美しい百合（Lilien）を神の国に求めて誕生しつつある者たち，こうした者たちのために，われわれはこの書を書いたのである．こうして彼らはこの書によって彼らの本性を強化し，神の生命のなかで緑に萌え，楽園の樹のうちで成育し，果実を結ぶことになろう[42]．

世にも美しいユリの花が，じつはその生命の根幹たる「根」を，善悪入り交

---

40) 小笠原前掲書，154-155頁．
41) 6 (XV), 48. 219頁．
42) 4 (VII), 1-2. 26頁．

じった混沌の大地に下ろし，ここに初めてユリとして美しく咲き出ずることができるのと同じく，人間もまた善悪入り乱れるこの世という大地に生命の「根」を張って生きるがゆえにこそ，美しいユリを心底より冀い，そこへ向けて己れを駆り立て，畢竟このユリの如き花を咲かせることができるのである．すべての「対立」前・後の「和合」の象徴たるユリの時代は，苦難と努力に満ちた厳しい人生をへて初めて到達しうる境涯であることをベーメは語りつつ，ここへ向かう勇気を，わたしたち大人に向かって力強く喚起している．

しかるに，フレーベルにおいて彼の「物語」の直接の対象となるのは子どもであった[43]．そして彼は，子どもの「遊戯」のなかに，あたかもベーメの「神の遊戯」のごとく，「神的なもの」すなわち神性の「戯れ」を見るのであった．「一者」よりつい先頃生まれ出たばかりの子どもこそが，わたしたち大人よりもその「一者」にはるかに近いがゆえに，フレーベルはこの子ども（とりわけ幼児）の内に，いまだ善悪前・後—ユリの時代つまり「永遠の一者」の内—にある神性の純粋無垢な「戯れ」を見出したと思われる．このような幼児の状態，換言すれば，いわば原-人間の状態（幼児期）を，彼は根源的「善」としてとらえたのであった[44]．それはすなわちベーメが，始源としての神を唯一の「善」ととらえたのとまさに同じであろうと考えられる．そしてフレーベルは，この根源的に「善」なる幼児期から，可能な限り「悪」の侵入を除去することを通じて，人間の一生にとってきわめて重要な生命の「根」を大切に守り育もうと尽力したのである．そのための場こそ「子どもの庭：幼稚園」にほかならなかった．

---

43) フレーベルの意図は，大人が彼のテキストを読むことを通じて己れの生の全体性を蘇生させ，「生の合一」（Lebensvereinigung）を実現させようとするところにある．矢野智司『子どもという思想』（玉川大学出版部，1995年），78頁以降参照．ゆえにフレーベルもまたベーメと同様，じつは大人に向けて，このような〈教育的〉「物語」を語っているのである．

44) 畠山祥正「フレーベルにおける信頼と不信の構図—信仰と子ども観をめぐって—」（『人間教育の探究（ペスタロッチー・フレーベル学会紀要）』創刊号，1986年所収）．同「フレーベルにおける罪の問題」（キュックリヒ記念財団『乳幼児の教育』37号，1987年所収）参照．

＊　＊　＊

　畢竟するに，だが，人はいつまでも子どものままではいられはしない．いつかは「庭」をあとにして善悪合い渦巻くこの世の直中へと進んで行かねばならない．神的なる子どもは確かに根源的に「善」ではあっても，わたしたち大人は（そしてベーメによれば，そもそも自然も世界も宇宙も，ありとあらゆる「有」は）決して「善」のみではありえない．むしろ「善」と「悪」とが闘争しあう「対立」の〈現-場〉である．だからこそ生命はレーベンたりうるのである．このときこそベーメの言葉が，再び力をもって蘇ってくることであろう．

　全宇宙を通じた唯一の原理・法則とはプラスとマイナスあるいは「対立」の法則であるとフレーベルがいうとき，それは幼児期や子ども期においてより詳細かつ積極的に何を意味し，さらに子どもを守り育む大人についてはこの「対立」はどのように見られるのか．幼児期に始まり老年期に終わる人生全体の中で，総じて「対立」はどう展開されていくのであろうか．残された課題である．

16章｜フランケにおける心の養育

わたしは植え，アポロは水を注いだ．
しかし，成長させてくださったのは神です．

最後に，ドイツ敬虔主義（Pietismus）の思想家アウグスト・ヘルマン・フランケ（August Hermann Francke, 1663-1727）の教育論を見ておこう．

フランケは，シュペーナー（Philipp Jakob Spener, 1635-1705）とならぶ，ドイツ敬虔主義の代表的神学者である[1]．教育史上では，その神学思想に裏づけられた教育論の展開と具体的実践によって，教育家としても有名であるが[2]，わが国では，なぜかこれまで詳細には取り上げられてきていない[3]．

---

1) 敬虔主義について詳しくは，M. シュミット『ドイツ敬虔主義』（小林謙一訳，教文館，1992年），P. ディンツェルバッハー編『神秘主義事典』（植田兼義訳，教文館，2000年），156-159頁．および E. Beyreuther, *Geschichte des Pietismus*, Stuttgart 1978. がまとまっているので，参照されたい．

2) 伊藤利男『孤児たちの父フランケ―愛の福祉と教育の原点―』（鳥影社，2000年）に，教育者フランケの全体像が概観されているので，参照されよ．フランケがハレ（Halle）に「孤児の家」（Waisenhauses）を建て，教育に打ち込んだ経緯など，詳しく紹介されている．

3) 教育学界では，かつて入澤宗壽「フランケ」（城戸幡太郎他編『世界教育学事典』，岩波書店，1936年所収），および現在でも唯一本格的な論考として，金子茂「フランケの教育思想にみられる普遍主義とその限界―プロイセン国家の教育政策との関連においてみた―」（世界教育史研究会編『ドイツ教育史Ⅰ（世界教育史大系11）』，講談社，1976年所収），邦訳でE. L. タウンズ編『宗教教育の歴史―人とその教育論―』（三浦正訳，慶應通信，1985年）所収「第15章　アウグスト・ヘルマン・フランケ」があるくらい．キリスト教学界でも，最近唯一金子晴勇『ルターとドイツ神秘主義―ヨーロッパ的霊性の「根底」学説による研究―』（創文社，2000年），447頁以降に言及されるくらいである．またドイツ文学界では，伊藤利男『敬虔主義と自己証明の文学』（人文書院，1994年）が，フランケ自身の「回心」の物語について扱っている．ことほどさように，わが国でフランケは，まだそれほど詳しく取り上げられてきていない．なお，欧米では，教育学界ではなく，とくにドイツの神学界で，シュミットやデッペルマンらによって，フランケは取り上げられてきている．ここでは，その研究成果の恩恵によっている．

つまり,彼のキリスト教的人間観が,はたしてどのような教育を目指し,かつそれをいかにして実現しようとしたかなどについては,原典資料にそった紹介すら,ほとんどなされていないのが現状である[4]。

こうしたなか,彼の教育論を記した代表作『子どもたちは真の敬虔とキリスト教的賢さへとどのように教え導かれるべきか,簡明素朴な教え』(以下『敬虔と賢さへの教え』と略記)(*Kurzer und Einfältiger Unterricht, wie die Kinder zur wahren Gottseligkeit und christlichen Klugheit anzuführen sind. 1702*)[5] を一瞥するに,そのはじめから,「心〔魂〕の世話,あるいは心の養育」(cultura animi oder Gemütspflege)のみが,彼の教育の第一目的たる「神の栄光」(Ehre Gottes)を成就する,唯一の手段だといわれるごとく[6],フランケにおける教育の眼差しが,まずは人間の内面へと,すなわち「心」(Gemüt, Herz)もしくは「魂」(anima)へと[7],まっすぐに向けられていることがわかる.

ではフランケは,人間のいったいどのような「心」の状態をして,「神の栄光」を達成したにたるものととらえ,またそれをいかにして実現しようと試みたのであろうか.その一例が,彼のカテキズムに関する論述に,明らかにされている.

本章は,いまだわが国で十分に知られざるフランケ教育思想の根底にある

---

4) こうしなか,先の両金子の論考より,本章は多大な示唆をえている.なお,シュペーナーについては,唯一『敬虔なる願望』(*Pia Desideria*, 1675)が邦訳されている(堀孝彦訳,佐藤敏夫編『世界教育宝典(キリスト教教育編)Ⅴ』玉川大学出版部,1969年所収).フランケからのまとまった原典邦訳は,管見するに,今のところ皆無である.

5) 伊藤前掲書『孤児たちの父フランケ―愛の福祉と教育の原点―』,159頁以降に概略の紹介があるので,参照されたい.

6) A. H. Francke, *Pädagogische Schriften*, Besorgt von Hermann Lorenzen, Paderborn 1957. S. 14.

7) フランケでは,(3章以降でも見てきたように)ドイツ神秘主義の伝統的な「魂の根底」(Seelengrund)学説が,あえて「心の根底」(Herzensgrund)というように,ヘルツもしくはゲミュートという概念に転換されてきている.人間の最内奥にあって,神と出会い,これを受け容れる場としての「心」もしくは「魂」.詳細は,金子晴勇前掲書,457頁以降をとくに参照されたい.

ドイツ敬虔主義的人間観の特質を確認しつつ，とくに彼のカテキズムに注目して考察を進め，結果フランケにおける教育のかなめと考えられる心の養育の本質を明らかにしようとするものである．最後に付随して，言葉の響きこそ似ているが，「心の教育」が声高に叫ばれる現代，そもそも「心」とは，さらにそれを「教育」するとは，はたしてどういうことなのか．原点にかえって，「心の教育」の問題点にも言及したい．

1節│「再生」と「更新」の人間論

フランケ教育思想が依拠するドイツ敬虔主義の人間観とは，第1にシュペーナーのそれを指す[8]．では，その特質について，まずシュペーナーから要点のみ確認していきたい．

ところで，ドイツ敬虔主義誕生のおもな背景には，当時のルター派教会の堕落と荒廃がある[9]．そこで，シュペーナーにせよフランケにせよ，彼らはいま一度ルターによる宗教改革の精神に立ち返り，キリスト教会さらには世界を，甦生しようと試みたのであった[10]．ただし，シュペーナーらピエティストの人間観と，彼らが再帰しようとしたルターのそれとでは，微妙な違いを見せている．それは，人間の「再生」(regeneratio, Wiedergeburt) と「更新」(renovatio, Erneuerung) という考えにあらわれている．

いみじくもモルトマンが指摘しているように，宗教改革の中心的概念は，信仰のみ (sola fide) による罪人の義認 (iustificatio, Rechtfertigung) であった[11]．しかるに，「近代の敬虔主義と信仰覚醒運動の中心的概念は，見捨て

---

8) Cf. M. Schmidt, *Wiedergeburt und neuer Mensch : Gesammelte Studien zur Geschichte des Pietismus*, Duisburg 1969. S. 205.
9) 金子晴勇前掲書，448-450頁，シュミット前掲書，9頁以降を参照．
10) ゆえに敬虔主義の運動は，「宗教改革の宗教改革」ともいわれる（金子茂前掲論文，329頁）．
11) J. モルトマン『いのちの御霊―総体的聖霊論―（J. モルトマン組織神学論叢4）』（蓮見和男ほか訳，新教出版社，1994年），216頁．

られた人間の，聖霊による神の子への再生である」[12]．つまり「義認は，神が人間においてなすところのもの」であり，「再生は，その後人間において起こるところのもの」を指す[13]．「再生は，しかし私の内的実体を変え，私に新しい生の芽ばえを与え，新しい自己を私の中にすえつけ，私自身を生活態度と生き方において新しくする」[14]．要するに，宗教改革者ルターにとっての最大の関心事は，罪深い人間が神の前にいかにして義しい者として見なされるか（宣告されるか）という義認の問題であったのに対して[15]，敬虔主義者シュペーナーらの最大の関心事は，むしろ義認の後，罪人としての人間が，信仰をもって，いかに新しいキリスト教的人間として，つねに「再生」もしくは「更新」しつつ生きるのか，という生き方そのものの問題であったといえよう．「再生」をテーマとする説教のなかで，シュペーナーは，「再生」と「更新」との違いにも触れながら，端的にこう語っている[16]．重要な箇所なので，そのまま引用してみよう．

再生とは私たちが，もし先だって神の子でなかった場合，そのとき初めて神の子となり，したがって初めて霊的生命を受けるところの恩恵である．しかし更新は霊的生命（geistliche leben）を強化し（starcket），その人間をますます清める（reiniget）．それゆえ，再生は一回的に（auff einmahl）起こり，そして再生した者はまったく再生したのである．というのは，つまり彼は完全に神の子であり，一回的に義とされ，新しい本性を得たのである．しかるに更新はゆっくりと次第次第に（langsam/ und nach und nach）生じる．それゆえ，再生はまさしくそれ自体で完成（vollkommen）している

---

12) 同前．
13) 同前書，221-222頁．
14) 同前書，221頁．
15) A. E. マクグラス『キリスト教神学入門』（神代真砂実訳，教文館，2002年），618頁以降，より詳しくは，同『宗教改革の思想』（高柳俊一訳，教文館，2000年），138頁以降を参照されよ．
16) Ph. J. Spener, *Schriften*, Bd. II/2. hrsg. v. E. Beyreuther, Hildesheim 1982. S. 517. 邦訳は，金子晴勇前掲書，454頁によった．なお，傍点および，'auff einmahl' を除く原文からの抽出は，すべて引用者によるものである．

が，更新のほうは未だ未完成（unvollkommen）であり，私たちがこの世にある間は，まず日々に成長〔進歩〕していかねばならない（muß erst von tag zu tag zunehmen/ so lang wir hier in der welt sind）．

ここでは，「再生」があたかもルターにおける義認のごとくとらえられているが，その後につづく「更新」についても，大きなウエイトが置かれていることがわかる．

　シュペーナーによれば，「再生」は，まず洗礼（Tauff）を通じて，次に「不滅の種子」（unvergänglichem saamen）たる「生きた神の言葉」（lebendigen wort Gottes）を通じて引き起こされる[17]．そして，「悔い改めの準備ができている人間」（bußfertigen menschen）の「心」（hertz）のうちに，「信仰の点火」（entzündung des glaubens）がされる瞬間，「信仰の火花」（funcke des glaubens）が散るところに生じるという[18]．ポイントは，「神の言葉」という「種子」を通じた，「信仰の火花」を散らすための「点火」の重要性（「再生」への準備）さながら，すでに「再生」した後の「更新」のさらなる重要性を説いている点にあろう．すなわち，ゆっくりと次第次第に日々成長・進歩しつづける人間というイメージの提示である．

　事態は，フランケについても類似していた．シュミットが指摘しているように，フランケとシュペーナーは，ともに「再生が人間の存在にとって決定的な真理であるという共通の理解」[19]を抱いていた．ただ，次節以下で明らかにされるように，フランケは「再生」への準備に際してはたす「律法」（lex, Gesetz）の役割に力点を置き，真の回心と悔い改めの必要性を繰り返して説くと同時に，やはり「再生」後の，キリスト教的生活そのものにおける「成長」もしくは「進歩」の必然性を力強く説くところでは，シュペーナーを凌駕しているといえよう[20]．フランケは，人間が義認されていることの証

---

17)　*Ibid*., S. 518-519.
18)　*Ibid*., S. 519.
19)　シュミット前掲書，113頁.
20)　同上書，122頁以降参照．「律法」については，E. Peschke, *Die frühen Katechismuspredigten August Hermann Franckes 1693-1695*, Göttingen 1992. に詳しい．

拠を，次の点に見出すことができるという．「いつまでも，このような罪になじんだ習慣や悪行にとどまっているのではなく，神の恩寵によって，次第にそれらは除去されつつあり，日毎日毎に（von Tag zu Tag）信仰と愛とにおいて成長している（wachsen）」[21]ところに．まさに金子がすでに指摘するように，ここからフランケにおいては，キリスト教的人間の「「完全性」にむかって漸進的に進歩・成長（聖化）する可能性が与えられる」[22]ことになる．あるいは，つづけてこうもいわれる．

彼が生きる限り，善において成長し，善へと近づきうる[23]．

もっと，

われわれは，むしろ悪を排除し，善をうけいれ，聖化されることによって，成長すべきなのである[24]．

とまで．
　このような，人間の「再生」と「更新」との両方を見据えた人間論に立脚しつつ[25]，フランケは具体的な教育論および実践へと踏み込んでいく．

---

21) G. Kramer, *August Hermann Francke : Ein Lebensbild*, 1 Theil. Halle 1880. S. 274. 邦訳は，金子茂前掲論文，329頁によった．クラマーによるこの2部構成の書籍は，フランケの伝記としての資料価値がある．傍点引用者．
22) 金子茂前掲論文，330頁．傍点引用者．
23) G. Kramer, *op. cit.*, S. 274. 邦訳は同前論文，383頁．
24) *Ibid*. 邦訳同前．傍点引用者．
25) Cf. E. Beyreuther, *August Hermann Francke : Zeuge des lebendigen Gottes*, Marburg 1956. S. 120f. ここに，「再生」と「更新」において，「心」に起こる出来事が，示されている．なお，E. Peschke (hrsg.), *PredigtenI・II. August Hermann Francke*, Berlin 1987/89. には，さらなる原典資料が豊富に含まれている．

2節 | カテキズム―祈りへの教導―

シュペーナーの人間像によって決定的に刻印されたフランケ教育思想[26]. ただし, 彼は次の3点において, シュペーナーをはるかに上回っていたとされる[27]. 「教育（学）的な想像力」(pädagogischer Phantasie)・「実践的な組織能力」(praktischem Organisationstalent)・「ものごとを貫徹する鉄の意志」(eisernem Durchsetzungswillen) である. シュペーナーのあらゆる提案を, フランケは, こうした持ち前の能力をフルに発揮して, 実行したのであった[28].

さて, 先の『敬虔と賢さへの教え』の表題にもすでに示されているように, フランケにおける教育は, 「真の敬虔」(wahren Gottseligkeit) と「キリスト教的賢さ」(christlichen Klugheit) という2重の目標を掲げているが[29], とりわけ「心」の養育にとって, 前者「真の敬虔」が目指されていることは, いうをまたない. では, 「真の敬虔」とは, フランケにとって何を意味したのか. まず簡単に要約しておこう.

『敬虔と賢さへの教え』の第1部「敬虔と賢さへと若者を教育することについて」を丹念に読み進めればわかることであるが[30], 「敬虔」という名のもとにフランケは, 人間の意志を神の意志に沈めること (Einsenkung), すなわち「我意を打ち砕くこと」(Brechung des Eigenwillens), もしくは「我欲の超克」(Überwindung der Selbstsucht) ととらえている[31]. さらに, これ

---

26) 注7を参照. なお, シュペーナーとフランケとの結びつきについては, シュミット前掲書, 113頁を参照されたい.
27) K. Deppermann, "August Hermann Francke", in: *Gestalten der Kirchengeschichte : Orthodoxie und Pietismus,* Bd. 7. hrsg. v. M. Greschat, Stuttgart 1984. S. 241.
28) シュミット前掲書, 118頁参照.
29) Cf. A. H. Francke, *op. cit*., S. 15.
30) 伊藤前掲書『孤児たちの父フランケ―愛の福祉と教育の原点―』, 165頁以降に, ほんの概略が紹介されているので参照されよ. Cf. K. Deppermann, *op. cit*., S. 251f.
31) Cf. A. H. Francke, *op. cit*., S. 15.

は次の3つの主要な徳（Kardinaltugenden）をたえず鍛練する（stetige Übung）ことを通じて，ある程度のところまでは到達可能であるという．「真理への愛」（Wahrheitsliebe）・「服従」（Gehorsam）・「勤勉」（Fleiß）である．なかでも，「服従」と「勤勉」とが，「神の畏敬」（Furcht Gottes）によって覚醒（erwecken）されねばならいという[32]．そこでまず用いられる方法が，カテキズム考査（Katechismusexamen）であった．そして，このカテキズム教育によって，フランケは，子どもたちが最終的に「祈り」（Beten）へと導かれるべきことを説いている．なぜなら，究極的には「祈り」によってしか，「真の敬虔」には完全に到達することはできないからである．しかも，それはこの世に生きる限り，フランケ的人間にとっては，つねに絶対的な要請（Postulat）でありつづけるだろう[33]．以下，その内実を，『カテキズム考査，そしてこれと結びついて，子どもたちを祈りへと導くこと，ならびに教師の適切な性情について』（*Ueber die Katechismusexamen und die damit zu verbindende Anführung der Kinder zum Beten, sowie über die rechte Beschaffenheit eines Schulmannes*）を資料に[34]，見ていくとしよう．ここには，説教師（Prediger）もしくは教理問答師（Katechet）としてのフランケの，より具体的な教育方法が述べられている．

「カテキズムあるいはキリスト教的教えの主要点への短く平明な導入」（Catechisatio oder kurze und deutliche Einleitung zu der Hauptsumme der christlichen Lehre）は，フランケによれば，「真の敬虔」を植えつける（Einpflanzung）上で，きわめて重要な手段（Mittel）であり，子どもたちにはこれを，母乳（Muttermilch）のごとく小さいときからほどこさねばならない．しかも，これはまず両親や，これに代わる立場（Statt）にある者にとって，キリスト教的義務（Pflicht）ですらあると強調されている[35]．このカテキズ

---

32) *Ibid.*, S. 14.
33) この点，やはりピエティスムから大きな影響を受けていたカントを想起させられる．
34) ここでは，次のものをテキストとして用いた．A. H. Francke, *Schriften über Erziehung und Unterricht*, Bearbeitet und mit Erläuterungen versehen v. K. Richer, Berlin 1871. S. 131-147. 以後，ここらの出典は，"*Katechismus*"と略記する．
35) A. H. Francke, *op. cit.*, S. 17.

ムによって，フランケは，子どもの年齢段階を考慮しつつ[36]，おおむね①神の法たる「律法」を明示し，②「心」を覚醒させた後，③「我意」を打ち砕くという順に，ことが進行するととらえている．とくに核心となるのは，やはり②「心」の覚醒である．このためには，毎日繰り返し，「問いと答え」による授業 (Lection)，つまりカテキズム考査をねばり強く行わねばならない．そこで，まず問い (Frage) に対する答え (Antwort) は，問いそのものから構成されねばならないという．次のような例があげられている．

> 問い：わたしたちはキリストによって原罪 (Erb-Sünde) だけから救われましたか？
> 答え：いいえ．彼はわたしたちを原罪だけから救ったのではありません．
> 問い：ではさらに何から彼はわたしたちを救ったのですか？
> 答え：彼はわたしたちを現実の生きた罪 (würcklichen Sünde) からも救われました．
> あるいは：問い：彼はわたしたちを現実の生きた罪からも救われましたか？
> 答え：はい．彼はわたしたちを現実の生きた罪からも救われました[37]．

このように，問いに対する答えには，必ず下線で示したような強調語句が繰り返されるよう仕組まれ，子どもたちの「心」に確かに刻み込まれるよう，工夫されている．ここでフランケは，さらにこう注釈している．こうして，子どもがただ口を開けて神のことがらについて語ったり，問いに対して十分な注意を払うよう「心」を覚醒するだけでなく，このようなことがらを聞いて，より容易に神の真理が与えられるようになると[38]．そのために，この問答は，一方の子どもが問いかけるなら，他方の子どもが答える．そして，次は逆に，他方が問いかけ，もう一方が答えるというように，繰り返すべきも

---

36) *Ibid.*, S. 19f.
37) *Katechismus*, S. 132. 下線強調は以下すべて引用者．
38) *Ibid.*

のとされる[39]．この際，フランケは，ルターのカテキズムを基礎に考えているという[40]．

こうして，カテキズム教育が最終的に行き着く地点を，フランケは，「祈り」に見出したのであった．彼は，こう語る．

祈りは，心と神とを結び合わせ連結する（Hertz mit Gott verknüpffet und verbunden），もっとも強力な手段である[41]．

ここには，「心」と神との合一といった神秘主義的表現がなされ[42]，子どもたちは，カテキズム考査を通じて，この「祈り」へと教導されなければならないとされる[43]．とにかく，カテキズムによって，初心者（Anfängling）たる子どもに「祈り」を教え（lehren），熱心に戒め（ermahnen），「祈り」をさらには形作らせる（formiren oder machen）のは，教師や説教師の義務なのだとされる[44]．

では，どのようにか．フランケは，次のような例をあげている．

問い：キリストはわたしたちを<u>金あるいは銀（Gold oder Silber）</u>によって救われたのですか？
答え：いいえ．彼はわたしたちを<u>金あるいは銀によって</u>救われたのではありません．
問い：では，いったい何によって救われたのですか？
答え：彼はわたしたちを，その<u>聖なる尊い血（heiligen theuren Blut）</u>によって救われました．
問い：それはどこに記されていますか？

---

[39] *Ibid*., S. 132f.
[40] *Ibid*., S. 133ff.
[41] *Ibid*., S. 139.
[42] 金子晴勇前掲書，456頁以降参照．
[43] *Katechismus*, S. 139.
[44] *Ibid*., S. 139f.

> 答え：ペトロの第1の手紙1章18節と19節に．知ってのとおり，あなたがたが先祖伝来の<u>むなしい生活</u>（eiteln Wandel）から贖われたのは，<u>金や銀</u>のような朽ちはてるものにはよらず，きずや汚れのない子羊のようなキリストの<u>尊い血</u>によるのです．
> 問い：いったいどうして，<u>尊い血</u>と呼ばれるのですか？
> 答え：なぜなら，キリストつまり生ける神の息子であり，ゆえに気高い方が，わたしたちのために流された血であるから．
> 問い：それにしても，なぜ<u>聖なる血</u>と呼ばれるのですか？
> 答え：まったく罪のない聖なる方が，わたしたちのために流された血であるから．
> 問い：どこから彼はわたしたちを，そうした<u>聖なる尊い血</u>によって救われたのですか？
> 答え：わたしたちの<u>むなしい生活</u>から[45]．

先ほどと同様に，ここでも強調した語句（下線部）が，問いと答えとのあいだで何度も繰り返されつつ，いわば螺旋状に，キリスト教の認識が深化されていくように仕組まれている．そして締め括りとして，以上を，小さな「祈り」にまとめることが求められる．

> 問い：以上を小さな祈りにまとめなさい．そして，神に祈り願います．彼〔キリスト〕がこれらの教えを，聖霊を通じて君〔子ども〕の心に封印し（durch seinen Heiligen Geist in deinem Hertzen versiegeln），君が正しい認識を与えられるよう欲するようになるように（recht zu erkennen geben wolle）．つまり，君は金や銀によってではなく，聖なる尊いキリストの血によって，罪汚れない羊として，むなしい生活から救われたことを．そのことにおいて，君が救い主を心から信じ，慰められ，そして彼〔キリスト〕を愛し，敬うことを[46]．

---

45) *Ibid.*, S. 140f.
46) *Ibid.*, S. 141.

もはや，カテキズムによる一連の教導が，この段階では人間の手を離れて，「聖霊」の手に完全にゆだねられ，子ども自身が自ら，真理を求めるようになるようにと，神への「祈り」によって問いが開始されている点が注目されよう．そして，これに対しては，次のような答えとしての「祈り」がつづけられる．

　ああ，なんじ誠実で愛する神であり天にましす父よ．わたしはあなたに祈り願います（ich bitte dich）．あなたがこうした教えを，あなたの聖霊を通じてわたしの心に封印し，わたしに正しい認識を与えてくださるよう欲せられることを．つまり，わたしは金や銀ではなく，聖なる尊いキリストの血によって，罪汚れなき羊として，このむなしい生活から救われたことを．そのことにおいて，わたしの救い主を心から信じ，彼からいつも慰められ，そして彼を愛し敬うようになるように．こうしたことを，わたしの愛する救い主イエス・キリストによって，あなたがわたしに与えてくださるよう欲せられますように．アーメン[47]．

神がキリストのゆえに，「聖霊」を通じて教えを「心」のうちに封印し，真理をこの「心」に与えてくれるよう，神が欲することをわたしは欲する，つまり祈り願うというわけである．「心」の究極的な覚醒と，それにつづく変容は，もうすでに人間による教育的努力のことがらではないことが，ここでは明確にされているといえよう．それは，祈るしかないことがら，すなわち神のことがらなのである．また，次のような例もあげられている．

　問い：何によって，わたしたちはすべての罪から清められたのですか？
　答え：キリストの血によって．
　問い：それはどこに記されていますか？
　答え：ヨハネの第1の手紙1章7節．神の子イエス・キリストの血が，わ

---

[47] *Ibid.*

たしたちをすべての罪から清めるのです．
問い：どのように君はこの言葉から，君の祈りを神へと送るのですか？
あるいは，もっとはっきりと：君はキリストの血によって，あらゆる罪から清めるられることを欲すると，神に祈り願いますか？
答え：天にまします愛する父よ．わたしはあなたに祈り願います．あなたがわたしを，あなたの息子イエス・キリストの血によって，わたしのすべての罪から清めることを欲しますように．アーメン！[48]．

このように，「祈り」の本質とは，わたしの意のままにならない神が，どうか罪からの救いと真理の賦与とを欲するように願う「心」の基本表現であり，神のことがらとしての「恩恵」（Gnade）を冀う「心」の根本態度にほかならないことが明らかであろう．そこで，フランケに即していえば，こうした同語反復による微妙な繰り返しと，「祈り」への熱心な教導を通じて，最終的に祈る「心」が養育されたか否か，その成果については，じつはそれ自体がすでに，祈るよりほかない神のことがらに属する領域だったことが判明するのである．

3節｜「心」の養育の可能性と限界

一連のカテキズム考査を通じた「心の養育」が，その最後の段階においては，両親や教師と子どもが，すでに一体となってともに「心」のベクトルをひたすらに神へと向ける「祈り」に収斂することが，明らかとなった．ここでは，もはや教師と生徒，つまり人間同士が「教える－教えられる」という関係ではなく，両者がともに「神から教えられる」という，神へ向かう地平に立っていることがわかる．こうして，教師や両親，そして生徒や子ども，総じてすべての人間の「心」が，同じように神へと向けられてある状態こ

---

[48] *Ibid.*, S. 142.

そ，フランケが「神の栄光」と表現したものに違いないと思われる．しかし，それは両親や教師たちによる，きわめて熱心な教育的努力という基礎を抜きにしては，決して到達可能な状態ではありえなかった．そこで，問題は，このように「心」を本当に神へとまず向けること，さらには向けさせること，すなわち「回心」(Bekehrung) が，人間の教師たちによって，どこまで可能であるかであろう．「心」の養育の可能性と限界である．

　この点について，デッペルマンはこう指摘している．「理論的には (theoretisch) フランケは，回心を方法化すること (Bekehrungsmethodimus) を拒絶し，信仰は強制されないこと，そして再生は神的なことがら (göttlich Werk) であって，人間のことがら (Menschenwerk) ではないことを断言していた」[49]．だが，最大の問題点は，次にある．つまり「ところがしかし，その実践 (Praxis) は，回心と聖化とを教育学的な方法の目的にしてしまう (Bekehrung und Heiligung zum Ziel der pädagogischen Methoden zu machen)，ゆえに計画化できないものを計画化すること (Planung des Unplanbaren) を，目的としている」[50] ところに．ルターの代弁者を自負していたフランケならでは[51]，そのルターと同様[52]，信仰を人為的強制的に作り上げるなど，もうとう不可能であることを理論上では重々承知していたはずである．が，自ずと実践へと向かう，持ち前の情熱と意志とに裏づけられた行動力によって，計画化しえない「心」の領域を，もしできれば計画化し，教育学的に方法化したいとする願望を，フランケはどこかに抱いていたのかもしれない．「彼が意志するところ，そこに霊はおもむく」[53]．このような言葉からも，強い意志の力をもってすれば，必ずや「聖霊」が手助けしてくれるはずだという思いが，フランケの教育活動のパトスを，根底で支えていたことには間違

---

[49]　K. Deppermann, *op. cit.*, S. 253.
[50]　*Ibid*.
[51]　Cf. M. Schmidt, *op. cit.*, S. 218. シュミット前掲書，122頁以降も参照．
[52]　ルターの宗教教育思想について詳細は，I. Asheim, *Glaube und Erziehung bei Luther : Ein Beitrag zur Geschichte des Verhältnisses von Theologie und Pädagogik*, Heidelberg 1961. を参照されよ．
[53]　K. Deppermann, *op. cit.*, S. 253.

いなかろう。人間教育への情熱とは，一般に突き詰めてみれば，もはやこうした宗教的信念としか名づけようのないものによって支えられているのではあるまいか[54]。

しかしながら，このような信念だけが，とりわけ「心」の養育という領域で，一方的に先行することの危険性にも，十分注意しておく必要があろう。この場合フランケは，理論上その限界をわきまえ，見てのとおり，「祈り」という最終地点において，あとは「神のことがら」として，これにすべてをゆだねる姿勢をとっていた。「心」は，人間の努力によって，あくまでも「養育」(cultura, Pflege) することができる，つまりこれを育もうとすることができるだけであって，これを決して「教育」し尽くすことなどできはしない。ゆえに，フランケは，慧眼にも「心」の「養育」とだけ語ったのである。

「心」の「養育」は，いかにしようと「心」の「教育」にはなりえない[55]。ここに，「心の養育」の限界があろう。しかし，それは人間にとってどこまでも不透明なものでありつづける「心」に即してみれば，きわめて当然必然の限界であろう。フランケにおける「心の養育」には，こうした認識が前提されていたことを忘れてはなるまい。

---

54) これは，例えばペスタロッチのような人物にも当てはまるのではなかろうか。福田弘『人間性尊重教育の思想と実践―ペスタロッチ研究序説―』(明石書店，2002年)が，この根拠を詳しく解明している。

55) すでに明らかなように，ここでは一貫して，プフレーゲもしくはクルトゥーラを「養育」と訳してきている。「養い育てる」，つまり「育む」といった意味である。対して，「教育」とふつう訳されるエドゥカチオー (educatio) であるが，これも元来は「養育」といった意味しか持ち合わせていなかったが (この点については，田中智志編『〈教育〉の解読』世織書房，1999年，73頁以降や，池谷壽夫『〈教育〉からの離脱』青木書店，2000年，9頁以降を，とくに参照されたい)，近代以降，次第に「養育」もしくは「産育」といった前近代的意味合いは捨象されるにつれ，大人が前に立って，子どもを強制的に，ある意図や目的をもって引っぱっていこうとする意味をおびるようになるという。ここでは，この近代におけるエアツィーウングの訳を，「教育」としている。ともかく，子どもの「心」は，大人の願望するままに，決して強制的に引っぱっていくことなどできないのである。

＊　＊　＊

　以上より，フランケにおける「心の養育」の本質には，「祈り」への教導というにふさわしく，その限界が，明確に意識されていたことが明らかであろう．この認識の底には，「わたしは植え，アポロは水を注いだ．しかし，成長させてくださったのは神です．ですから，大切なのは，植える者でも水を注ぐ者でもなく，成長させてくださる神です」[56]という確信があったと思われる．ただし，1節で見たように，子どもの「心」という畑に，「生きた神の言葉」という「不滅の種子」を植えつけ，ここに水を注ぐ者，すなわち両親や教師たちの役割をも，むろん大事であると強調したのが，フランケなのであった．まずは「種子」を植えつけ，水を注ぎ，その芽を大切に育む（養育する）こと，つまり人間のことがらがなければ，それにつづく成長，つまり神のことがらもありえないのだから．そこで，神が成長させてくださるとしか表現しえない，謎にみちた「心」の領域．それを，教育に責任ある人間たちは[57]，ただ「養育」しようと努力することができるだけなのであった．

　しかるに，現代では，心理学的な人間理解が隆盛となるにともない，教育の「心理主義化」といった事態が，いっそう急速に進展してきている．「心の理解」を，そして「心の教育」をなどと[58]．

　じつは，近代の黎明期に位置するフランケにも，すでに本来計画化できない「心」を，できれば教育学的に方法化したいとするような願望のニュアンスを指摘しておいたが，近代教育は，まさしくこの願望を現実にかなえよう

---

56) 『コリント人への第1の手紙』3章6-7節．
57) フランケは，むろん教育責任の根源を，キリスト教信仰からえていた．ところで，現代に生きるわれわれは，はたしてこの根拠をどこに求めるのか．ひとつのこたえとして，H. ヨナス『責任という原理―科学技術文明のための倫理学の試み―』（加藤尚武監訳，東信堂，2000年），とりわけ221頁以降を参照されたい．
58) 広田照幸『教育には何ができないか―教育神話の解体と再生の試み―』（春秋社，2003年），とりわけ98頁以降などを参照されよ．すでに，こうした傾向に警鐘を鳴らすものとして，小沢牧子・長谷川孝編『「心のノート」を読み解く』（かもがわ出版，2003年）などがある．

とし，人間内面の教育の計画化・方法化を，強力に遂行していったといえよう[59]．結局，それは，「教育万能主義」へと帰着せざるをえないことになる[60]．

ところが，現実の人間の「心」は，そういともたやすく教育できたり，変容させたりできなかった．さらには，その成果を，正確に検査し評価することなど，はじめからできるはずはなかったのである[61]．

このように，教育の限界をわきまえることなく，むしろますます教育の眼差しと縛りとを強化していくかのように思える現代．「人間のことがら」と「神のことがら」として，「心」のつねに「養育」を唱えたフランケを，さらに深めて見ていくことは，あながち無意味でもなかろう．

畢竟するに，「心」の「養育」と「教育」とのはざま，すなわち教育によって方法化できる領域とできない領域とのむずかしい境界上に，すでにフランケは立っていたと思われる．

---

[59] 今井康雄「教育学の暗き側面？―教育実践の不透明性について―」（『現代思想4』青土社，2002年所収）を参照されたい．
[60] 広田前掲書，200頁以降参照．
[61] 同上書，203頁にも指摘されているように，いかに完璧な規律・訓練のための権力やシステムをもってしても，それはあくまでも「従順な身体」を作り出そうとするテクノロジーであって，決して「従順な精神」を埋め込むものとはなりえない．「内面」すなわち「心」は，たえず権力の影響をすり抜けていく．ここに，まさしく広田がいうように，教育が「できること」と「できないこと」，また「できること」のなかにも，「してよいこと」と「すべきではないこと」があるであろう．こうしたところの境界線を引くことが，今日の教育（学）界では，とくに必要とされているのではなかろうか．フランケの教育思想，わけても「心の養育」について，これをさらに深く見ていくことは，こうした教育の境界線をはっきりさせる上でも，ひとつの参考たりうるのではないかと思われる．

終章 | スピリチュアリティと教育

人生を貫く巨大な矛盾の網の目に直面する時,
宗教意識が目覚める.

鈴木大拙（1870-1966）は,こう記している.

人生を貫く巨大な矛盾の網の目に直面する時,宗教意識が目覚める.この意識が動き出すと,あたかも自分の存在自体が今にも崩壊してしまうのではないかとさえ感ずるものである.そうなると,この葛藤を乗り越える何ものかをがっしりと摑まぬうちは,心の安定感を取り戻すことはできない[1].

あるいは,こうも述べている.

無目的の本能に目的性を持たせようともがく,この矛盾が,人生である,人間である[2].

これまで,「聖なるもの」を感得する心の機能＝霊性（スピリチュアリティ）に根ざして人間存在をとらえ,教育を考えた人々の思想を,いくつかたどってきた.

いずれにせよ共通しているのは,《世界1》のなかに在って生きている〈わたし〉は,〈何か〉によって存在せしめられているという感覚である.要するに,〈わたし〉はいまここに生きている.が,じつはこの〈わたし〉は

---

[1] 鈴木大拙『神秘主義―キリスト教と仏教―』（坂東性純ほか訳,岩波書店,2004年）,196頁.
[2] 鈴木大拙『新編 東洋的な見方』（岩波文庫,1997年）,303頁.大拙について詳しくは,補遺2を参照されたい.

生かされている.〈何か〉によって.そして,しばらくすれば,確実に死ぬ.〈わたし〉は,いなくなる.こういった「感じ」である.

大拙がいうように,人生とは矛盾であり,そもそも本能には目的などないのかもしれない.しかし,いったん矛盾を矛盾として意識する心が芽生えるやいなや,わたしたちは苦しみもがかざるをえない.「永遠」と「いま」とのあいだでの,この苦悩に満ちた分裂や葛藤を克服しようと,心の本当の安定を冀う.すると,わたしたちは,有り難く生かされているのか.それとも,苦役や修行として,やむをえず生かされているのか.また,わからなくなる.

いずれにせよ,こうして試行錯誤された存在論に基づいて教育論を語るのが,近代教育思想の源流に位置する人々であると思われる.

ただし,人間と教育の謎は,いつでもどこでも謎として残されたままである.

が,だからこそエペクタシス的存在としての人間の生きる意味が,ここに確かめられるのではないか.わからないからこそ,探究する.わたしたちはみな,真理への途上者である.

そして,スピリチュアリティとは,生かされていると感じる心の働きである[3].いのちの無限のつながりのなかに〈わたし〉がいることへの気づきで

---

3) これは西平のいう第4の位相としての「霊性(絶対受動性)」に相当しよう(西平直「スピリチュアリティの位相―「教育におけるスピリチュアリティ問題」のために―」皇紀夫編著『臨床教育学の生成』玉川大学出版部,2003年所収).西洋(キリスト教)の伝統では,もっともオーソドックスな理解である.ただし,その少なからぬ危険性については,西平の指摘する通り(同前書,221-222頁).本書ではスピリチュアリティの本質を,もっぱら絶対的受動性においてとらえているが,扱った思想家の流れからして当然そうならざるをえなかった(西平が整理しているように,ほかにもさまざまな「スピリチュアリティ」がある).わたし自身は,繰り返し述べているように,「内面性の根底で出会う「外側」を規定しない」(同前書,222頁)という立場が,きわめて重要であると考える.《世界4》の実在について語るのは,もはや信仰告白の次元である.西平のいうように,「スピリチュアリティは「外側からの働きかけを受け取ること」であって,その外側は「何らか外側(something beyond)」にとどまる」(同前).まったく同感である.研究者にとっては,この辺の自制を忘れると,スピリチュアリティが,きわめて怪しげで危ないものになりかねないであろう.とにもかくにも,教育における「スピリチュアリティ概念

ある．いわば有限と無限との結節点．それは，〈何か〉によって心の底から駆られる動きであり，最終的には「聖なるもの」＝《世界4》を指示するであろう．それは，大拙のいう禅の世界に，もはや近いのかもしれない．

　禅は媒介（media）を嫌う．知性的媒介とて同様である．禅は徹頭徹尾説明とは没交渉な訓練であり経験である．説明（explanation）は時間と労力とを費やしてしかも要領を得ない．説明から得られるものは実物についての誤解と偏見ばかりである．禅が諸君に砂糖の甘さを知らせようと思うならば，直にその一塊を口中に含ませて一言の贅弁をも弄しないであろう．禅者のよくいうように，指がなければ月を指すわけには行かぬが，指を月と間違えては大変である．真逆といいたいところだが，我々は知らず識らず幾度となくこの過ちを冒しているのである．気がつかないばかりに好い気になっていられるのだ[4]．

のあまりの複雑さ（豊かさ・曖昧さ・繊細さ）に，もつれた糸が絡まるように，混乱を極め，スピリチュアリティという言葉を使うことそれ自体に自信を失って」（同前書，206頁）しまいそうになるのは，事実である．それは，あくまでも〈わたし〉の心が感得するところのクオリアであるから．探究者は，それぞれの言葉（テキスト）において，1章でも述べたように，その痕跡を丹念にたどるほかなかろう．言葉はみな〈何か〉を指し示すサインである．あと個人の心のなかの各種「信仰」を比較評価することは不可能だし，無意味である．本人がそう信じている以上，他者にはどうしようもないのだから．しかし，ここからは蛇足ながら，最終的には，何らかの（信仰とはいわずとも）信念（ビリーフ）に基づくよりほかに，教育は可能であろうか．すると，やはりスピリチュアリティとか超越とかを強調したくなる．が，あまり行き過ぎると，偏屈で面白味のない悲しい道徳家のようになりそう．ならば，いっそ教育をわざわざややこしく考えたり，ましてや哲学したりするほどのことでもなくて，他の動物と同じような営みのレベルで済ませておけばよいのか．いずれにせよ，すでに教育についていろいろ考え始めること自体が，もつれた糸そのもの＝人間存在そのものを取り扱うことなのかもしれない．以上全部ひっくるめて，教育について本当にわかったといえる人こそは，人間とは何かを真に知る人なのであろう．おそらく，答えはすべての人間にとって，永遠の謎である．だからこそ，わたしたちは，つねにテキストに向かいつづけなければならない．

4）　鈴木大拙『禅学への道』（坂本弘訳，アートデイズ，2003年），86頁．括弧内および傍点引用者．

ハイガーなら (Martin Heidegger, 1889-1976),「道．著作ではない」(Wege-nicht Werke) というところであろう[5]．

　あくまでもこれは，わたしたち1人ひとりの心の奥底における信仰的体験であって，これを他者に押しつけることはできない．この言葉を超越したクオリアは，〈わたし〉が，ただ感じ取るだけの世界である．

　ともかく，近代教育思想の源流は，このスピリチュアリティに根ざし，むしろ《世界4》の実在に基づいて，教育を論じる地点に見出される．まさしく，基礎づけ主義の教育思想．まずはスピリチュアリティありきで，次に教育への方向性をとるともいえよう．自らの存在の根元をラディカルに掘りつづけた結果，ある基礎（イデア・一者・神・自然…）に到達し，そこから翻って教育へと向かうベクトルである．ここでは，あくまでもスピリチュアリティと教育であり，決して教育とスピリチュアリティではない．はじめにスピリチュアリティありきの，それから教育．その後は，教育のなかでスピリチュアリティが全面的に作動する結果となる．事のすべてが，スピリチュアリティというフィルターを介して眺められる．

　これは，現実を変革するきわめて大きなパワーともなる．ルターがその適例であろう．マクグラスは，「霊性」という用語の明確化を兼ねて，ルターの霊性の特質を明らかにしている．

　　パウロが述べ，ルターが忠実に繰り返した，「霊的」とは神に焦点を合わせたこの世での生活である，という考えにわれわれがもっと注意を向け，この語を「この世から離れて送る生活」という考えとの無用な関連づけから引き離せば，難問の解決にとりかかれるであろう．基本的な意味において，霊性とは「霊的な人」を形づくり，力を与え，成熟に至らせることにかかわりがある（Ⅰコリント2・14, 15）．つまり「霊的な人」とは単にこの世に存在し，この世に応答する人とは対照的に，この世にあって神のために生き，神に応答する人なのである．ルターが教えたように，ここで言

---

5) 古東哲明『ハイデガー＝存在神秘の哲学』（講談社現代新書，2002年），63頁以降参照．

っているのは「全人格」(totus homo) であって，人間の精神だけではない[6]．

このように「霊的な人」(スピリチュアル)とは，いまここに生きる〈わたし〉を全人格的(トータル)に，つねに〈何か〉――ときに神，自然，一者，イデア……――との超越的かかわりのなかで自覚する人間であり，霊性はその本質において教育的である．本書ではフランケから遡ってみたが，近代教育思想の源流は，まさにこうした霊的な人々の内に起原している．

しかも，最後に強調しておきたい点は，こうした霊性が，現代に生きるわたしたちとも，決して無縁ではないことである．

絶対的一者のリアルさは，より高次の神が存在することの決定的な証明になるわけではないが，人間の存在には，単なる物質的な存在を超えた何かがあることを強く示唆している．われわれの心は，すべての苦しみが消え，すべての欲望から自由になれる深遠なリアリティー，完全な一体感があるという直観に駆り立てられる．ヒトの脳が今ある構造を持ち続け，心がこの深遠なリアリティーを探知し続けるかぎり，スピリチュアルな体験はなくならず，（その壮大で神秘的な概念をどう定義するにせよ）神がわれわれの傍を離れることもないのである[7]．

そこで，わたしたちは，〈わたし〉が存在する意味の探究に向けて，こうしたスピリチュアリティのリアリティに根ざした教育思想を，徹底してプラグマティックに利用すべきであろう．

むろん，序章（注37）でも触れたように，実際の教育や人間の在り方・生き方が，スピリチュアリティだけで成り立つはずもなく，これを支える理性

---

6) A. E. マクグラス『キリスト教の将来と福音主義』（島田福安訳，いのちのことば社，1995年），175頁．傍点引用者．
7) A. ニューバーグ・E. ダギリ・V. ローズ『脳はいかにして〈神〉を見るか―宗教体験のブレイン・サイエンス―』（茂木健一郎監訳，PHP研究所，2003年），251頁．

や感性―身体―の働きがともに重要であることを，大前提として認識しながら．それは，たとえばプラトンの教育思想（パイディア）に典型的にあらわれていた．

畢竟するに，わたしたち人間の思考や活動，すなわち全人生（トータル・ライフ）は，究極的には「自らのアイデンティティ究明＝〈わたし〉という存在の謎解き・種明かし」のプロセスにほかならない．

今後とも，先人による探究成果として残された貴重な遺産（テキスト）から，「知の飛び火」を受けるとしよう．

私たちは，様々な仮想に導かれてこの現実の世界を生き，やがて死んでいく．その先に何があるのか，誰も知らない[8]．

研究に終わりはない．

---

[8] 茂木健一郎『脳と仮想』（新潮社，2004年），217頁．ちなみに前野隆司は，茂木とは少し違った視点（受動意識仮説）から，生かされている〈わたし〉＝受動的な〈わたし〉と従来の東洋的世界観が相通じることを指摘していて，大変興味深い．『脳はなぜ「心」を作ったのか―「私」の謎を解く受動意識仮説―』（筑摩書房，2004年）を参照されたい．ここには，いわゆる心の地動説が説かれている．

補遺1 ｜ 教育と悪に関する一考察

常軌を逸したわずかな場合を除けば，
人間は善をなそうなどとは思わぬものである．

異端の思想家シオラン（Emile M. Cioran）は，「悪しき造物主」の冒頭で，センセーショナルにこう語った．

> 常軌を逸したわずかな場合を除けば，人間は善をなそうなどとは思わぬものである．いったいどんな神が，人間にそんなことを唆すことができようか．人間は自分に打ち勝ち，自分の気持を抑えつけなければ，悪に汚染されていないどんな些細な行為すら成し遂げることはできない．（中略）人間がもはや努力や打算によらず生まれながらにして善良であるなどということがあれば，それは天上の過失のしからしめることなのだ．つまり，人間は普遍的秩序の埒外に存在しており，神のどんな計画のなかにも入ってはいなかったのである．さまざまな存在のなかで人間がどんな位置を占めているのか，いやそもそも人間が存在なのかどうかさえ，ほとんど分かったものではない．人間はひとつの幻影なのではないか[1]．

ここには，宗教改革者ルターと同様，現実に生活する人間に対する，きわめて鋭い見解が述べられている[2]．つまり，この世の中を一瞥するだけでも，大概の人間が，そうやすやすと積極的に善行などをなそうとはせず，む

---

1) E. M. シオラン『悪しき造物主』（金井裕訳，法政大学出版局，1984年），3頁．なお，今後はかのテキストも含め，引用に際する傍点は，すべて引用者によるものである．
2) 拙著『ルターとメランヒトンの教育思想研究序説』（渓水社，2001年）を参照されたい．

しろ露骨な悪行も含めて,「善意」というヴェールに周到に包まれた偽善的行為＝隠微な悪行が, そのほとんどであること. しかも, 人間だけが, いわば自然(ネイチャー)という普遍的秩序をも超え出た存在であるがゆえに[3], その存在自体がひとつの大きな「謎」であること. 人間存在が, あらゆる一義的な概念規定をこばむ謎そのものであることなど[4].

確かに, 人間による判断を元来寄せつけぬ自然という中立(ニュートラル)の立場からすれば, 人間の存在は, 善でも悪でもない. 善だとか悪だとかは, すべて人間だけの価値判断によっている. この人間による価値判断によれば, あるとき人は善でもありうるし, 悪でもありうるし, 同時に善でも悪でも, 要するに何者でもありうる潜在可能性(ポテンシャリティ)をもつ存在だといえよう. 人間とは, 何者でもありうると同時に何者でもありえない存在だともいえる.

さて, こうしたごく当たり前と思える人間観を踏まえた上で, あらためてこの人間を対象とする「教育」に目を向けるに, そのとくに現代日本における言説は, 皮相な似非ヒューマニズムに立脚した「善意」へと傾斜した絵空事の, いかにおびただしいことか. 教育論ほど, 1人ひとりの勝手なフィクションに脚色されやすい分野はほかにないであろう[5]. それを語る大半は,

---

3) 人間にとって自然とは何か. そして教育とは, いま一度原点に還って問いかけるに, 河合雅雄『子どもと自然』(岩波新書, 1990年)は示唆に富んでいるので, 参照されたい.
4) 序章でも触れたように, 古代ギリシア以来, 比較的近年ではハイデガーが, これをストレートに問うている.『形而上学入門』(川原栄峰訳, 理想社, 1960年), 7頁以降参照.
5) それにはいくつかのパターンがあるが, そうした分類も含めて, なぜ教育の世界には, こうしたユートピア論がはびこりやすいのかについて, 小浜逸郎『子どもは親が教育しろ！』(草思社, 1997年)のとくに1章「なぜ教育論はダメなのか」を参照されたい. むろん「プロ教師」河上亮一らも, 早くより現場の立場から, 教育空想論をラディカルに批判している.『プロ教師の道―豊かな「管理教育」をつくるために―』(洋泉社, 1996年)をはじめ, 同じく洋泉社より2001年から「プロ教師は主張する」とした一連のシリーズを参照されよ. さらに近代特有の「教育」そのものを対象化するには, 田中智志編『〈教育〉の解読』(世織書房, 1999年)や池谷壽夫『〈教育〉からの離脱』(青木書店, 2000年)が, さしあたり参考となろう. すでに苅谷剛彦も,「教育に何ができるのかを考えるのではなく, 何ができないのかを考えること. 教育に何を期待すべきかではなく, 何を期待してはいけないのかを論じること」の大切さを主張している (『大衆教育社会のゆくえ』中公新書, 1995年, 218

自他の区別なく,人間存在を短絡的にまるごと善としてとらえ,あくまでも当人のみが善意と思い込むところの教育という善行を相手に施して(じつは強制して)はばからない,そこに何の疑問も違和感も感じることの(でき)ない,いわば他者不在の教育論者,すなわち独白者(モノロギスト)である[6]. この類の教育(学)者は,決して自己の善意を疑うことがない. そして,つねに私は善いことを行っていると信じ込んでいる. だが,周りを冷静に見渡してみれば,今日の教師や親による善意という名の教育のもとに,いかに多くの「暴力」

頁). いま重要なのは,空想的な「熱い教育論」ではなく,「教育と社会との冷静な検証」であろう. 併せて,同『なぜ教育論争は不毛なのか―学力論争を超えて―』(中公新書ラクレ,2003年) や,藤原和博編著『中学改造―「学校」には何ができて,何ができないのか―」(小学館,2002年) も参照されたい.

6) いみじくも柄谷行人が解明したように,「子供に教えるということは,いいかえれば,共通の規則(コード)をもたない者に教えるということである」(『探究Ⅰ』講談社学術文庫,1992年,10頁). ここに,共通の規則をもたない他者とのコミュニケーション(交換)がはじまり,それを「教える―学ぶ」関係という. つまり,「「教える」立場に立つということは,いいかえれば,他者を,あるいは他者の他者性を前提することである」(11頁).「しかし,私は,自己対話,あるいは自分と同じ規則を共有する者との対話を,対話とはよばないことにする. **対話**は,言語ゲームを共有しない者との間にのみある. そして,**他者**とは,自分と言語ゲームを共有しない者のことでなければならない. そのような他者との関係は**非対称的**である」(同前). こう考えるとき,生徒や子どもを対象とする教育が,教師や親との非対称的な関係のなかで初めて成立し,それは「子ども」という他者を「大人」が前提するところからスタートすることが明らかとなる. しかるに,「他者の他者性を捨象したところでは,他者との対話は自己対話となり,自己対話(内省)が他者との対話と同一視される」(12頁,傍点引用者). これをもって柄谷は,独我論と名づける. それは「私にいえることは万人にいえると考えるような考え方」(同前) である. 他者の他者性を大前提として教育はあるし,また語られねばならないはずであるが,語る当の主体が,しばしばこの独我論に陥っている場合が,教育(学)者には,もはや慢性的に見受けられるのではないか. 当人は他者と対話しているつもりでも,その実はモノローグにしかなっていないという場合である. こうした態度が,生徒や子どもに対する有形無形の「暴力」の根源となる. この自他ともに悲しい事態を回避するには,何よりもまず自己のうちなる他者性,すなわち小論でいうところの「悪」や「罪」に,敏感であることのほか方法はないのではないか. それはごく簡単にいえば,「私が善かれと思ってしていることが,もしかしたら相手にとって悪いことなのかもしれない」という疚しさの意識(ルターの「疚しい良心(mala conscientia)」) を,どんな場合でも心の片隅にもち続け,自分自身をつねに監視するということであろう. 中島義道『悪について』(岩波新書,2005年) も参照されたい.

がなされ、むしろ反対に、生徒や子どもたちの心に、いかに根深い「悪意」を助長させていることか．周知の通り、このような事例には、現代の「教育問題」としても、枚挙に暇がないであろう[7]．

ここでわたしたちは、いわゆる愛と善意によるナイーヴな空想的教育論の弊害を少しでも取り除き、これを正当な形に回復しつつ相対化しておくためにも、むしろ人間存在に「善」とともにそなわりうる「悪」の可能性と教育とのかかわりについて、一度は再考してみることが必要と思われる．小論は、そのためのラフスケッチである．

1節｜悪の可能性

まず「悪」とは何かについて簡単に押さえた上で、次に悪のもつ可能性、そしてわたしたち人間自身の内にある悪への可能性もしくは傾向性について見ていくとしよう．

教育とは本来、教師であれ親であれ、この生徒・子どもにとって「善かれ」と願いつつ、ある種の善なる価値を彼らのなかに発現すべく、彼らとかかわる行為といえよう[8]．だれしも、この子を「悪く」しようと意図して、

---

[7] ミラー（A. Miller）による『魂の殺人―親は子どもに何をしたか―』（山下公子訳、新曜社、1983年）などは、もはや古典的な事例として、あまりにも有名であろう．今日の「虐待」にも、はっきりと目に見える形での暴力が見出され、大きな社会問題となりつつあるのは、周知の通りである．一般的には、尾木直樹『子どもの危機をどう見るか』（岩波新書、2000年）が参考となる．教育問題に関しては、とりあえず田中および池田前掲書、さらに教育社会学的分析として、藤田英典「戦後日本における青少年問題・教育問題」（佐藤学ほか編『子ども問題（教育学年報8）』（世織書房、2001年所収）を参照されたい．

[8] 教育とは何か．その定義も、時代や社会や人物に応じて、じつに多様である．きわめて古典的な答えとして、ひとつだけあげておこう．「教育は被教育者の発展を助成する作用である」（篠原助市『改訂　理論的教育学』協同出版、1949年、1頁）．ただし、教育がつねに「善い」もの、すなわち幸福に繋がるものとはならない場合もあろう．この問題については、西平直「教育はカマラを幸せにしたか―『狼に育てられた子ども』再考―」（『東京大学大学院教育学研究科教育学研究室紀要』24号、1998年所収）を参照されよ．

彼らを教育する者はなかろう．これは，いわゆる教育熱心な教師や親ほど，そうであろう．ところが，河合隼雄も述べるように，今のわが国において，「教師や親が悪を排除することによって「よい子」をつくろうと焦ると，結局は大きい悪を招き寄せることになってしまう」[9]ことに気づいている人は，とりわけ教育関係者を含めて，案外少ないのではなかろうか．「現代日本の親が子どもの教育に熱心なのはいいが，何とかして「よい子」をつくろうとし，そのためには「悪の排除」をすればよいと単純に考える誤りを犯している人が多すぎる」[10]．蓋し至言といえよう．

では，そもそも「悪」とは何なのか．これに対する答えは，多様であろう．ひとつの例として，キリスト教はどう答えるか．これは，次節でルターを取り上げる際に明らかにするとして，ここでは，河合や中村雄二郎も依拠するスピノザ（Baruch de Spinoza, 1632-1677）の説を中心に，確認しておこう[11]．

中村は，悪という「手ごわい相手」[12]を巡って思索するに及んで，悪についての一種の「トポイ・カタログ」（論点集）を掲げている[13]．わたしたちが素直に，悪に関連すると思いつく事項である．

(1) さかしま，捻じれ，カオス．
(2) きたなさ，穢れ，醜さ．
(3) 妖怪，悪鬼，悪魔．毒物，病原菌，毒虫．
(4) 暴力，権力，破壊，侵犯，残酷．不正，犯罪，差別，裏切り，嘘，憎しみ．
(5) 痛み，苦しみ，病．ガン，エイズ．

---

9) 河合隼雄『子どもと悪』（岩波書店，1997年），37頁．
10) 同前書，3頁．
11) 中村雄二郎『悪の哲学ノート』（岩波書店，1994年），18頁以降および『術語集II』（岩波新書，1997年），1頁以降参照．
12) 河合隼雄前掲書，39頁．
13) 中村前掲書，16-17頁．

問題は，わたしたちがなぜこうしたものを，悪にかかわるものととらえるのかである．ひとつの答えとして，中村は，これらすべてが「〈存在の否定〉あるいは〈生命的なものの否定〉」につながるからだという[14]．そして，これは，伝統的なヨーロッパの哲学概念を踏襲しているという．それは，もちろんキリスト教の見方とも重なるが，〈善いもの＝存在するもの〉．逆もまた然り，〈存在するもの＝善いもの〉という前提である．したがって，存在を否定したり，脅かしたりするものは，すべて「悪」となるわけである．しかも，あくまでも人間の存在を否定しようとするものが．非常に理解しやすい考え方であろう．では，さらにスピノザは，どう考えたであろうか．

彼は，主著『エチカ』のなかで，悪を「関係の解体」としてとらえているという．

> スピノザの考えの出発点になっているのは，われわれ人間が〈自然の一部〉であるということであり，自然そのものは善でも悪でもないということである．《自然はつねに同じ自然であり，また自然の力とその活動力はいかなるところでも同一である》（第三部序文）と彼は言っている．そして彼によれば，一般に〈善〉とは，自然の一部としてのわれわれの〈活動力〉を増大するとともに，われわれのうちに秩序を形づくることであり，また反対に〈悪〉とは，自然の一部としてのわれわれの活動力を減少させるとともに，われわれのうちの秩序立った関係を解体し破壊させるものである[15]．

先の河合は，これこそ近代の自然科学の命題そのものだという．

> そもそも人間は自然の一部として生きてきたのに，その関係を解体し，人間が自然の外に立って，関係のないものとして観察をすることから，近代科学がはじまった（中略）．あるいは，人間存在として全体性を保ってい

---

14) 同前書，17頁．
15) 同前書，19頁．

るのを，敢て心と体に解体して考えることによって近代医学は進歩した（中略）．これによっても悪の両義性は明らかである．

　関係の解体による近代の科学技術を，人類の進歩として喜ぶ側に立てば，それは「善」につながるし，最近意識されてきたように自然破壊を憎む立場に立つと，それは「悪」につながってくる．これは人間本性のなかに，自然の流れに反するものがあるというところに，その根本があると思われる．人間が自然のままだったら今日の文明はなかったろうし，さりとて，その発展を「善」として手放しで喜んでおられないのが現代の状況ではないだろうか[16]．

まさしく，その通りであろう．悪とは，一義的に固定された何かなのではなく，「関係の解体」の起こるところすべてに，つねに生じ得る可能性をもっており，それは見方によって，善にもなりうるという悪の両義性が，ここには見事な事例でもって語られている．何か定まり決まりきった善や悪が実在するのではなく，さまざまな関係のうちに生きる人間において，その関係が解体されたり，また新しく生成されたりするところに，絶えず人間にとっての善と悪は，互いに絨毯の縦糸・横糸のごとく交差しながら，この現実を織り成しているとでもいえようか．すると，「関係の解体」としての悪は，もしかして新しい善を生成しうる重要な契機をも内在し，悪はいつも善に転換しうる可能性をはらんでいると考えられるのではなかろうか．（むろん，いうまでもなく「悪」そのものを善なるものとして推奨したり讃美したりしてはならないが[17]．）この点シオランは，こうつづけている[18]．

　善良なるものは創造しない．それは想像力を欠いている．ところで，どんなヤッツケ仕事とはいえ，ひとつの世界を作るには想像力が不可欠である．ひとつの行為，あるいは一個の作品，あるいはまたひとつの宇宙が生

---

[16] 河合隼雄前掲書，51-52頁．
[17] 同前書，32頁．
[18] シオラン前掲書，4頁．

まれ得るのは，最悪の場合でも，善良さと邪悪との混合からである．いずれにしろ，私たちの宇宙から出発する限り，尊敬に値する神よりうさん臭い神に行き着く方がはるかに容易である．

　河合は，創造的な人たちの個性の顕現に当たって，いかに悪がまさしく創造的な役割・契機を果たしているかについて，数々の実例をあげている[19]．そして，そうした真にクリエイティヴな人々は，先の人間本性のなかにある自然な流れに反するものにしたがって，悪と見なされざるをえない行為に，自ずと駆り立てられるという．「悪と創造」は，かように密接にかかわり合っているのである．

　また，「関係の解体」によって，たとえば生徒や子どもが教師や親に対して何か不正を犯したというような「悪の体験」の場合においても，いわゆる大人が，子どもと同じ人間として「根源悪」の恐ろしさを体験したことがあれば，「悪を犯した者を激しく叱責しながら，にもかかわらず関係が回復される」と河合はいう[20]．あくまでも悪いことそのものは厳しく拒否しなければならないが，にもかかわらず，「それでもおかあさんは／なおちゃんのことがだれよりもすきやでと／だきしめてくれました」[21]というように，相手を愛で包み込み許すことができるのである．以下，小学校１年生の詩の全文を引用しておこう[22]．

　　　うそ

　　　　　　　　　　　　　　　　　　　　ごうだ　なおと

ぼくは学校をやすみました
おかあさんにうそをついたからです
なんのうそかというといえません

---

[19]　河合隼雄前掲書，5頁以降．
[20]　同前書，58頁．
[21]　同前書，57頁．
[22]　同前書，42-43頁．傍点引用者．

おかあさんをなかしてしまいました
ぼくもなきました
おかあさんは
こんなおもいやりのない子とはおもわんかった
こんなくやしいおもいをしたのは
はじめてやといいました
ぼくはあほでまぬけで
ばかなことをしたとおもった
ぼくもかなしくてこころがいたい
・・・・
それでもおかあさんは
なおちゃんのことがだれよりもすきやでと
だきしめてくれましたもうにどとしません

　これは，「関係の解体」の後に，「愛」[23]によって，新たなより深い「関係の回復」もしくは「生成」が起こる場合と考えられるが，重要なのは，この「にもかかわらず」相手をまるごと愛し許すことが，同様の「悪の体験」をかつて行い，「根源悪」の怖さを全身全霊でもって知り，かつ同じように，にもかかわらずこれを許されたという，愛の経験を経た者にのみ可能だということであろう．この意味でも，教育に携わる教師や親は，自己の内なる「悪の体験」について絶えず自覚すると同時に，その悪からさらにいかなる善が生成しうるかという可能性に対して，つねにオープンな心構えをもつことが，必要かつ大切なのではなかろうか．
　さて，このように「人間本性のなかに，自然の流れに反するものがある」[24]がゆえに，人間は自ずと悪へと向かう可能性をもたざるをえないのであるが，しかし，それは同時に，新しい善を生成しうるチャンスともなりう

---

23) 「悪と関係なく，よいことずくめの人と関係をもつのは当たり前で，愛とか何とか言う必要はない．「にもかかわらず」というときに愛のはたらきがある」（同前書，58頁）．イエスが敵を愛せよと説いたのもまさに同様である（『マタイによる福音書』5章43-48節）．
24) 河合隼雄前掲書，52頁．

ることが明らかとなった．かといって，悪を積極的に勧めればよいというような単純化は避けなければならないが[25]，ともかく人間のうちには，反自然的なものが宿り，それは往々にして悪へと向かいやすい傾向性を本来的に有していることだけは，確かであろう．

2節｜ルターの場合

ところで，キリスト教という宗教においては，悪はどうとらえられているであろうか．上のような「悪の体験」を経て「愛の許し」へと至るという筋道を，「罪」(Sünde) からのキリストの「愛」(Liebe) による許しへという形で，劇的かつ象徴的にたどったルターのなかに，簡単に見ておこう[26]．

キリスト教においては，神によって記された律法すなわち十戒が旧約聖書に記され[27]，人間はこれを遵守すべきだとされる．すなわち，神の定めた掟に逆らうことが「悪」である[28]．しかし，人間はどうしても，この戒めを守り切ることができない．それは，『創世記』のアダムとエバが示すように，「善悪の知識の木からは決して食べてはならない」という神の命令にもかかわらず，それを破り，禁断の木の実を食べてしまうという神話にも記されている通りである[29]．以降，エデンの園たる楽園より人間は永久に追放されることとなり，善と悪との分裂した過酷な現世に生きることを余儀なくされる．ともかく，人間には，神の定めた掟をつねに守ることは難しく，さらにルターのいうように，内的な心においてもそれを満たすことなど，至難の業といえる[30]．「人々の前」(coram hominibus) ではなく，「神の前」(coram

---

[25] 同前書，32頁．
[26] より一般的には，宮谷宣史編『悪の意味―キリスト教の視点から―』（新教出版社，2004年）を参照されたい．
[27] 『出エジプト記』20章1-18節．
[28] 大貫隆ほか編『キリスト教辞典』（岩波書店，2002年），15-16頁参照．
[29] 『創世記』3章．
[30] 前掲拙著，19-20頁参照．

Deo）において，人間はいつも「罪人」(Sünder)であるといわれる所以である．では，その罪の究極の本体とは何か．それは，主としての神ではなく，絶えず自己の利益のみを追求しよう「我欲」(Selbstsucht)にほかならず，つねに自分自身のうちに捻じ曲がろうとする傾向性，すなわち「自己愛」(amor sui)である．

> 彼らは神からあまりにも深く，また遠くあり，自己のなかへと転じて入り込んでいる (sie sind zu tieff und zu fern von Gott ynn das yhre abkeret und gegangen)[31]．

ルターは，あまねくすべての人間が，こうした悪しき自己愛を生来的に内在しているため，この罪を深く自覚・追究し，ここからの救いをキリストに冀い，神の愛による「再生」(Wiedergeburt)を絶えず経過しない限り，人がだれかに対して何か真の愛の行いをする，などということはありえないと主張する．というのも，自己への鋭敏な罪意識を欠いた善行は，そのすべてが帰するところ自己満足的「偽善」にならざるをえないから．よってルターは，絶えざる罪の自覚と悔い改めとを説き，それを真剣に通過した者にのみ，その罪にもかかわらず恵み(Gnade)として与えられる許しの神の愛を語ったのである．そして，この罪人(peccator)から神の前にただしい人(iustus)への再生は，生涯に渡ってつづけられねばならない．これが，有名ないわゆる『95箇条の提題』の冒頭に掲げられている．

> わたしたちの主であり教師であるイエス・キリストが悔い改めよ…といわれたとき，主は，信じる者の全生涯が悔い改めであることを欲せられた (Dominus et magister noster Jesus christus dicendo: Penitentiam agite etc. omnem vitam fidelium penitentiam esse voluit.)[32]．

---

31) ワイマール版ルター全集（6章注46参照）：WA. 18, S. 484, 36-37.
32) クレーメン版ルター選集（6章注21参照）：Cl. 1, S. 3, 17-19.

すなわち，キリスト教的人間にあっては，終生にわたって，それは自己の罪との戦いであり，と同時に，ここから神の無償の愛によって救われる幸せとが交錯することになる．ここに，きわめてルター的なキリスト者の定式が明らかとなる．

　　義人であると同時に罪人 (simul iustus et peccator.)[33]．

ともかく，ルターにおいても，つねに自己の内なる悪（罪）に敏感であり，これを十分に自覚しておくことだけが，新たな再生を経た後の，純粋に他者の益のみを願う真実の愛の実践につながりうることを，明示しているといえるであろう．ここに，自分自身のことを棚上げした，似非ヒューマニズムの入り込む余地は，完全に遮断されている．

3節 ｜ 悪の自覚の現代的意義

ユング派の深層心理学者ノイマン（E. Neumann, 1905-1960）は，すでに1948年に「悪の問題は現代人が直面している最も深刻な問題の一つである」[34]とし，これに正面から取り組んでいる．以下，このノイマンの説を参照しつつ，悪を自覚することの現代的意義について言及しておきたい．

　ノイマンによれば，人間の心とは，その意識化されない部分（無意識）も含めて，ひとつの全体性を保っているが，彼のいうこれまでの「古い倫理」は，「抑制」と「抑圧」によって，自己のうちなる暗い部分を押し殺してきたという[35]．結果として，その暗部は，決して消え去ることはなく，その人の「影の部分」として，何らかの影響を（ときには破壊的に）及ぼしつづけ，

---

33) 前掲拙著，29頁以降参照．
34) E. ノイマン『深層心理学と新しい倫理―悪を超える試み―』（石渡隆司訳，人文書院，1987年），9頁．
35) 同前書，9頁以降．

日常生活ではそれとは別の「外見的人格」(シャインペルゼーンリッヒカイト)(見せかけの人格)または「ペルソナ」が形成されるという．1人の全体性を保った人間のうちに，影の人格と外見的人格（ペルソナ）という分裂が生じるわけであるが，しかし「この人格の外見部分の形成はまた，良心の本質的働きのひとつ」[36]でもあって，「こうした良心の働きに支えられて初めて，習慣や因習，共同体の営む社会的生，経済社会の習慣的秩序などの存立が可能となる」[37]．よって，ペルソナは，人間が社会生活を営む以上，必要不可欠なものともいえる．そして，「教育の本質的な部分はつねにこうしたペルソナの形成に捧げられ」[38]てきたのである．これは，教育の社会化機能として，わたしたちにも馴染みのものであろう[39]．

ただ問題なのは，そのペルソナが異様に肥大し，「影の部分」を抑圧したりして，これをしかと自覚しないとき，「ペルソナはまた，当の個体が，単に世間からだけではなく自分自身からも隠れるためのもの，つまり，その背後や内側に身を包む衣服や外套，鎧や制服に相当する」[40]ものに化する場合である．こうつづけられる．

> それはまた，制御されていないもの，制御することのできないものを，見えないように隠しておくための一種の〈防衛機制〉であり，暗いもの，異常なもの，わき道にそれたもの，秘められたもの，不気味なものを，外から見えないようにしておくうえで有効な，見せかけの自己なのである．
> 教育の本質的な部分はつねにこうしたペルソナの形成に捧げられるが，このペルソナは，個体を「穏健」で「社会的に有為」な存在にし，個体の実態をありのままの形で外側に伝えるのではなく，そのように見なされてもかまわないような形で伝える．どのような社会，どのような時代にも，

---

36) 同前書，27頁．
37) 同前書，27-28頁．
38) 同前書，28頁．
39) その代表的なものとして，E.デュルケーム『教育と社会学』（佐々木交賢訳，誠信書房，1982年），59頁以降参照．
40) ノイマン前掲書，28頁．

ものを見る目を研ぎ澄ましたり，目覚めていようと努めたり，真理への愛を抱いたりすることよりも，見ないでいたり，見過ごしたり，目をそらしたりすることに対して，より大きな利益が保証されてきた[41]．

とりわけ戦争という，20世紀そして今日もつづく人間の悲惨な状況を目の当たりにして，また現代日本の状況を見るに，ノイマンのこの言葉は，残念ながら正鵠を射ているといえよう．とくに教育のはたす役割として，なかでも学校教育は，かつて，そしてもしかするといまでも，歪なペルソナの形成に積極的に加担しつづけているのかもしれない．

が，教育に関連して，むしろより大きな問題と感じられるのは，教師自身が，こうしたペルソナの仮面の下に，自らの暗部を隠蔽し，自分自身から逃避している場合であり，また社会や世間の側も，ある種の固定したペルソナを，教師に対して相変わらず押しつけつづける現状であろう．それは，教師聖職者論などにも典型的にあらわれているし，また教師による犯罪の内容，およびその報道の在り方にも，如実に示されていると思われる[42]．わが国では，いわゆるセンセイほど，「外見的人格」をことさらに押し着せられ，かつ自らもこれを着たがる人々の多い国はほかにないのではないか．ここに「先生の病理」が容易に発症しやすい風土が，すでに出来上がってしまっているといえるだろう[43]．ともかく，「影の側面を否定する古い倫理は，それゆえ，こうしたこころの分裂に責任がある」[44]のである．

そこで，ノイマンによれば，こうした古い倫理を克服した「新しい倫理」が，今日では求められているという．それは，どのような倫理であろうか．

---

41) 同前．
42) 小浜逸郎『先生の現象学』(世織書房，1995年) を参照されたい．ほかには，さしあたり油布佐和子編『教師の現在・教職の未来—あすの教師像を模索する—(子どもと教育の社会学5)』(教育出版，1999年)，教師の本音については，森口秀志編『教師』(晶文社，1999年) などを参照されよ．「影」について，さらに詳しくは，河合隼雄『影の現象学』(講談社学術文庫，1987年) を参照されたい．
43) 油布前掲書，115頁以降参照．
44) ノイマン前掲書，56頁．

新しい倫理の観点からすれば，倫理的に不足のない人とは，自らの影の問題を受容している人，すなわち自分の中の否定的な側面に気づいている人，のことにほかならない[45]．

当然ノイマンは，影すなわち暗黒の（ときには）悪の部分のもつ恐ろしさを十分自覚した上で，「影を受容することが影と同化することになってはならない」[46]と条件を付加しつつ，「新しい倫理は，人格構造の一部分による支配を拒否し，倫理的行為の基盤として全人格を要求する」[47]という．古い倫理が「つねに意識の側の部分的な倫理に限定されており，自らを全人格の上に関連づけようと試みることはしなかった」[48]のに対して，「新しい倫理の中心課題は，人間のこころの構造の，肯定，否定のいずれの力をも意識化すること，また，それらの力を意識的に個人や社会の中に取り入れることである」[49]．

私は，私の影と一緒に，私の影であるかぎり私の「隣人」でもあるような人間性のすべての部分を受容することになる[50]．

ここには，先に見たように，「根源悪」を知る者のみが，これを許し愛することができる根本的理由が明かされている．こうノイマンは語る．

私が自分を暗黒として—罪としてではなく—経験することによってはじめて，他人の自我の暗黒部分をも受容することが可能となる．私は，単に私と「同じく明るい存在」においてだけではなく，まさしく私と「同じく暗い存在」においても，他人の自我との関わりを意識するようになるのである．

---

[45] 同前書，100頁．
[46] 同前書，101頁．
[47] 同前．
[48] 同前書，104頁．
[49] 同前．
[50] 同前書，105頁．

したがって，深層心理学的手法による自己経験—それは影との結びつきによって第一歩を踏み出す—を通して，人間は幻想において乏しくなる代りに，理解や洞察力において一段と豊かになる．というのも，影を介してなされる人格の拡張は，自らの深層への新たな通路を用意するだけでなく，それと共に，人間性一般の暗黒の側面への通路をも開くことになるからである．影の受容は，自らの基盤の中のより奥深い部分へと成長することであり，また自我＝理想の抱く，うたかたの幻想の喪失と共に，ある新たな深まり，つまり，自らの根底との結びつきや安定が得られてくるのである[51]．

彼は，この人間生成にとって有意義な「影の受容」を，「自我から見るかぎりで悪と見なされているものとの出会い」[52]とも換言している．自らの内なる影や悪から決して目をそらさず，これをつねに意識化しておくことが大事である．このとき，こうした影や悪は，その人をトータルに新しく生成せしめる契機ともなりうるのである．

無意識的に働き，眼に見えない仕方で拡散していく悪は，流行病のような危険な作用をもっている．これに対し，自我によって意識にもたらされ，自らの責任の中に取り入れられた悪は，環境を汚染することなく，こころの他の内容と同様に，自らの担うべきもの，自らの生の過程や人格形成の中に取り込むべき内容として個体に現れる[53]．

ゆえに，ノイマンによれば，善と悪とは，次のようなことをいう．

自らの悪を承認することは善である．過度に善であろうとすること，すなわち，すでに実現されている善や実現可能な善の限界を超え出ようとする

---

51) 同前書，105-106頁．
52) 同前書，107頁．
53) 同前書，117頁．

ことが悪にほかならない．個人が意識的で，一貫した責任の自覚にもとづいて行うような悪，しかも，そのすべての結果から逃げ出さないでいるような悪は，倫理的には善である．インフレーションを起こしている自我の過大な自己評価から生ずる悪の抑圧は，それがたとえ「善き配慮」あるいは「良き意志」に発していようとも悪である[54]．

そして，それは，前に見たスピノザの説とも通底している．「全人的倫理(トータル・エティーク)」を追求する新しい倫理の目標は，全体性(ガンツハイト)すなわち人格の全一性(トタリテート)であるがゆえに[55]，「全体に通じているものが善」で，「分裂に通じているものが悪」という価値観が，ここには成立するという[56]．

　統合が善で分離が悪なのである．生や構築や統合は善の側に立つが，反対に，死や解体や分離などは悪の側に属している．しかし，その場合でも，現代人はこの善悪双方の原理が切り離しえない相互連関をもっていることを承知している．(中略)自己のうちに中心をもつ人格の全体性に対して，その統合を手助けするもの—それがどのような種類のものであろうと—が善である．反対に，分離に向かうものは，それが「善意」であろうが「集合的に承認された価値」であろうが，さらに何らかの「それ自身で善きもの」であろうが，それらは全て悪である[57]．

まさにスピノザと同様，「関係の解体」としての悪を，ノイマンもここに語っている．また，一見「善意」でなされているものが，この観点からすれば悪とされる点にも，注目しなければなるまい．
　このように，悪の自覚にしかと立脚したトータルな人格としての統合—悪を包蔵した善—が，現代人すべてに内的に要求されており，このことは，と

---

54)　同前書，130頁．こういう無理をした教師をときどき見かけるのはわたしだけではあるまい．
55)　同前書，114頁．
56)　同前書，146頁．
57)　同前．

くに教育に専門的に関わる教師や，また親に対して，より切実な要請であると考えられるのである．

* * *

　以上より，自らの内に正当に位置づけられ意識化された悪は，それが最終的に全人格の統合へと資する場合において，いわば人格を創造する価値を担うともいえるのではないか（ルターの場合にはこの人間生成の物語が劇的に語られている）[58]．悪と創造がいかに緊密に結び合っているかについては，すでに見た通りであるが，ことほどさように，人間存在にとって，悪を排除しさえすれば善が実現され，そして善のみが支配する世界が誕生するなどといっためでたい単純化が，いかに現実離れしていると同時に，むしろ根本的に馬鹿げており，なおかつ甚大な弊害をもたらすかが明らかになったであろう．とりわけ他者への悪影響ということを考慮すれば，教育に関して，こうした空論に一定のブレーキをかけておくことは，とても重要であろう[59]．

　畢竟するに，かような「謎」としての人間存在そのものを対象とする教師や親には，悪とは何であり，それはほかならぬ自己自身のなかでどうかかわり合っているかについて，他人事(ひとごと)としてではなく，あくまでも自分の実存的課題(アウフガーベ)として，絶えず思考し自覚しておくことが，その基本的心構えとして，つねに要求されているといえるのではないか．結果，悪を深く知る者こそ，またその悪に対して究極の善をもって打ち勝つことが可能となるであろう．蛇足ながら，このように考えるとき，いわゆる道徳教育や心の教育といったものが，そうシンプルなものとはならないことにも思い至るであろう．

58）　前掲拙著参照．現代の子ども論との関連では，亀山佳明『子どもと悪の人間学―子どもの再発見のために―』（以文社，2001年）が興味深い．
59）　注7参照．

補遺2 | 教育における「機心」について
―鈴木大拙を手がかりに―

とにかく霊性は一遍なんとかして大波に揺られないと,
自覚の機縁がないのである.

かつて「教育は被教育者の発展を助成する作用である」[1] といったのは,篠原助市である.

しかし,被教育者すなわち1人の人間にとっての「発展」とは,いったい何なのか.何がどのようにして発展することが,その当人にとって,はたして望ましいのか.それを,教育者は,どのようにとらえて,いかに「助成」するのか.その結果は,だれがどのようにして評価するのか…….

「教育とは〇〇である」というのは簡単であるが,事,作為に満ちた人間のなすところ.自己教育でさえままならないのに,純粋に他者の自然な発展をとらえるのも,助けるのも,よく考えると,大変に難しいことなのだ[2].

ところが,この難事を,周知の通りルソーやペスタロッチは,「自然」(natura) の歩みにしたがうとのスローガンのもと,きわめて作為的(意図的)に成し遂げようと企てた.結局は,自然を人間がコントロールしようとすること.つまり,人間が人間自身を支配すること,すなわち自律(Autonomie)である.これが,近代(西洋)教育学の目指す人間像であり,教育の理想であった.わが国も,明治より現代に至るまで,こうした教育思想を,表面上は積極的に受け容れてきた.

だが,このような企ては,そうなかなかうまくはいかない.

---

1) 篠原助市『改訂 理論的教育学』(協同出版株式会社,1949年),1頁.
2) 拙著『教育にできないこと,できること―教育の基礎・歴史・実践・研究―』(成文堂,2004年) で詳しく扱ったので,参照されたい.

というのも，自己と他者とを，教育者そして被教育者というように，主客分離させたところには，しばしば自己が自己にかかわる（実存）ということを忘れた自己の棚上げが起こり，このような自己と他者とのかかわりは，自然なもののように見えて，じつはきわめて不自然なものに変質してしまうからである．もしかしたら，相手にとっては，ひどく迷惑なことを，善意による教育の名のもとに，押しつけているだけかもしれないのだから[3]．

　自己の作為と，自己をそのような作為へと駆り立てる動機（意図）について，とりわけ教育に携わる者は，自覚的である必要があろう．さもなければ，教育は，往々にして教育者の単なる自己満足に転落しかねない．

　そうならないためには，やはり企てる意識とは何であり，そうした意識の根底には何が潜むかについて，つねに自覚しておくことが大切である．

---

[3] 同前書参照．あるいは，自己の無意識とかコンプレックスとか，その内面をだれしも精査しさえすれば，日頃のわたしたちの言動が，どれほど感情的で，理性ではいかんともしがたい「何か」によって駆動されているかがわかるはずである．とくに教育関係者は，他者と触れ合って惹起される，自己の内的動きについて，重々注意しておく必要があろう．「われわれは自分で自分の行動を律することができる，と思っている．何かを食べたいと思えば食べ，食べたくないと思えば食べない．常に自分の意志に従って行動し，主体的に動いている．しかし，常にそうであるとは限らないのである．われわれの主体性は，本人が信じているよりは，弱いもので，自分の意志とは異なる行動が生じてくるために悩んでいる人も多いのである」（河合隼雄『コンプレックス』岩波新書，1971年，2頁）．わたしは，ある意味，ルターと同様，人間に自由意志などそなわっていないと感じることがある．拙著『ルターとメランヒトンの教育思想研究序説』（渓水社，2001年）参照．あるいは後に見る，鈴木大拙『新編　東洋的な見方』（上田閑照編，岩波文庫，1997年）21頁に，こう記されている．「近ごろは何かの関係でよく「自由」という文字を見るが，生死業苦の世界に居るかぎり，自由なるものはないのだ．いずれも必然性ばかりである．いずれも皆所与底(しょよてい)で，自由意志などを容れうべき余地はないのである．近い話が，自分は生まれようといって，生まれたのでない．親が生んだのである．その親も自分で生まれようとして生まれたのでない．いくら系統をさぐっても，自由意志などというので生まれ出たものは一人もないのである．みな与えられたものを受け入れるだけである．次に，生まれ出る処と時とが，それも，既与の世界で，自分の自由から来たものでない．したがって自分のおかれてある環境・教育などというものも，悉く他から加えられるもの．義務教育をすましてからの教育も何もかも，おかれている環境から割り出される．してみると，自分というものの，どこに本当の自分があるのか，全く不明である」．この自己の存在の不可思議さに目覚めることがもっとも重要である．ここにのちの霊性的自覚への入り口がある．

小論は，教育のみならず，わたしたちのすべての行動や実践の前提にあって，これを駆動させているものは何かについて，鈴木大拙を手がかりに，やや本質的に再考しようとする試論である．結果としては及ばずながら，企ての意識に発する近代教育学の隘路を乗り越える，ささやかなヒントがえられればと思う．

1節｜機心ということ

　鈴木大拙は，「禅の道を歩みながら大乗仏教や老荘など東洋の精神的伝統を体現した」[4]人物である．彼の思想には，今日すでに至るところで行き詰まりを見せている「西洋近代」に対して，これを包み込み再生させる有力な拠り所となりうる「東洋的な見方」が，包蔵されているように思われる[5]．
　以下，大拙を手がかりに，まずは，「企てる」ことの意味について考察してみよう．それは，『荘子』外編「天地」に，「機心」として述べられている．これを大拙は，「機心ということ」のなかで，わかりやすく説明している．長くなるが，冒頭そのまま引用しておこう．

　『荘子（そうじ）』の外編「天地」に，はねつるべに関するおもしろき話がある．はねつるべは今でも日本の田舎へ行くと，時々見ることがあると信ずる．荘子の時代，今から二千年前，既にシナの国でそれが使われた．あるとき孔子の弟子の子貢が，農夫の手ずから水を井戸からくみ出して，畑にやっているのを見て，「なぜ，はねつるべを利用せぬか」とたずねた．すると，その農夫のいわく，「何でも機械にたよるものには機心（きしん）がある．この機心を自分はきらうゆえ，それを利用しないのだ」と．
　問題はこの「機心」である．これは何の義か．一口にいえば，機心ははからいのある心である．これがあると「純白」でない，何やら「神（しん）」が動

4）　同前書，313頁.
5）　同じく西谷啓治（1900-1990）や，その師・西田幾太郎（1870-1945）にも．

いて不安定である．心が動くことは，本来の無意識から，仲介物なしに流出せぬと，不純白になる．荘子はこれをきらう．機械にたよると，その働きの成績にのみ心をとらわれる．早く効(ききめ)があれとか，多くの仕事ができるようにとか，自分の力はできるだけ節約したいとか，また経済的には，少しの資本で多大の利益を占めたいなどということになる．これを宗教的・霊性的方面の生活から見ると，もっとも不純白な行動と見なくてはならぬのだ[6]．

しかるに，西洋近代以降，わたしたちのモダンな生活とは，じつに「機心」に満ち溢れている．それこそ，至るところ「機」械なしでは一刻も立ち行かない状況．現にこの原稿も，パソコンを用いて作成している．

問題は，「はからい」つまり「計らい（計画的意図）」のあるところ，人間はどうしても，成績や効果，すなわち効率主義や目的合理性にばかり目を奪われ，自ずと楽をしてより楽をしたいというように，「我欲」が働き始めるという一点である．純白ではない不純白な心．すると，現代人の生活や行動のほとんどに，不純白な心が，すでに蔓延しているということになろう．

わけても教育において，事態は深刻である．近代の教育とは，「自然」に基づく「計らい」という，また一段と巧妙な「機心」によって突き動かされたもの．その結果，近年では，よりいっそう教育における成績や効率が重視されるようになってきている．それは，単なる学力上の問題だけではなく，「心の教育」といった表現や動きからも看取されるように，人間のさらに「内面」にまで介入しようとする，いわば「教育的機心（コントロール）」な

---

6) 同前書，212-213頁．『荘子（第2冊［外篇］）』（金谷治訳注，岩波文庫，1975年）123頁には，こうある．「畑づくりはむっとして顔色をかえたが，笑いながらいった，「わしは，わしの師匠から教えられたよ．仕掛けからくりを用いる者は，必ずからくり事をするものだ．からくり事をする者は，必ずからくり心をめぐらすものだ．からくり心が胸中に起こると，純真潔白な本来のものがなくなり，純真潔白なものが失われると精神や本性(うまれつき)のはたらきが安定しなくなる．精神や本性(うまれつき)が安定しない者は，道によって支持されないね．わしは〔はねつるべ〕を知らないわけじゃない，〔道に対して〕恥ずかしいから使わないのだよ．」」ここで，「機心」とは，「からくり心」．うまくいったものだ．

のである．この点については，次節で取り扱うとして，今しばらく大拙にしたがい，機心の本質を見極めておきたい．

　このようなわけで，機心なるものは，われらの注意を絶えず外に駆らしめて，相関的な利害得失に夢中ならしむるのである．力はできるだけ少なくして，功はできるだけ多かれと働く．時によると，この働くことさえもしないで，ひたすらに，効果のみあれがし，と考える．機心は，人をだまかすことに成功すればこの上なしとさえひそかに喜ぶことになる．危険千万な心得であるといわなくてはならぬ．ところが，今日の世界はこの危険千万なことが，いたるところに動き出している．騒がしい世の中だ[7]．

　1966年に大拙はこれを書いた．そして，現代．大拙のいうことは，ますますリアルなものとなってきている．現代人の注意は，ましてや教育に携わる者の関心も，「本来の自己」を忘却して，ただひたすら虚しく外側だけを駆けずり回る．やれどれだけ点数が伸びたか．やれどれだけ生徒・学生の理解が深まったか．やれどれだけわかりやすい授業をしたか．やれどれだけ事細かいシラバスを用意して役に立てたか……．こうした事例は，枚挙に暇がないほどである．
　が，教育において，こうした「機心」をいかに完璧に作動させたところで，その行き着くはてに，ぜんたい何があるというのであろうか．最小限の努力で最大限の効果をあげた結果，人間の生(ライフ)の終末に，はたして何があるというのであろうか．わたしたちは，いったい何を求めて，あくせく「機心」しているのであろうか．いまここに在るだけの自己を直接に自覚し，「本来の自己」に触れ合うことなしにはてしなくつづけられる「機心」とは，じつに虚しく，それは結局，機心する人間自身の自己疎外，人間疎外となって，ほかならぬその「わが身」に降り返ってくるであろう．挙句のはてには，機心の虜となって猛烈に働きつづけたサラリーマンが，突然，鬱に襲われて自

---

　7)　鈴木前掲書，213頁．

殺することのようになりかねない．現在では，こうした風潮が，ますます強まってきているように感じられる．己れの「機心」を自覚し，とくに教育において，この「教育的機心」が，はたして何を究極的に求めているのか．いま一度，根本的に考え直す時期に来ているように思われる．

さて，大拙は，すでに「機心の囚(とりこ)」となった近代的人間生活の特徴を，次の2点に見出している．ひとつは，「変態性の心理を持って生まれ出るもの，したがって生まれ出てからは，色々の反社会的変態性の行動をなすもの，これが次第にふえて行くこと」[8]．もうひとつは，「生活に余裕が出来たので，男でも女でも，大抵六十代を越えると，安易な生活を享受しうるようになる階級の人々が多くなること」[9]である．

一方では気の狂うものが出来，他方では，小人閑居して不善をなすで，社会的に不善とまでは行かずとも，社会に対してなんら積極的行動をなすことなくして，自滅の方向に進むものや，無聊に苦しむというものが多数になるのである[10]．

これも，まさしく現代の日本のありのままの姿ではなかろうか．若い世代では，端から脱社会的な存在であるかのごとくフリーターとして生きる者の著しい増加．他方，老いた世代では，いみじくも小人閑居して不善をなすという通り，逃げ切るが勝ちといわんばかりに，自らの年金などの心配ばかりをして，私利私欲にこびりついた日々を送る．この両者がともに今後さらに増加していけば，いったいどうなるのか．社会全体が自滅の方向に進んでいるといっても過言ではなかろう．

いわゆる挑戦に対して，抵抗または克服欲に，これ日も足らずという生活から，多少の隙が出て来ると，この外に，別に創造的自由独尊の霊性的生

---

[8] 同前．
[9] 同前．
[10] 同前書，213-214頁．

活のあることに気づかぬ人たちは,生そのものを持てあますのである.いずれももったいないことである.機心の囚(とりこ)となったものは,消極的にも積極的にも,人生の尊厳に対して冒瀆の行為を犯して,自ら何も気がつかぬということになる.いかにも情けない[11].

大拙がいう通り,現代に生きるわたしたちは,自らの「機心」についていま一度自覚的となる必要があろう.そして,この虚しい虜囚となることだけは絶対に避けたいものである.そのためには,「霊性的生活」を知ることが重要である.近代的企ての意識,すなわち「機心」を乗り越える究極のカギとなる「霊性」については,3節で見るとしよう.
　では,次に,現在ますます広がりつつある「教育的機心」の実態について,確認しておきたい.

2節 | 教育的機心の背後にある教育万能主義

近代的企ての意識としての「機心」とは[12],そもそも予測不能で不確かな未来を,予測可能な確かなものとして飼いならすべく,これをどこまでも先取りして包摂しようと,つねに先回りして計らう,いわばメカニカルで,さらにテクニカルな心のありよう(精神的態度)といえよう.だが,現実には,その計らい通りには事は進まず,この近代のプロジェクトは,至るところで破壊的な綻びを見せ始めている.が,この事態に対して,現代人はますますパワーアップした「機心」を働かせることによって,対処しようとする.まるで,あちこちで綻びた近代というぼろぼろの衣服を,そのたびごと対症療法的に,つぎはぎする限りないパッチワークのようなものだ[13].このやり方

---

11) 同前書,214頁.傍点引用者.
12) 近代の特質については,今村仁司『近代性の構造―「企て」から「試み」へ―』(講談社,1994年)がわかりやすいので,参照されたい.
13) 立場は異なるが,山崎正和『近代の擁護』(PHP研究所,1994年),143頁以降を参照.

で，どこまでもつかは，だれにもわからない．ただ，根本的な対処法を，いま本気で考える時期に来ていることだけは確かであろう．

近代的な教育のあり方についても同様である．それは，いわゆる青少年問題に対する教育のかかわり方において，とりわけはっきりとあらわれている．つまり，青少年問題を，教育問題としてとらえ，これを教育によって，どこまでも先回りして解決しようとする「教育的機心」に，じつに多くの人々が苦心しているという事実である．換言するに，こうした教育的「まなざし」のもつ問題点を，広田照幸は，クリアーに指摘している．

> 青少年が事件を起こした場合，われわれはそれを〈教育問題〉として考えることが，なかば習慣化している．しかし，そもそも，青少年が引き起こす問題はイコール〈教育の問題〉なのだろうか[14]．

こうした本質的な問いかけが，いまとても大切である．というのも，現在の日本では，青少年が何か問題を起こせば，何でもかんでも教育のせいにするというおかしな風潮が広まっているから．それこそ，結論を先取りしていえば，その背後には，広田が言うように，教育万能主義の神話が潜在している．要するに，「教育的機心」をより強力なものにしていけば，子ども（人間）の内面までも完全にコントロールできるはずだという，極めて傲慢でナンセンスな半ば無意識的空想である．

> ある中学生が失恋をしたとする．フラれて絶望した彼が，もしその日の夜中に思い詰めて自殺してしまった場合，これは〈教育の問題〉ということになるのであろうか？戦争で一家がバラバラになって，都会で食べる食べ物もなくてウロウロしている少年がいるとする．その彼が，ひもじさのためにかっぱらいをしたとか，強盗をした場合，これは〈教育の問題〉ということになるだろうか？―これらを強引に〈教育の問題〉だと言ってしま

---

[14] 広田照幸『教育には何ができないか―教育神話の解体と再生の試み―』（春秋社，2003年），200頁．

う人もいるかもしれない．しかし，その場合には，どういう意味で〈教育〉が関わってくるかをちゃんと説明する必要があるだろう．

　ある事象を，〈教育の問題〉だとみなす際には，ある問題の本質ないしは原因を，教育に由来するものだとして定義したり，教育的働きかけによって改善ないしは解決すべきだというような，ある種の発想が，前提として伏在しているように思われる．換言すると，ある事象が〈教育知〉の領域に取り込まれる際には，本質や原因に関して，あるいは解決方法に関して，〈教育知〉に固有のアプリオリな性格づけを伴っているということである[15]．

この〈教育知〉に固有のアプリオリな性格づけこそ，教育万能主義の神話であり，それは，まぎれもなく「教育的機心」に淵源するものである．
　先の引用にある例を教育の問題だとするバカげた人はいないだろうとするのは，大きな間違いである．こうした事も含めて，ありとあらゆる青少年問題を，教育のなかに取り込んではばからない人々は，近年増加の傾向にある．詳しいことは，広田の一連の論考を参照するとして[16]，ただ青少年の問題行動の変遷を，以下のように[17]，歴史的にたどっただけでも，こうした傾向は明らかである．

問題行動の変遷

	敗戦〜50年代	60年代	70〜80年代	90年代
発生場所	学校外	学校内外の境界	学校内	学校の内外，「心」
性質	貧困，生存競争	疎外	受験競争，反抗	教育の拒否，人間関係秩序の解体，「心」
原因	社会	社会と学校の接続	学校	学校，「心」
解決策	経済・福祉	学校教育	学校教育	「心」，関係の再編

90年代に入り，とりわけ1997年に起きた神戸の連続児童殺傷事件以降は，少

---

15)　同前書，200-201頁．
16)　同前書，参照．
17)　同前書，213頁．

年の「内面」，すなわち「心」へのまなざしが，極めて強力となり始める．そして，「キレる」といったキーワードに世間の関心が集中する．

> 子供の「心の軌跡」から非行を理解する—その際，親の育て方や学校・教師の対応に間違いや問題がなかったかどうか，教育的に望ましくないメディアや空間が問題ではないか，といった枠組みで，現在の青少年問題は語られるようになっている．
>
> 非行に限らず，種々の問題行動を見る視線が，子供の「心」に向かうようになってきた変化を，伊藤茂樹は簡潔に整理している（表）．「問題行動は学校において見出されながらも，人々の「心」の問題だと理解されるようになってきている」[18]．

そこで問題なのは，あくまでも，すべてが「心」の問題とされた場合，「心」の隅々にまで行き届く教育が，よりよく完璧に行われさえすれば，こうした事件はなくなるはずであるという教育万能主義にある．つまり，広田のいうように，こうした問題が起こるのは，教育が失敗したからであり，裏返せば，教育が成功してさえいれば，問題は起こらなかったはずであるという，素朴でアプリオリな思い込みである．そして，これを支える「教育的機心」を，ここではさらにつけ加えておきたい．広田は，教育万能主義の暗黙のコンセンサスとして，次の4つをあげている[19]．

(1) 大人は子供の環境を教育的な目的に向けて全面的にコントロールできるし，すべきである．
(2) 子供が非行を起こすのは，教育的コントロールが不十分か失敗したからである．
(3) 誰がコントロールの担い手か／どういう方法が適切か，については議論があるが，より教育的コントロールを徹底していけば，非行はなくな

---

18) 同前．
19) 同前書，220頁．

(4) 今求められているのは，非行をなくすことであり，そのために教育的コントロールを徹底することである．

簡単に言えば，「「教育」に代えて「教育を」というわけである」[20]．まさに，近代のつぎはぎだらけのパッチワークそのもの．広田もいうように，「自分の心の軌跡を物語化され，すべて「教育の失敗」で説明されてしまう今の子供も，別の意味で気の毒な感じがしてしまう」[21]のは，わたしだけであろうか．

しかしながら，いくらこうした暗黙のコンセンサスを伏在させつつ，「教育的機心」をフルに働かせたところで，人間の「心」という「内面」を，意のままにコントロールしたり，変容させたりすることなど，いまだかつてできた例はない．それは，監獄のなかでも同様である[22]．

さて，わたしたちにはいま，「教育に代えて教育を」ではなく，教育をはてしないパッチワークの連鎖と，出口の見えない隘路へと強迫的に駆り立てる「教育的機心」そのものを本格的に意識化し，これをはっきりと対象化しておくことが求められているように思われる．「教育に代えて教育を」では，いつまでたっても事の本質には至らず，いつも教育だけに全責任を押しつけたまま，何の解決も図らずして事態に目をつぶる，無限の先送りといった結果に陥るといえよう．そうならないためにも，「機心」を乗り越える唯一のカギとなる「霊性」の自覚について，再び大拙に帰って，見てみるとしよう．

3節｜霊性の自覚

先の農夫の話を，子貢が孔子に伝えると，彼はこういったという．

---

20) 同前書，221-222頁．
21) 同前書，218頁．
22) 同前書，202頁以降参照．

それはおもしろい．このような人は，物のまだ一つで，二に分かれぬさきに生きている人である．これは一を知って二を知らぬ人だといってよい．云云[23]．

わたしたちはこの現実世界のなかで，互いに自己の身体をもち，自と他をつねに区別・差別しながら，個でありつつ他とともに在る人生を送っている（はずである）．しかし，ふと我に返り，自己の内奥を深く覗き込めば，決して他と完全には「一」になりきれない「分裂」，すなわち「二」があることに否が応でも気づかされる．いつしか，この対立抗争と，個我あるがゆえの苦悩に満ち溢れる現実から，平穏なる調和の世界＝「一」の世界へ行きたいと冀う．つまり，すべての分裂（二）が生じてくる前の世界（一）への憧憬．

だが，それは，本来のわたしたちの故郷なのだ．わたしたちのいまの存在が生み出されてきた故郷．そして，この生を終えて，また再び帰るところの故郷．そして，また……．「一」から「二」へ．「二」から「一」へ．この無限の普遍的循環は，永遠につづくのである[24]．

じつは，わたしたち人間も含めて，すべての存在の本源的故郷である「一」の世界に目覚めつつ，いまは「二」の世界に生きること．これが，大拙のいう，霊性的生活である．つまり，霊性とは，「一」の世界をリアルに看取する能力とでも言えようか．

なにか二つのものを包んで，二つのものがひっきょうずるに二つでなくて一つであり，また一つであってそのまま二つであるということを見るものがなくてはならぬ．これが霊性である．今までの二元的世界が，相克し相殺しないで，互譲し交歓し相即相入（そうそくそうにゅう）するようになるのは，人間霊性の覚（かく）醒（せい）にまつよりほかないのである．いわば精神と物質の世界の裏にいま一つの世界が開けて，前者と後者とが，互いに矛盾しながらしかも映発するよ

---

23) 鈴木前掲書，214頁．
24) 1章で取り上げたプラトンやプロティノスを連想させる．

うにならねばならぬのである。これは霊性的直覚または自覚によりて可能となる[25]。

このような霊性的自覚こそが、「機心」だらけの今日にあって、とりわけ大切であることは、言をまたないであろう。「一」を忘却して、ただ「二」の世界のなかだけではてしなくつづけられる「機心」の連鎖には、いつまでたっても対立・抗争は止むことなく、近代のぼろぼろになったパッチワークは、自滅するまで—案外早いかもしれないが—つづけられることになる。そこで、初めて「一」に帰ったというのならば、それも愚かな人間のなすところ。仕方のない運命と受け止めるほかないであろうが。

さて、しかしながら、また逆のことも強調しておかなければならない。すなわち、「一」ばかりに気を取られて、「二」を蔑ろにする生き方である。「一」を看取すると同時に「二」の世界で現実に生活することが、あくまでも重要である。「一」即「二」、「二」即「一」。「一」オンリーを強調する者がいるとすれば、それは偽者の霊性的生活者である。注意しなければならない。大拙も、先の孔子の言葉につづけて、こう記している。

つまり孔子の意見によれば混沌未分のところに心を据えておいても、それにとらられず、二つに分かれた世界に処しては、またそれに応じて行動しなくてはならぬ。内をのみ治むることを知っても、また外を治むることを知らなくてはならぬ。つまり内外に処して十全の働きがあるべきだ[26]。

この世に現実に生きる限り、人は「機心」から完全には免れえない。もはや、「はねつるべ」の生活には、戻れない。が、一方では、たえず己れが起源したる故郷を自覚して、この機心を、真に有効に、働かせたい。それを、東洋では「無」と表現したりする—西洋では「神」や「イデア」など—のであろう。

---

25) 鈴木大拙『日本的霊性』（岩波文庫、1972年）、16-17頁。
26) 鈴木前掲『新編　東洋的な見方』、214-215頁。

「機心」のある限りは、はからいがある。対抗意識がある。対抗はこの世界に免れないところだが、これにとらえられていてはならぬ。これをこえたもの、あるいは包むものを見なくてはならぬ。無功用行はこれから出る。華厳の菩薩行はここにある。「真実妙用」の義、「目的なき祈り」の義を悟らなくてはならぬ[27]。

　　　　　　　　　＊　＊　＊

　教育とは、人間の「発展」を助成する作用であった。それは、人間「存在」としての発展である。そして、いまここにあるこの「存在」のオリジナルは、「一」に本源している。このことを自覚した上で、教育における「機心」を働かせるべきであろう。この「一」を識りつつ作動する機心である。このとき、教育における「機心」は、初めて、真に有効な「教育的機心」（教育における「機心」）となりうるであろう。現在の機心は、ただ「二」の世界のなかだけで張り巡らされた、騒がしくて小賢しいものが、大半ではなかろうか。
　ところで、とにもかくにも、「一」を識る霊性の覚醒が、いま求められているのではあるが、問題は、大拙がいうように、次の点にある。

　或る人々にありては、霊性の覚醒を経験する機会に遭遇せぬのである、また遭遇しても内的準備の十分に具わっていないこともある。それで彼らは、原始性の宗教意識に対してのあこがれと親しみはもち得ても、それ以上に霊性自体に触れ得ないのである。詩は詩人に向かって吟ずるが好く、酒は知己と共に飲むが旨いので、その中の趣を解せぬものに、いくら説明しても解るものでない。原始性の心理はなかなか根強く我らの心意識を支配するのである[28]。

　ここに、霊性の覚醒へ向けた「教育的機心」が、再び活動しようとするわ

---

27) 同前書、216頁。
28) 鈴木前掲『日本的霊性』、18-19頁。

けである[29]．が，まずは，覚醒しようと機心する者自身が，本当に覚醒していなければ，話にならない．残念ながら，わたしも含めて，多くの教育関係者は，まだ「あこがれ」の段階に止まるか，そのチャンスがないか，内的準備が不十分のままである．しかも，霊性に目覚めるには，かつてボルノーが明らかにしたように[30]，ある種の実存的危機を，ぜひとも通過する必要がある．大拙は，こう述べている．

> 霊性の動きは，現世の事相に対しての深い反省から始まる．この反省は，遂には因果の世界から離脱して永遠常住のものを攫(つか)みたいという願いに進む．業(ごう)の重圧なるものを感じて，これから逃れたいとの願いに昂(たか)まる．これが自分の力でできぬということになると，何がなんであってもそれに頓着なしに，自分を業縁または因果の緊縛から離してくれる絶対の大悲者を求めることになる[31]．

これは，西洋においても同様である．ルターなどは，その典型例といえよう[32]．「苦悩」を通過し，いったん絶望的なまでに自己否定の契機を介することなしに，霊性はなかなか目覚めて来ないのかもしれない．大拙は，そういう．

> 業の重圧を感ずるということにならぬと，霊性の存在に触れられない．これを病的だという考えもあるにはあるが，それが果たしてそうであるなら，どうしてもその病気に一遍とりつかれて，そうして再生しないと，宗教の話や霊性の消息は，とんとわからない．病的だという人は，ひとたびもこのような経験のなかった人なのである．病的であってもなくても，それには頓着しなくてもよい．とにかく霊性は一遍なんとかして大波に揺ら

---

29) 例えば，ルターやメランヒトンの教育思想の本質的課題とは，つねにこれであった．前掲拙著を双方とも参照されたい．
30) O・F・ボルノー『実存哲学と教育学』（峰島旭雄訳，理想社，1966年）参照．
31) 鈴木前掲『日本的霊性』，84頁．
32) 前掲拙著『ルターとメランヒトンの教育思想研究序説』参照．

れないと，自覚の機縁がないのである[33]．

　ますます軽薄の度合いを深める現代の世の中．人生の「大波」を，かつてパスカル（Blaise Pascal, 1623-1662）もいったように，多額の金を用いたくだらない気晴らし(ディベルティメント)でごまかし，あるいは，場当たり的で強欲な機心の権化たるビジネスに，まんまと利用される現代人．先の霊性は，どんどん鈍磨するばかりである．「二」という分裂した世界だけが，唯一の世界と，ひしひし感じられてくる．ならば，あくまでも企て（機心）の意識に発する近代（西洋）教育学を，さらに先鋭化していくしか道はないのではないか．
　残念ながら，これに対する正しい答えは，よくわからない．
　だが，「二」に分ける西洋的見方のみでは，やはり大拙と同様，この世は結局のところ先細り，出口のない自滅という隘路に陥らざるをえないとだけは感じる．

　なぜ，西洋的に見たり考えたり行動したりしてゆくと，行き詰まりを見なくてはならぬかというと，人間の生きている世界は，五官で縛られたり，分別識で規定せられる外に，いま一つ別の世界があるのである．これを明らかにしておかぬと，人間は生きてゆけぬのである．生きていると思っていてもそれは自己欺瞞で，虚偽の生涯である[34]．

　すでに，「いま一つ別の世界」を知った大拙からすれば，これは真実であろう．が，これを知ろうともしない人々や，「神」が死んだ後の近代教育学に対しては，どういえばよいのであろうか．大拙は，「人はパンのみに生くるにあらず」ということを，いまも粘り強く訴えつづけている．

　無目的の本能に目的性を持たせようともがく，この矛盾が，人生である，人間である．骨が落ちて居れば飛んでいって喰いつき，木の根や石の下を

---

33) 鈴木前掲『日本的霊性』，84頁．傍点引用者．
34) 鈴木前掲『新編　東洋的な見方』，22頁．

やたらに嗅いであるく，犬は本能のままに行動する，子供が小便を垂れるのと同じい．大人は化粧し，その身をつくる，他の顔色を窺う，喉から手が出るようでも，ちゃんと大人しい面して居る，行儀のよい人だと褒められる．人も自分もそれで満足して居るようである．人間というは如何にも不可解の存在ではないか．いわゆる文明開化の世の中になればなるほど，精神病者の数が殖え，薄弱な痴呆性心理の所有者が繁生する．大いに然るべき理由があるからであろう．大人は子供でないから，子供に逆戻りは出来ぬ．人間は本能そのままを純白に肯定してはならぬ．折角取得した意識であるから，これをどこどこまでも生かさなくてはならぬ，知性的分別の根源を為さなくてはならぬ，そうしてそれから飛び出て，霊性的自覚の体験者とならなくてはならぬ．そのとき，矛盾そのものの人間が自由自在の霊性的存在となる．多くの衣装，多様の衣装を著けて，またその色身と心なるものとを併せ所有して，しかも「元の姿はかわらざりけり」の独露身にかえる．着物を着ながらの裸であり得るとき，哲学者はこれを矛盾的自己同一的に自己自身を形成するというのである[35]．

蓋し，名言といえよう．内心はそのままで，つねに「一」を識って「無」（ゼロ）にリセットされた状態．この世では，数々のペルソナを用いつつも，自己の内奥深くは，いつもその故郷に根ざす生．「着物を着ながらの裸」という境涯[36]．ここでの哲学者とは，いうまでもなく，大拙の親友・西田幾太郎である．

畢竟するに，「知性的分別の根源」（西洋的見方）を，やはりどこまでもこの己れの意識を生かしつつ探究し，生きること．ただそれだけが，近代教育（学）における「機心」や「企て」の隘路を超克しながら，同時に，この対立と抗争とを，温かく包み込むことを可能にするといえよう．「二」即「一」．「一」即「二」．ここに，大拙のいう「東洋的見方」，もしくは霊性的自覚があらわれる．このとき，教育における勝義の「機心」も，再発見されるので

---

35) 同前書，303-304頁．傍点引用者．
36) あるいは3章で見たエックハルト的生ともいえよう．

はなかろうか．西田哲学も，そのための有力な手がかりとなるであろう[37]．
今後の課題としたい．

---

37) 西平直も，小論とは異なる視角から，こうした思想にアプローチしようとしている．「東洋思想と人間形成—井筒俊彦の理論地平から—」(『教育哲学研究』84号，2001年)や「「無の思想」と子ども—「無の思想」を「教育の問い」の前に連れ出す試み—」(『近代教育フォーラム』12号，2003年)などを参照されたい．

後　　記

本書は『ルターとメランヒトンの教育思想研究序説』（渓水社，2001年）につづく中間研究報告である．

　作成しようとする動機には，3つあった．

　第1に，その後の研究成果を，恥ずかしながら一応の形にしておきたかったこと．よって，とりわけルターとメランヒトンに関する章が全体の8章を占めている．

　これらと関連して，現在まで論文形態でしか公表されていなかったものも含めて，あるまとまりにしておきたかった．

　研究に際限はなく，そのうち完全なものになってからなどといっていると，永遠に日の目をみないことにもなりかねない．人生は限られているし，完全などということはありえないのだから．かりに完全があるとすれば，それはニュッサのグレゴリオスが語るエペクタシス的意味においてのみだと，わたしは思う．

　第2に，とりあえず〈わたし〉の存在位置を，はっきりさせておきたかったこと．

　本書で扱ったような，「基礎づけ主義」に属する古典的思想家の地味なテキストに不器用に向かうといったことが，あまり流行らなく，もはや時代遅れで，まったく意味のないことのようにさえ聞こえてくる今日．わたしはこの国で，いったい何を求めて何のために，こんなことをしているのか．その自分の存在意味を，いまの時点で，できるだけ明らかにしておきたかった．

　しかし，残念ながら結局わかったこととは，「わからない」ということであった．究極の「それ」は言葉の壁(バリア)の外にあり，「わかる」という仕方では「わからない」のである．

　かといって，研究を止める気には全然ならない．書いたり語ったりするの

を止めようとも思わない．

　未知の「わからない」ことがあるからこそ，探究心がかきたてられる．何ともインタレスティングでスリリングである．鈴木大拙のような悟りの境地には遥かほど遠いが，しかし悟れないからこそ，研究がつづけられるのかもしれない．悟ったら，少なくともわたしの場合は，もうおしまいであろう．

　本書を一貫するキーワード・コンセプトは，やはりスピリチュアリティ．ここに，近代教育思想の根本があると思う．

　ただし，本論への補遺も含めた全体を通して，スピリチュアリティと教育とのかかわりをめぐり，よくわかったようで「わからない」言説が展開されていると感じる．開き直りかもしれないが，言葉では「わからない」世界に触れることがらを取り扱う以上，もはやどうしようもない．むろん読解の至らない点など，わたしの力量不足が最大の原因であることは疑いえない．読者諸賢のご批判ご教示のほど，お願い申し上げる．

　第3に，前著のテキスト『教育にできないこと，できること―教育の基礎・歴史・実践・研究―』（成文堂，2004年）とともに，研究書の出版を編集部・相馬隆夫氏よりお勧めいただいたこと．こうした有り難いチャンスとオブリゲーションがなければ，なかなか本にしようなどとは思い至らないものである．本書は前著と性格の違う兄弟作．今回もいろいろお世話になり，心よりお礼申し上げる．

　以上3つの理由が互いに重なり合って，本書が誕生した．

　畢竟するに，やはり古典的な原典(テキスト)に向かうよりほかに，わたしには何も残らないことだけが，〈わたし〉のなかで明確になった．究極的にはロゴスを超え離れた世界を目指すにしても，古典にはそのための，ぞくぞくするようなスピリットがきいている．こういうわけで，各章の冒頭には，スピリトゥスのとくによくきいたテキストを引用しておいた．

　今後は，再びメランヒトンにも沈潜していきたい．テキストの邦訳も含め，しばらくのちに，またエペクタシス的存在者としての中間報告ができればと思う．

　併せて，スピリトゥスをいかに，いまここでの教育に活かすことができる

のか．これからは，その教育（方法）学的探究も積極的にしていきたい．スピリトゥスに根ざした「機心」こそが，大切である．

　最後に，私事で恐縮ながら，本書を，今日に至るまでわたしを支えつづけてくれた祖母・英枝の霊前に捧げることをお許しいただきたい．

　2005年　3月

　　　　　　　　　　　　　　　　　　　　　菱　刈　晃　夫

初出一覧

いずれにも大幅な加筆・修正が施されている上，全体を通してスタイルが厳密に統一されていない箇所もある．

- 序章・1章1・2節…「基礎づけ主義」の教育思想再考―教師にできないこと，できること―,『人文学会紀要』37号，国士舘大学文学部人文学会編，2004年．
- 1章3節・2章…「基礎づけ主義」の教育思想再考（続）―教師にできないこと，できること―,『初等教育論集』6号，国士舘大学初等教育学会編，2005年．
- 3章…エックハルトにおける「観想の生」と「活動の生」に関する一考察―『教導講和』を中心に―,『常磐会短期大学紀要』29号，2001年．
- 4章…タウラーにおける「底（grunt）」への還帰とキリスト教的人間の責任,『キリスト教教育論集』4号，日本キリスト教教育学会編，1996年．
- 5章…タウラーにおける「聖なる狩り」―「高貴な人間」の形成に関する一考察―,『親鸞と人間―光華会宗教研究論集第3巻―』所収，光華会編，永田文昌堂，2002年．
- 6章…ルターにおける苦悩と人間生成―「臨床教育学」の古典として―,『人文学会紀要』35号，国士舘大学文学部人文学会編，2002年．
- 7章…ルターにおける生成としての教育,『応答する教育哲学』所収，山﨑高哉編，ナカニシヤ出版，2003年．拙著『教育にできないこと，できること―教育の基礎・歴史・実践・研究―』（成文堂，2004年）に加筆・修正の上再録．本書は，これに，さらに加筆・修正を施した．
- 8章…メランヒトンの教育活動―その原理的特質と具体例―,『キャンパスミニストリー』14号，学校伝道研究会編，2002年．
- 9章…メランヒトンの学習計画―その理念と内実―,『初等教育論集』3号，国士舘大学初等教育学会編，2002年．
- 10章…メランヒトンのカテキズム―「再生」への準備としての教育―,『教育哲学研究』88号，教育哲学会編，2003年．
- 11章…メランヒトンのアニマ論―『魂についての書』を中心に―,『ルター

と宗教改革（日本ルター学会研究年報）』3号，日本ルター学会編，2002年．
- 12章…メランヒトンにおけるスピリトゥス，『ルターと宗教改革（日本ルター学会研究年報）』4号，日本ルター学会編，2004年．
- 13章…メランヒトンにおける神と自然と教育，『キリスト教教育論集』11号，日本キリスト教教育学会編，2003年．
- 14章…17世紀教育思想の地下水脈，『近代教育フォーラム』12号，教育思想史学会編，2003年．
- 15章…ベーメにおける神と悪の意義―フレーベルの「自然神秘思想」理解のために―，『大阪成蹊女子短期大学紀要』36号，1999年．
- 16章…第Ⅳ部第3章「フランケにおける心の養育」，拙著『教育にできないこと，できること―教育の基礎・歴史・実践・研究―』所収，成文堂，2004年．
- 終章…書き下ろし．
- 補遺1…教育と悪に関する一考察，『初等教育論集』4号，国士舘大学初等教育学会編，2003年．
- 補遺2…教育における「機心」について―鈴木大拙を手がかりに―，『初等教育論集』5号，国士舘大学初等教育学会編，2004年．

人 名 索 引
(本文のみ)

あ 行

アウグスティヌス……32, 48, 49, 50, 51, 52, 53, 54, 55, 169, 233, 234
アガメムノン………………28
アタナシウス……………208
アダム……100, 116, 126, 168, 290
アデオダトゥス………50, 54
アポロ…………………258, 273
アリストテレス……131, 161, 185, 187, 188, 196, 197
アルキメデス……………232
アルクイヌス………55, 56, 58
アンドレア……………159, 160
イヴ (エバ)…………168, 290
イェーガー………………43, 44
イエス (キリスト)…38, 41, 53, 63, 81, 88, 89, 90, 91, 95, 96, 97, 98, 99, 100, 102, 105, 112, 113, 121, 122, 126, 127, 138, 156, 158, 162, 169, 171, 174, 176, 198, 207, 211, 266, 267, 268, 269, 270, 291
イザヤ………………………117
伊藤茂樹……………………308
稲垣久和……………………9, 10
ヴィアター……………158, 159
ヴェサリウス……………232
ウェブスター…………230, 231
ウェルギリウス……148, 161
ウェンガート……………170
エーベリンク…………111, 122
エックハルト…62, 63, 64, 65, 66, 67, 68, 69, 70, 71, 72, 73, 75, 96, 107, 119
エックルス……5, 6, 14, 15, 17

エラスムス……142, 148, 171, 172, 174
エンゲルラント…………218
オウィディウス…………161
オデュッセウス……………28
オリゲネス……21, 31, 32, 33, 34, 35, 36, 37, 38, 41, 44, 45, 48, 89, 102
オルテリウス…………160, 161

か 行

皆藤章………………108, 109
カッシオドルス……………55
加藤守通……………19, 24, 27
カトー………………………148
金子晴勇……15, 16, 127, 131, 263
カリプソ……………………28
カルヴァン…………………170
カールシュタット………142
ガレノス…187, 188, 197, 203, 204, 205, 222, 232
河合隼雄…109, 285, 286, 288
キケロー……31, 148, 160, 161
キルケ………………………28
キルケゴール……16, 17, 127, 132, 133, 135, 138
クリストフ………………240
クレメンス…………… 32, 44
ケーン………………220, 221
ケプラー……………231, 232
孔 子………………301, 309, 311
コールズ……………170, 171
後藤博一……………………141
小林政吉……………135, 136
コペルニクス………223, 232
コメニウス……227, 228, 229, 230, 232, 233, 235, 237, 238, 239

さ 行

サン・ヴィクトルのフーゴ
………55, 58, 59, 60, 61
シェーラー…………………16
シェリング………………240
シオラン……………281, 287
茂泉照男…………………48, 50
子 貢………………301, 309
篠原助市…………………299
シュタイナー……………228
シュテンベル……………156
シュペーナー…258, 260, 261, 262, 264
シュミット………………262
ショーペンハウアー……107
鈴木大拙…275, 277, 299, 301, 303, 304, 305, 311, 312, 313, 314, 315
スピノザ………285, 286, 297
荘 子………………………302
相馬伸一…227, 229, 237, 238
ソクラテス………21, 132, 233
ソロモン…………………33, 57

た 行

タウラー…62, 63, 64, 66, 72, 73, 74, 75, 76, 77, 78, 79, 80, 81, 82, 83, 84, 85, 86, 87, 88, 90, 91, 92, 93, 94, 95, 96, 97, 99, 100, 101, 102, 104, 105, 106, 107, 115
チャーマーズ………………12
ディーバス…………230, 232
テオドシウス1世…………31
デカルト……………228, 237, 238
デッペルマン……………271

324　人名索引

テレンティウス……148, 160
土井健司……………………45
トレモンタン…………202, 203

な行

中村雄二郎…………285, 286
ニーチェ……………………107
西田幾太郎…………………315
ニュートン……230, 231, 232
ニュッサのグレゴリオ
　ス……43, 44, 45, 46, 47, 48,
　61, 62, 93
ネメシュギ……………………36
ノイマン…292, 294, 295, 296,
297
ノヴァーリス………………240

は行

ハイデガー…………………278
パウロ……………153, 161, 278
パスカル……………………314
パラケルスス…230, 231, 232,
233, 234, 235, 236, 238, 240
ハルトフェルダー…………220
平井浩………………………233
広田照幸………306, 307, 308
ブーバー……………………181
ブッダ…………………………41
プトレマイオス……………232
プラウトゥス………………148
プラトン…10, 11, 15, 21, 22,
23, 24, 25, 26, 27, 28, 31, 32,
34, 38, 39, 41, 151, 213, 280
フランク……………………224
フランクル…………………107
フランケ…258, 259, 260, 262,
263, 264, 265, 266, 267, 270,
271, 272, 273, 274, 279
フレーベル…240, 241, 242,
243, 244, 250, 254, 256, 257
プロティノス…21, 27, 28, 29,
30, 31, 38, 41, 62
ベイコン……………………237
ベーメ……240, 241, 242, 244,
245, 246, 247, 251, 252, 254,
255, 256, 257
ペスタロッチ………………299
ペトロ………………………268
ヘルダー……………………240
ベルッチィ…………………214
ヘルム……202, 204, 209, 211
ポパー……4, 5, 8, 9, 10, 11, 19
ホメロス………………………21
ボルノー…126, 167, 168, 181,
183, 240, 313

ま行

マクグラス……………169, 278
マタイ………………………171
マリア…………………………57
メディア……………………206
メラー………………………111
メランヒトン…62, 142, 143,
144, 145, 146, 147, 148, 149,
150, 151, 152, 153, 154, 155,
156, 157, 158, 159, 160, 161,
162, 163, 165, 166, 167, 168,
169, 170, 171, 172, 173, 174,
175, 176, 177, 178, 180, 181,
182, 183, 185, 186, 187, 188,
189, 190, 191, 192, 193, 194,
195, 196, 197, 198, 199, 200,
201, 202, 203, 204, 205, 206,
207, 208, 209, 210, 212, 213,
214, 215, 216, 217, 218, 219,
220, 221, 222, 223, 224, 225,
227, 230, 233, 239
モーセ…………………………46
茂木健一郎………………4, 13
モルトマン…………………260

や行

ヤコブ…………………………46
矢野智司……………143, 144
ヤハウェ……………………249
ユダ…………………………206
ヨハネ……………………171, 269

ら行

ラウス…………27, 30, 32, 33
ランツァウ…………………223
リウィウス…………………161
ルカ……………………………75
ルソー………………………299
ルター…9, 10, 11, 16, 17, 36,
62, 67, 72, 73, 74, 75, 79, 85,
88, 94, 107, 108, 111, 112,
113, 114, 115, 116, 117, 118,
120, 121, 122, 124, 126, 127,
128, 129, 130, 131, 132, 135,
136, 137, 138, 139, 140, 141,
142, 145, 147, 152, 165, 166,
168, 169, 170, 177, 212, 223,
230, 260, 261, 262, 267, 271,
278, 281, 290, 291, 292, 298,
313
レオンハルト………………149

事項索引

（脚注を除く本文中の主なものに限る）

あ 行

愛 …50, 51, 54, 70, 78, 83, 91, 100, 112, 113, 119, 134, 181, 182, 190, 195, 211, 245, 251, 289, 290, 292
アイデンティティ ………280
悪……30, 37, 59, 99, 102, 119, 182, 183, 190, 296, 297, 298, 244, 246, 247, 248, 250, 251, 252, 253, 254, 255, 257, 263, 281, 282, 284, 285, 286, 287, 288, 289, 290, 292
アクチオ…66, 68, 69, 70, 72
悪 魔……103, 105, 114, 116, 118, 119, 120, 206, 207, 220, 285
アナロジー（類似）……228, 230, 232, 233, 235
アニマ……185, 186, 192, 193, 200, 204
アフェクトゥス（情動、意向）……205, 206, 209, 210, 211, 212
アルケー………………9, 223
アレテー………………46
医 学 ……59, 197, 200, 202, 207, 218, 220, 222, 232
意 志 ……22, 25, 43, 48, 58, 79, 83, 97, 118, 120, 121, 157, 168, 182, 187, 191, 193, 194, 195, 196, 209, 211, 220, 244, 245, 246, 249, 250, 251, 252, 253, 254, 264, 271, 297
意 識 ……4, 5, 6, 12, 13, 16, 275, 276, 295, 296, 300, 301, 314
——する心 …………12, 13

一 者……27, 28, 38, 40, 243, 245, 247, 248, 249, 251, 255, 256, 278, 279
イデア…19, 20, 21, 24, 26, 28, 30, 278, 279, 311
——界………………22, 38, 41
——（叡智）界……23, 26
——的本質………………10
祈 り ……99, 173, 176, 181, 264, 265, 267, 268, 269, 270, 272, 273, 312
内なる教師……………51, 54
永遠の法則…………242, 243
エクスタシー………………31
似非ヒューマニズム……282, 292
エペクタシス…43, 45, 46, 48, 61, 62
——的存在………………62
行 い …64, 67, 74, 112, 128, 155, 173, 175, 176, 182, 224
音 楽 ……24, 25, 55, 57, 150
——理論……………26, 59

か 行

我 意………79, 251, 264, 266
回 心……………………54
外的言葉…………………52
開発主義……………………183
解剖学……………………150
科 学……1, 5, 6, 227, 228, 229, 230, 238
——革命…………………232
——的技術論………………1
学 芸……55, 157, 158, 162, 191, 193, 222, 224, 225
覚 醒 ……29, 126, 180, 236, 265, 266, 269, 312, 313

——型教師………………21
学 知……………58, 59, 60
隠れた神…247, 248, 249, 250, 253
我 執………………80, 81
我 性……………………105
語りえないもの ………11, 38
学 科……………………26
活動的愛……………85, 86, 87
活動の生 …62, 63, 64, 66, 71, 72, 87, 88
カテキズム……118, 135, 136, 140, 150, 151, 165, 166, 167, 170, 171, 172, 174, 175, 177, 180, 181, 182, 183, 212, 259, 260, 264, 265, 266, 267, 269
神との合一 ………82, 83, 102
神による教育………………36
神の愛 ……122, 134, 225, 291
神の意志…112, 116, 121, 168, 253, 264
神の義 …………127, 129, 154
神の教育 ………115, 116, 121
神の言葉 …17, 175, 177, 208, 235, 247, 262, 273
神の摂理 ……………14, 35
神の像 ………38, 187, 196, 211
神の知…158, 163, 193, 197, 218
神の法 ………195, 198, 199
神の前……128, 132, 168, 200, 290
我 欲……168, 182, 264, 291, 302
狩 り ……88, 96, 97, 98, 99, 100, 101, 103, 104, 105, 106
カリキュラム（教育課程）……24, 25, 26, 33, 36, 38,

事項索引

55, 58, 162
カロリング・ルネサンス…56
還　帰…68, 70, 71, 73, 74, 75, 80, 81, 82, 83, 84, 87, 90, 92, 93
関係の解体……286, 287, 288, 289, 297
感　性……16, 17, 76, 96, 191
完全性……43, 47, 48, 60, 107, 181, 263
観　想…21, 30, 34, 40, 41, 44, 65, 66
　　──学……………………33, 34
　　──の生……62, 63, 64, 66, 68, 71, 72, 87, 88
感得する意識………16, 17, 19
気　概………………………22
　　──の部分…………22, 25
機械学………………………59
幾何学……26, 55, 57, 59, 192
帰　還…………………27, 28, 41
危　機……………………109, 110
棄　却………………67, 69, 70
記　号…………49, 50, 51, 52
気　質………………………220
技　術…23, 24, 29, 55, 85, 236
機　心……299, 301, 302, 303, 304, 305, 309, 311, 312, 313, 314, 315
義　人……127, 128, 130, 131, 168, 201, 206, 208, 210, 292
偽　善…………112, 154, 291
基礎づけ主義…19, 20, 21, 38, 39, 41, 43, 61, 62, 145, 278
義　認……131, 167, 168, 169, 170, 174, 175, 176, 177, 178, 180, 260, 261, 262
　　──論…………………136
気晴らし…………………314
希　望……………41, 108, 190
ギムナジウム………147, 152
究極的意味…………………9
究極的なるもの……9, 20, 41
究極の教師………………41

教育基礎論……………3, 18
教育者としての神…………35
教育責任………………139
　　──論…………………75
教育的機心……302, 304, 305, 306, 307, 308, 309, 312
教育的三角形…156, 158, 162
教育の壁……………………41
教育万能主義…274, 305, 306, 307, 308
教育問題……………284, 306
教師論………………………48
共通感覚……………187, 188
協　働………………………43
教養ある敬虔………………166
キリスト教……21, 27, 31, 32, 43, 44, 49, 136, 213, 231, 268, 290
　　──的-フマニタス…143, 147, 151, 152, 182
　　──的メタモルフォーシス………………………48
キリストに倣う生……88, 91
規　律………153, 199, 200
近代教育学………………182
近代教育思想……18, 20, 41, 212, 228, 239, 276, 278, 279
近代（西洋）教育学……299, 301, 314
クオリア（質感）…2, 12, 13, 14, 15, 17, 19, 39, 40, 278
苦　難………88, 89, 121, 252
苦　悩…89, 90, 107, 108, 109, 110, 111, 112, 113, 114, 117, 118, 119, 121, 122, 124, 209, 276, 313
クリエイター………………7
苦しみ……35, 37, 80, 88, 90, 99, 107, 108, 109, 110, 279, 285
グルント（底，根底，始原）……9, 64, 66, 67, 68, 69, 70, 72, 73, 74, 75, 76, 77, 79, 80, 81, 83, 84, 86, 87, 88, 89, 90, 91, 92, 93, 96, 97, 99, 181, 244, 245
訓　育……153, 154, 155, 158, 159, 162
訓　練………24, 30, 116, 117
敬　虔……120, 137, 159, 166, 221, 222, 223, 259, 264, 265
形式陶冶……………………159
形成としての教育…141, 143
啓蒙主義……………227, 228
謙　虚…………12, 42, 43, 60
原　罪…………100, 168, 266
現象学………………………16
謙　遜…80, 81, 90, 103, 128, 130, 138, 154
建築家………………………216
行為義認……………………173
合　一………………31, 32, 96
　　──の境涯…69, 70, 71, 72
　　──の道………………34
高貴な人間……63, 70, 71, 72, 79, 82, 83, 84, 85, 87, 88, 89, 90, 92, 93, 94, 95, 102, 105
高貴な理性………………77, 78
更　新……168, 260, 261, 262, 263
功　績………………………67
傲　慢………………………130
合理主義…………………182
効率主義……………182, 302
心……2, 3, 4, 5, 6, 14, 15, 16, 17, 19, 37, 42, 43, 47, 50, 52, 61, 62, 97, 101, 117, 141, 165, 172, 174, 176, 178, 181, 189, 194, 196, 197, 198, 201, 205, 207, 208, 209, 210, 211, 212, 220, 233, 237, 259, 260, 262, 266, 267, 269, 270, 271, 272, 273, 274, 275, 276, 277, 278, 287, 290, 292, 307, 308
　　──の位置…………4
　　──（《世界2》）の位置………………………7
　　──の動き…189, 190, 209,

事項索引　*327*

210
――の栄養 ……………6, 7
――の教育…260, 272, 273, 298, 302
――の養育…258, 259, 264, 270, 272, 273, 274
――を生み出す臓器 ……3
言　葉……5, 8, 10, 25, 31, 38, 39, 47, 49, 50, 51, 52, 53, 54, 60, 61, 62, 83, 88, 108, 111, 112, 124, 141, 142, 162, 176, 180, 249, 250, 257, 260, 270, 278
――の壁………………39
子どもの庭（幼稚園）…239, 240, 256
この世俗的な義 ………153, 154
この世的（外的）な義…155, 156
根源悪 …………288, 289, 295
コンテムプラーチオー …66, 68, 70, 71, 72
コンピュータ …………14, 15

さ　行

再　生 …6, 7, 8, 48, 134, 167, 168, 169, 170, 174, 175, 176, 177, 178, 180, 181, 182, 183, 185, 196, 198, 201, 206, 208, 211, 212, 260, 261, 262, 263, 291, 292, 313
罪　人……120, 127, 128, 130, 131, 138, 168, 169, 182, 260, 261, 291, 292
3　学…………………55
算　術…26, 57, 150, 161, 162
算　数…………………26
3 世界論………………4, 10
死 ……109, 113, 117, 123, 210
自　我 …………4, 6, 14, 79, 295
自己愛…………………291
自己教育 ………………299
自己形成……………36, 88, 89
自己修練………………70

自己生成 ……………117
自己疎外 ……………303
自己超越 ……………106
自己陶冶 ………75, 84, 85, 87
自己変容 ………106, 146
自己放棄 ……………119
自然科学………………32
自然学 …33, 34, 59, 131, 150, 161, 192, 218, 219, 220, 221, 222, 223
自然神秘思想 …………241
自然的人間 …………126
自然哲学 ……………218
自然の光 ……217, 221, 224
実　在……4, 7, 20, 21, 24, 31, 40, 41, 49, 51, 52
実質陶冶 ……………159
実践学…………………59
実存哲学 ………126, 167, 183
実存弁証法 …………127
実物教授………………50
実用主義 ……………182
実用的教育術 …………1
死の床………………110
思弁学…………………59
自由意志………………36
自由学芸 ……………55, 57
宗　教 …1, 9, 39, 145, 146, 159, 207, 231, 290
――意識 ………275, 312
――改革……151, 152, 165, 166, 170, 260
――改革運動 …………9
――改革者 ……………112
――教育……136, 167, 173, 181
――現象学 ……………19
――的価値 …………15, 16
十字架…………………90
修辞学…55, 57, 59, 150, 159
修正 4 世界論（創発的解釈学）…………………10
12世紀ルネサンス……………58
修　練……72, 81, 82, 83, 84, 85,

86, 87, 88, 92, 94, 114, 115, 116, 117, 160, 161, 162, 181
修　業 ………………81, 85
修　行………15, 104, 105, 276
儒　教…………………19
種　子……232, 233, 234, 235, 238, 262, 273
――的理性 ………233, 234
朱子学…………………19
受　難…………………90, 102
準備教育………………23
情　意……186, 189, 190, 196, 197
浄　化…………………31
――の道………………33, 34
照　明…………………53
――の道………………34
自　律…………………299
試　練…32, 35, 89, 90, 93, 99, 102, 103, 105, 113, 114, 115, 116, 117, 121, 174, 175, 208
――における信仰の鍛錬 …………174, 178, 181
深　淵…81, 82, 83, 87, 91, 99, 102
神　化………………43, 44
神　学 …5, 6, 59, 166, 202, 207, 219, 223
人格形成 ……………5, 296
心　眼 ……………21, 28, 29
信　仰 …9, 10, 11, 12, 32, 58, 95, 99, 112, 113, 114, 115, 116, 117, 118, 119, 127, 128, 146, 151, 160, 166, 167, 168, 174, 175, 176, 177, 180, 182, 196, 198, 208, 221, 222, 236, 242, 260, 271, 278
――義認 ……………173
――義認論 …………169
――告白 …11, 41, 171, 172
――によってのみ ……128
――の内にある苦悩…117, 121

328　事項索引

──の義 …………………129
──の鍛錬 ………174, 175
──の火花 ……………262
──の領域 ……………106
心　情………………76, 249
神　性 …89, 92, 243, 245, 256
人生の競技 …………35, 36
人生の目的 …………225
心　臓……196, 197, 201, 204, 205, 206, 211, 235
心　底 ……76, 77, 83, 85, 90, 114, 130
身　体…4, 7, 17, 25, 116, 196, 197, 201, 205, 212, 237, 280, 310
──の栄養 …………6, 7
神的なもの …………242, 243
神秘教育的………………74
神秘思想…………………33
神秘主義 ………………230
神秘神学…………………32
神秘的合一…39, 68, 69, 70, 77, 91
神秘哲学…………………27
新プラトン主義 …27, 31, 231
人文学 …………………166
人文学校 …156, 157, 160, 162
心理学 ……150, 185, 209, 212
神　律 …………………200
数　学 …50, 55, 59, 218, 229, 230
スコラ学…………………63
スコラ神学………………75
スピリチュアリティ（霊性）…8, 9, 12, 15, 16, 17, 19, 20, 33, 62, 95, 96, 97, 105, 106, 123, 145, 263, 212, 227, 275, 276, 278, 279, 299, 305, 309, 310, 311, 312, 313, 314, 315
スピリトゥス…201, 202, 203, 204, 205, 206, 207, 208, 209, 210, 211, 212
聖　化 ……67, 131, 167, 169, 170, 174, 175, 178, 263, 271
聖　書 …11, 55, 58, 119, 135, 136, 137, 138, 140, 141, 160, 161, 172, 173, 180, 202, 203, 204, 215, 223, 231, 290
精　神 ……17, 24, 31, 33, 52, 161, 187, 192, 193, 194, 195, 196, 211, 222, 242, 243, 279
──的生命 ………………7
生成としての教育…127, 141, 145, 146, 147
聖なる狩り……88, 95, 96, 98, 99, 102, 103, 104, 105, 106
聖なるもの …15, 16, 17, 275, 277
生物学 …………………237
聖　霊……57, 86, 154, 160, 177, 194, 196, 201, 206, 207, 208, 210, 211, 212, 261, 268, 269, 271
世界 1　……4, 5, 6, 7, 8, 9, 10, 11, 12, 17, 19, 20, 275
世界 2　……4, 5, 6, 7, 8, 9, 10, 11, 12, 14, 15, 16, 17, 19, 20, 39, 41
世界 3　……4, 5, 6, 7, 8, 9, 10, 11, 19, 20, 39, 41
世界 4　……9, 10, 11, 12, 19, 20, 21, 39, 41, 277, 278
責　任…74, 75, 83, 84, 85, 87, 88, 89, 91, 92, 93, 94, 119, 140, 141, 158, 160, 218, 273, 296
節　制 ……………19, 25, 29
禅 …………………277, 301
善　行 ……………………67
占星学……218, 219, 220, 222, 223
占星術 …………………230
善のイデア …………24, 27
善美なる人 ……………26
善への欲求 ……………47
想　起 ……………51, 52, 53
──説 ………………132

ソフィスト ……………21
そもそも論 ……………3, 18
存在論………1, 18, 20, 41, 276

た 行

体　育 ………………24, 25
対抗性 ……240, 252, 254, 255
代数学……………………59
太　陽 …24, 29, 30, 194, 246, 250
対　立……241, 243, 244, 247, 250, 252, 253, 255, 256, 257
卓越性……………………23
他　者 …1, 283, 292, 299, 300
魂 …14, 15, 17, 19, 22, 23, 25, 26, 27, 28, 29, 30, 31, 32, 33, 34, 38, 40, 45, 46, 47, 48, 49, 56, 57, 64, 68, 69, 76, 77, 80, 111, 112, 119, 141, 145, 146, 160, 161, 185, 186, 187, 191, 196, 200, 201, 202, 204, 259
──の教師………………63
──の根底……96, 102, 106
──の浄化………30, 69, 70
──の神化…………69, 70
──の成長 ………15, 45
──の陶冶………………30
──の陶冶（教育）論…29
──の向け変え…………23
──の理知的部分………24
──への配慮 ……21, 111, 122, 124
戯　れ ……250, 251, 256
探　究…51, 52, 53, 55, 59, 61, 221, 222
──者 …20, 47, 61, 62, 231
鍛　錬 ……………173, 265
知 ………………………193
知の飛び火 …………40, 41
知識の伝達………………49
知　性…21, 22, 23, 24, 25, 27, 28, 30, 31, 39, 186, 187, 191, 192, 193, 194, 214, 217, 224
秩　序……153, 154, 163, 192,

217
超越者 ……………122, 180
超越的実在 ………………19
彫刻家 ……………………29
彫像作り ……………19, 29
超物質的食物 ………………7
調 和 ………………23, 25
地理学 ……………150, 218, 219
務 め ………84, 126, 133, 134
翼 …………………………22, 23
罪 ……37, 60, 80, 94, 102, 105,
　106, 113, 114, 127, 129, 131,
　132, 137, 138, 165, 168, 173,
　175, 176, 180, 182, 183, 193,
　195, 199, 266, 290, 291, 292
ディープ・エコロジー …228
デカルト …………………229
哲 学 ……1, 5, 6, 26, 32, 33,
　56, 58, 59, 253, 286
　──的問答法 ………26, 39
天上的な欲求 ……………46
天文学 ……26, 55, 57, 59, 150,
　161, 162, 218, 219
ドイツ敬虔主義 ……258, 260
ドイツ神秘主義 …………62
ドイツの教師 …142, 181, 212,
　226
ドイツ・ロマン主義 ……241
統一者 ……………242, 243
道 徳 ……………………192
　──教育 ………………298
　──哲学 ………………218
動物的生命 …………………7
陶 冶 …27, 63, 75, 84, 88, 89,
　93, 94
東洋的見方 ………………315
徳 …33, 59, 60, 70, 73, 86, 87,
　156, 157, 158, 217, 265
ドクサ ……………………24
読 書 ……………………59

な 行

内的対話 …………………53
内的人間 …………………53

内面性 …………64, 65, 73, 74
7 自由学芸 ……56, 57, 58, 162
肉 ………………35, 114, 116
肉 体 ……4, 22, 23, 28, 33, 34
人間学 …16, 75, 96, 106, 185,
　186, 187, 200, 201, 202, 203,
　212
人間形成 ……43, 75, 95, 152,
　162, 163, 182
人間生成 …107, 118, 124, 170,
　175, 296, 298
人間疎外 …………………303
人間存在 …2, 36, 54, 105, 110,
　123, 126, 157, 168, 182, 213,
　225, 282, 283, 286, 298, 312
人間中心 ……………224, 225
　──主義 …………182, 183
ヌース ……………………26
ネオプラトニズム ………21
脳 …3, 4, 5, 13, 14, 17, 188,
　197, 198, 201, 203, 204, 205,
　209, 235, 279
脳内現象 ……………4, 7, 8

は 行

パイデイア ……24, 31, 32, 38,
　43, 44
　──的モルフォーシス …48
罰 ……………………37, 38
発 見 ……………………53, 55
発達としての教育 …143, 144,
　145, 146, 147
反意志 ……………250, 252, 253
火打ち石 …………56, 58, 61
光 …53, 56, 77, 152, 157, 158,
　162, 192, 193, 194, 196, 207,
　208, 238, 245, 247, 248, 251
　──の神秘思想 …………33
人々の前 ……………200, 290
ヒューマニズム …………151
福 音 ……172, 173, 185, 195,
　196, 198, 208, 215
　──の義 ………………199
　──の声 ………………196

事項索引　329

　──の光 ………………195
物質的食物 …………………7
プネウマ（精気）…197, 201,
　202, 203, 204
フマニタス（人間らしい在り
　方・生き方）…31, 146, 149,
　151, 165, 166, 182, 183, 213
ブラックボックス …………3
プラトニズム ……………19
プレーヤー ………………6, 7
プログラマー ……………14
文 化 …………………5, 6
文 芸 …………………24, 25
文献学 …………………218
文 法 ……148, 149, 150, 159,
　161, 162
　──学 ……55, 56, 57, 59
ペルソナ ………215, 293, 294
ヘルメス主義 ……………231
弁証学 …………………55, 59
弁証法 ……30, 150, 159, 160,
　162, 218
弁証論 …………………57
法廷的義認 …………169, 178
ホーリスティック ………228
ポストモダン ………106, 163
本質主義 …………………10

ま 行

魔 術 ……227, 228, 230, 231,
　232, 246, 249
無 …80, 81, 82, 83, 87, 92, 102,
　105, 128, 130, 235, 244, 245,
　246, 248, 250, 311, 315
無知の自覚 …………21, 58
無 底 ……244, 245, 246, 247,
　249, 253
恵 み …35, 43, 118, 119, 121,
　138, 160, 168, 169, 174, 176,
　181, 239, 291
黙 想 ……………………59
目的合理性 ………………302
文 字 ……2, 3, 5, 6, 166, 171,
　172, 177

や行

唯物論 ……………………8
誘惑 …32, 35, 99, 100, 101, 102, 103
欲性 ……………187, 195
欲動 …………245, 246, 249
欲望 ………22, 25, 113, 279
――的部分………22, 23, 25
欲求 ………28, 92, 187, 190
予備教育……………………26
4学……………………………55
4元徳………………………26

ら行

リアリティ（実在性）…2, 8, 9, 11, 15, 17, 19, 20, 105, 182, 279
利己的排他主義 …………183
理性…16, 17, 22, 39, 56, 76, 80, 81, 82, 96, 105, 153, 154, 155, 182, 186, 187, 190, 191, 216, 221, 224, 252, 253, 279
離脱 ……69, 70, 71, 72, 81, 102, 103
理知的部分 ……21, 22, 23, 25
律法……172, 173, 176, 177, 178, 180, 215, 262, 266, 290
律法の第1用法 …………177
律法の第2用法 …………177
律法の第3用法……176, 177, 178
良心……113, 126, 173, 174, 175, 176, 180, 293
臨床…108, 109, 110, 112, 124
――教育学…108, 109, 110, 111, 124
――教育人間学 ………109
――の知 ………………110
隣人愛………94, 112, 173, 175
倫理…19, 292, 294, 295, 297
倫理学…33, 59, 150, 160, 161, 218
類比……………………237
ルーアッハ ………………202
ルネサンス……227, 228, 229, 230, 232, 233
霊 …17, 19, 35, 102, 146, 202, 203, 206, 207, 208, 250, 271
――的コミュニケーション……………………11
――的成長……………45
――的人間 …………96, 97
歴史……………………218
錬金術…………………230
労働 …84, 87, 93, 144, 145, 174
ロゴス………39, 194, 196
ロマン主義 ………………228
論理学…………………59

わ行

和合 ……………………256
――状態 …………247, 248
業 …64, 65, 74, 75, 83, 84, 85, 86, 87, 88, 91, 93, 112, 113, 134

The Origins of Modern Educational Thought : Spirituality and Education

Dr. HISHIKARI Teruo

Abstract

What is the origin of Western modern thought on education? It is the qualia of spirituality.

This book clarifies the place of 'self' where the quaila of spirituality emerges. Then it engages in genealogical research on its qualia from the time of Plato to that of Francke. It focuses especially on Luther and Melanchthon.

Before theories of education became a branch of modern technology, people thought upon, and carried out, education in accord with their ontology. Their ontology was based on the reality of spirituality. This book clarifies the significant relationship between spirituality and education in analyzing influential texts of visionary thinkers on education. It also examines the bad in terms of education. Such an examination has been rare in the field of education.

In short, this books is full of 'leaping sparks' from the origin of Western modern thought on education. It encourages readers to reappraise modern education.

Table of Contents

Introduction Situating Spirituality in a Modern Context
  Section 1 The Place of 'Self' in Popper's Theory of Three Worlds
  Section 2 From the Reality of World 3 to Spirituality
  Section 3 The Qualia of Spirituality
Chapter 1 A Reappraisal of Foundationalist Thought on Education (1)
  Section 1 Plato
  Section 2 Plotinus
  Section 3 Origen
Chapter 2 A Reappraisal of Foundationalist Thought on Education (2)
  Section 1 Gregory of Nyssa
  Section 2 Augustine
  Section 3 Alcuinus and Hugh of St. Victor
Chapter 3 Eckhart on 'vita contemplativa' and 'vita activa'
  Section 1 'vita contemplativa' and 'vita activa' in "Die Rede der Unterscheidunge"
  Section 2 The Primacy of 'Being' over 'Action'
  Section 3 'abegescheidenheit': The Purpose of contemplatio
Chapter 4 The Return to 'Grund' in Tauler
  Section 1 The Return to 'Grund'
  Section 2 The Responsibility in the Work
  Section 3 Molding a Man into 'ein edel mensche'
Chapter 5 'divina venatio' in Tauler
  Section 1 'venatio' in "Jhesus ging us…"
  Section 2 'venatio' in "Si quis sitit…"

Section 3 'venatio' in "Qui manducat meam carnem…"
Chapter 6 The Sufferings and Genesis of Men
  Section 1 The Nature of Clinical Education
  Section 2 Luther as a Respondent to the Sufferings
  Section 3 The Prototype of Catechism
Chapter 7 Education as the Genesis in Luther
  Section 1 The Genesis of Christian in Luther
  Section 2 God as an Educator to the Genesis
  Section 3 Education through the Catechism
Chapter 8 Melanchthon's Educational Activities
  Section 1 Education as Development and Education as the Genesis
  Section 2 Educational Curriculum
  Section 3 Melanchtohn as a Textbook Editor
Chapter 9 Melanchton's Educational Program
  Section 1 The Situation of Child Education
  Section 2 The Situation of a School and its Ideas
  Section 3 "Ratio studiorum praescripta Andreae Polono a Philippo Melanthone"
Chapter 10 Melanchton's Catechism
  Section 1 Justification and Sanctification
  Section 2 The Structure, Contents and Method of Catechism
  Section 3 The Third Use of the Law
Chapter 11 Melanchthon's Theory of the Soul
  Section 1 The Contents of "Liber de anima"
  Section 2 On the Will
  Section 3 On the Functions of Heart
Chapter 12 Spiritus in Melanchthon
  Section 1 What is Spiritus?
  Section 2 Spiritus and Spiritus Sanctus

Section 3 Rebirth through Spiritus Sanctus
Chapter 13 God, the Nature, and Education in Melanchthon
  Section 1 God and the Nature
  Section 2 Natural Philosophy and Astrology
  Section 3 Christian Faith and Research into the Nature
Chapter 14 Water Veins under the Seventeenth-Century Educational Thought
  Section 1 17th Century as the Sea-mingled-with-fresh-water region
  Section 2 An Analogical View on the Nature
  Section 3 'Semina' in Paracelsus
Chapter 15 God and the Meaning of the Bad in Böhme
  Section 1 God in Böhme
  Section 2 The Meaning of the Bad
  Section 3 Böhme's Relation to Fröbel
Chapter 16 Nurturing a Heart in Francke
  Section 1 The 'Rebirth' and 'Renewal' of a Man
  Section 2 Catechism for Pray
  Section 3 The Possibilities and Limits of Nurturing a Heart
Conclusion Spirituality and Education

Appendix 1 An Essay on Education and the Bad
  Section 1 The Possibilities of the Bad
  Section 2 In the Case of Luther
  Section 3 The Significance of Being Aware of the Bad
Appendix 2 A Schemer's Mind in Education in SUZUKI Daisetz
  Section 1 A Schemer's Mind
  Section 2 Education as a All-Powerful Means for a Educational Schemer's Mind
  Section 3 Becoming Aware of Spilituality

Table of Contents   *335*

Postscript
Credits
Name Index
Subject Index

著者紹介

菱刈晃夫（ひしかり・てるお）
1967年　福井県（福井市）生まれ．
京都大学大学院教育学研究科博士課程修了．
京都大学博士（教育学）．
同志社大学文学部嘱託講師を経て，
現在，国士舘大学文学部助教授．
国士舘大学大学院人文科学研究科助教授．
早稲田大学教育学部，東洋英和女学院大学人間科学部，
東京神学大学，各兼任講師．
専攻：教育学・教育思想史．
著書：『ルターとメランヒトンの教育思想研究序説』（渓水社，2001年，日本学術振興会科学研究費補助金による）．
『教育にできないこと，できること―教育の基礎・歴史・実践・研究―』（成文堂，2004年）．
論文：「ルターにおける罪と教育」（『京都大学教育学部紀要』41号，1995年所収）．
そのほか多数．

Website: http://www.ne.jp/asahi/luther/melan/
E-mail: melan@marine.email.ne.jp

近代教育思想の源流
スピリチュアリティと教育

2005年4月1日　初　版第1刷発行

著　者	菱　刈　晃　夫	
発行者	阿　部　耕　一	

〒162-0041　東京都新宿区早稲田鶴巻町514番地
発行所　株式会社　成　文　堂
電話 03(3203)9201(代)　Fax 03(3203)9206
http://www.seibundoh.co.jp

製版・印刷　シナノ印刷　　　　　製本　弘伸製本
© 2005 T. Hishikari　　　Printed in Japan
☆乱丁・落丁本はお取替えいたします☆　検印省略

ISBN4-7923-6082-X C3037

定価(本体3500円＋税)